·清·华·大·学·港·澳·研·究·丛·书·

深港科技创新口述史

河套的前世今生与深港合作

张克科 口述
刘宇濠 主编

新华出版社

图书在版编目（CIP）数据

深港科技创新口述史：河套的前世今生与深港合作 / 刘宇濠主编.
—北京：新华出版社，2023.6
ISBN 978-7-5166-6839-9

Ⅰ.①深… Ⅱ.①刘… Ⅲ.①区域经济发展—研究—深圳 Ⅳ.①F127.653

中国国家版本馆CIP数据核字（2023）第096764号

深港科技创新口述史：河套的前世今生与深港合作

主　　编：刘宇濠

责任编辑：蒋小云　　封面设计：中尚图

出版发行：新华出版社
地　　址：北京石景山区京原路8号　　邮　　编：100040
网　　址：http：//www.xinhuapub.com
经　　销：新华书店
　　　　　新华出版社天猫旗舰店、京东旗舰店及各大网店
购书热线：010-63077122　　中国新闻书店购书热线：010-63072012

照　　排：中尚图
印　　刷：炫彩（天津）印刷有限责任公司

成品尺寸：240mm × 170mm，1/16
印　　张：21　　字　　数：302 千字
版　　次：2023 年 6 月第一版　　印　　次：2023 年 6 月第一次印刷
书　　号：ISBN 978-7-5166-6839-9
定　　价：79. 00元

目　录
Contents

◇ 序　一 ◇

研究深圳河治理和深港合作历史

2022 年 2 月 9 日，我和郭万达、张克科、张玉阁等几位学者在综合开发研究院交流，讨论香港北部都会区开发前景和深港合作如何更上一层楼。会后，克科告诉我，他正在查阅资料，打算用口述史的方式反映这一重大历史题材。5 月，他的《落马洲河套地区前世今生和深港合作》初稿写就，并邀请我作序，故欣然提笔。

张克科同志是特区的“开荒牛”之一，1988 年调入深圳，1990 年调市政协港澳联谊委员会工作。30 多年来，他的工作岗位出现 7 次调动，但一直和深港合作密切相关。作为一位学者型干部，他深入研究和参与相关工作，并妥善保存了不少历史资料，因此今日得以客观地总结反映这段珍贵的历史。

1982 年，我从广州调深圳，支持经济特区建设。1986 年 7 月到 1995 年 5 月任深圳市人民政府副市长，主管财政、金融、国有资产、外事和口岸工作。1995 年 5 月后，调任中国银行港澳管理处工作，参与了香港、澳门回归前后的经济工作。2006 年 9 月退休回到深圳，参与综合开发研究院的管理工作，并形成了关注历史研究课题的兴趣。

一、深圳河治理催生落马洲河套地区

深圳河是深圳的母亲河，也是深圳和香港之间的界河，历来河床狭窄、河道蜿蜒，并且时有海潮顶托。建立经济特区前，她默默无闻，静静地流淌。1980 年 8 月，深圳经济特区建立，改革开放的大潮在这里兴起，继蛇口之后，罗湖区各项建设热火朝天地展开。大量的城市用水经过陆地流入深圳河，加上大规模土地开发后水土流失的影响，其河道泄洪能力下降，流域环境变差，及时改造势在必行。这时，深圳市委市政府发现，要保持可持续发展的生态，长期养育着两岸人民的深圳河必须得彻底的治理改造。由于深圳河是界河，当时又值九七回归话题初起，因此，除水利和基建部门外，外事办和口岸办也深深地介入其中。

1981 年 12 月，深港双方正式提出治理深圳河，并组成了联合工作小组。1982 年 3 月，甄锡培副市长率团访问香港，与港督政治顾问麦若彬首次商讨边境口岸建设和深圳河治理。因为深圳河南岸是新界的边境禁区，人口不多，经济不活跃，初时港府不太重视。经反复沟通后，双方形成了共同治理深圳河的共识。1982 年 11 月，市政府行文广东省政府《关于治理深圳河涉及边界问题的请示报告》。1985 年 3 月，深港双方初步形成了合作治理深圳河方案，提出按照“建设一期，预备二期，着手三期，展望四期”的原则推进。广东省政府 1987 年将方案上报国务院，但迟迟未获批复，项目搁置。

1986 年 7 月，我就任后接手负责推进这项工作，多次和港澳办及外交部沟通，均称正在研究中。后来，我专程拜访了港澳办李后副主任。李主任坦率地告知：深圳河治理工程虽不大，但是裁弯取直后的土地如何处置很复杂，而且敏感。必须充分论证，有切实可行方案，否则将来有可能被当作李鸿章。李主任的明示和担忧，给我们指明了工作的方向。回深圳后，我请外事办祖国祯主任和口岸办刘杰主任组织力量调查研究，拿出可行方案。方案形成后经市政府批准，我又到港澳办和外交部向周南副部长等专门做了汇报，最终获得认可。

1991 年 11 月港澳办和外交部 1120 号文批复，明确了深圳河治理后的管理线划分：以新河道中心线为管理线，土地互换后仍多出的约一平方公里河套地区，比照过境耕作土地，深圳业权，香港管理。

经过一段时间的调整后，1992 年 12 月，市里决定深港双方治理深圳河谈判再次启动。此时，港方关注的焦点主要是深圳河治理对环境的影响如何。

因此，做好环境评估成为治河能否启动的关键。当时港府之所以这么重视环境评估，源于香港和国际社会对米埔自然保护区和深圳红树林湿地公园的关注。我记得那个阶段港府前布政司钟逸杰，曾专门邀请我、外办主任以及深圳红树林专家，访问米埔湿地公园。英女王夫婿菲利普亲王，也曾以国际野生动植物保护基金会主席名义，专门访问过深圳红树林湿地公园。这两次访问促进了深圳对环境保护的重视和深港双方合作按照国际惯例开展环境评估报告的努力。原来计划 24 个月完成的环评报告，后来 18 个月就顺利完成。张克科在他的口述文章中，也从另一个方面记载了这个时期前后一些专业机构和民间的推动。

1993 年 6 月 16 日和 9 月 26 日深圳市罗湖核心区遭遇的两次洪涝灾害，不少“老深圳”印象深刻，它既暴露了我们的基础设施的短板，也推进了深港双方合作治河的决策和进程。1993 年 6 月 16 日，恰逢尼泊尔国王夫妇访问深圳，我作为地方代表全程陪同参观访问。下午，深圳市暴雨成灾，罗湖区火车站广场一带全线被淹，尼泊尔代表团及所有接待人员被困富临大酒店，停水停电停通讯，情况十分危险和被动。当时陪同团长和公安部、外交部的同志十分焦急，我也只能依靠秘书游泳送过来的唯一手机和市公安局局长梁达钧及市委书记厉有为保持沟通和联系。次日上午雨停了，洪水未退，市里只能借用园林公司的工作船，护送国王夫妇一行去机场乘专机回国，沿途交警列队站在齐腰深的洪水中执勤，有为书记在红岭路坡上等候送行的场景，令外宾和陪同团同志非常感动。在平安回国后，尼泊尔外交部专门致电感谢深圳市人民政府在挑战面前的良好接待。事后，市里总结经验教训，决心加快深圳河治理和配套基础设施的建设，以更好地保护人民生产生活的安全。

1994 年 9 月 14 日，深港双方专家经过数十轮的谈判，针对治理深圳河的方案终于达成共识。两地政府签订协议，计划工程分三期进行，1995 年 5 月 25 日深港治河首期工程开工。第一期 1995 年动工的就是罗湖桥以西到出海口的河道，一个最大的创新设计就是将原来弯曲的河道裁弯取直。罗湖桥下和落马洲各有一块土地因此分别划入深圳和香港。

经过13年的不懈努力，造福深港两地人民、促进深圳经济特区发展的这一重要工程终于落地了，参与者们百感交集。2000年以后，洪涝灾害对深圳市的影响明显减弱。2012年深圳河治理工程全部完工，深圳河的防洪能力大大提高，水环境达标，其内河航运能力和河岸环境有了很大的改善。更加可喜的是，在长期合作治河论证和建设的过程中，深港双方加深了理解、增强了互信，激发了合作发展两岸经济、努力争取共赢的探讨和实践。

二、界河治理促进合作发展“一河两岸”探索

从1981年11月到1994年9月，长达13年的治河论证和谈判，打破了深圳河多年来的沉静，引发了两岸有心人的思索和探讨。1990年12月，深圳市政协成立，12位港澳政协委员参与其中。新界原居民、旅英华侨、深圳资深投资人、市政协常委文伙泰先生，在这个参政议政的平台上，率先提出了倡议。市政协领导高度重视，责成市政协联谊委员会支持配合，开展调查研究。当时市委统战部部长谭炜、外事办主任祖国祯、口岸办主任刘杰也都在这个委员会。张克科作为工作处处长，协调服务各位委员。1992年8月，文先生资助聘请了国内首家民办官助智库——中国（深圳）综合开发研究院，进行了卓有成效的研究。1993年3月在市委、市政府支持下，市政协出面邀请国家和广东省有关方面的专家一起研讨，经过论证提出了设立深港双边保税合作区，开通皇岗落马洲穿梭巴士，以及创建深港科技园等三个主报告。一系列民间推动和专家研究，引起两地媒体的高度关注，也为九七回归后，深圳、香港两地政府的重视和参与奠定了一定的社会基础。

1994年9月，深港两地合作治理深圳河签约时，深圳建设区域性金融中心已经取得了阶段性成果。市里提出转型升级、科技兴市、大力发展高新技术产业的奋斗目标。而且随着香港九七回归的临近，迎接香港回归，促进稳定，谋求深圳香港合作发展的任务加重。1994年6月，文伙泰先生出资支持成立了“深圳经济特区促进深港经济发展基金会”。1997年3月19日，

皇岗—落马洲跨境穿梭巴士开通。1997 年 4 月 19 日，文先生作为新界新田乡乡事委员会主席，致函候任特首董建华《关于推动深圳河沿岸地区发展的建议》，为历史的演进与发展揭开了序幕。

跨越深港在边境区进行的治河工程难度很大，但开工后进展顺利。双方求同存异，克服了不同社会制度、法律体系、政府运作、工程设计标准、招标程序、施工方法等差异，坚持按照国际标准推进建设和管理，取得了成功。

落马洲河套地区的开发却争议不断，进展难如人意，焦点有三：一是河套土地的归属之争，香港回归的当天，国务院发布 221 号令，明确深圳河治理后以新河中心线作为界域，未对河套区的业权和管理权问题另作说明，遂引起双方争议；二是河套地区作为深港合作的空间连接，也是香港价值链向全球和内地延伸的重要桥梁，是“一国两制”下先行试验的较佳空间，如何进行定位发展？商贸区、金融创新区，还是高等教育、高新科技区加文化创意？多种意见争论激烈；三是河套地区要发挥作用，就必须有两岸特别是新界西北地区发展规划的配合，如何实现？

经过深港双方 20 多年的探索磨合，在中央政府和广东省政府的协调促进下，近年来终于有了可行的配套解决方案。

2007 年 12 月 18 日，深圳香港合作会议，签署《关于近期开展重要基础设施合作项目的协议书》(1＋6 协议)。

2008 年 1 月，香港政府宣布 4 年内将新界禁区由 2800 公顷缩减至 400 公顷。

2008 年 11 月 13 日，深港政府签署《落马洲河套地区综合研究合作协议书》。

2015 年，形成了最终报告和行政摘要，但土地业权问题仍困扰未决。

2016 年下半年，在中央政府支持下，马兴瑞市委书记和梁振英行政长官积极推动，双方破题形成河套地区一揽子解决方案。

2017 年 1 月 3 日，林郑月娥政务司长和艾学峰副市长签署《关于香港深圳推进落马洲河套地区共同发展的合作备忘录》，将落马洲河套地区定位为港深创新及科技园，明确了土地业权交给香港，由香港开发，创新与科技局主管，由香港科技园下属成立一个专属的公司负责运行，优先支持港深科技中心。预留权益空间，认可3平方公里深方科创园区。这一协议为落实深港科技创新合作和粤港澳大湾区构想出台奠定了基础。

2017年7月1日，在习近平总书记见证下，《深化粤港澳合作推进大湾区建设框架协议》在香港签署。

2019年2月18日，中央正式公布《粤港澳大湾区发展规划纲要》。

2019年8月18日，中央公布《关于支持深圳建设中国特色社会主义先行示范区的意见》。

2021年9月6日，中央公布《全面深化前海深港现代服务业改革开放方案》。

2021年9月6日，深港签署《关于推进深港创新合作区“一区两园”建设的合作安排》。

2021年10月6日，林郑月娥发表任内第五份施政报告，首次提出开发“香港北部都会区”和建设“双城三圈”构想。这一系列中央和地方政府决策，总结了多年来深港合作探索的经验和教训，集中了民间和政府的智慧，形成了更有格局和分量的国家战略，成为国家和大湾区健康发展的新动力。

三、建设粤港澳大湾区深港合作更上一层楼

今年是香港回归祖国25周年。25年来，香港在中央政府支持下战胜了亚洲金融风暴的冲击，与内地建立了更紧密的经贸关系，实现了港澳自由行，进一步融入国际和国内大循环，保持了经济社会活力和国际市场竞争力，展示了“一国两制”政策的强大生命力。但是国际形势错综复杂，香港各种社会势力较量此起彼伏。2003年7月1日的反23条立法大游行、2014年9月—12月的占领中环事件、2019年6月8日的反修例风波、2019年11月区议会选举建制派的失利，突显了斗争的艰巨性、复杂性，促使中央政府为了

香港的长治久安和国家安全，下决心出重拳扭转局面。2020年6月30日，全国人大就香港国家安全立法。2021年3月，全国人大修改完善香港选举制度。2021年11月的立法会选举和2022年5月的行政长官选举，均按照新制度顺利进行，为“一国两制”的全面准确落实、为保障国家安全、落实爱国者治港，奠定了政治基础。

中央政府和香港特区政府是清醒的执政者。我们深知，之所以滋生风波是因为复杂的经济和社会原因，解决好各种深层次矛盾和问题势在必行。落实“一国两制”，加速发展经济，切实改善民生，促进民心回归，是当前首要任务。增加批量土地供给，增强经济发展实力，改善民生有效空间，十分关键。巩固四大优势产业，加强实体经济，发展高科技产业是促进香港人才成长和增强国际市场竞争力的有效选择。加大融入粤港澳大湾区，努力在促进区内经济社会融合中为国家发展做出独特贡献，香港将会进一步发挥重要的作用。

2021年10月6日，在落实《粤港澳大湾区发展规划纲要》的指引下，林郑月娥特首在施政报告中公布了策划多时的开发香港“北部都会区”和建设港深“双城三圈”的构想。深港两地政府2021年9月6日签署了《关于推进深港创新合作区“一区二园”建设的合作安排》。这一系列组合拳，展示了国家的决策和深港政府未来行动的规划和动向。

20世纪八九十年代，国家迎来了改革开放的新时代，深圳经济特区的成功崛起、香港特别行政区的顺利回归和持续发展，在新中国发展史上留下了浓墨重彩的一笔。唇齿相依的深圳和香港在密切交往和合作中相得益彰。深圳河治理的成功，就是“一国两制”下双方加强了解和认识、互相学习借鉴、探索深层次合作的有效途径。过程虽然曲折，但前景十分光明。

20年前，高尚全先生在给《深圳—香港：一河两岸合作与发展研究》一书作序时就提出，“希望更多的经济学家、社会学家、政策分析家关注深圳河两岸地区的发展与合作，与香港、深圳两地人士一起，将‘一国两制’、深港合作、共同发展这篇大文章做得更漂亮，为一河两岸的繁荣，把握机遇，齐创未来。”张克科的这本口述史重现和记录了深港科技合作前前后后一路前行的脚印。作者在书尾也描述了未来的憧憬：面向 2035 年及 2047—2050 年的新蓝图，深圳河沿线一河两岸布局由点连线，辐射到深港两地纵深区域的发展。深圳河两岸地区，是“一国两制”连接最近的地方。“双城三圈”跨越这个地区的衔接，是深港衔接的重要组成部分，是大湾区与国际市场的交汇区。这里是两地社会经济衔接的枢纽地带，具有特殊的地缘关系，新项目的布局和策略为实现北部都会区奠定基础，两地如能很好地配合发展，将成为互利、互惠、互补共同促进的新经济增长带。

国家明确了粤港澳大湾区定位，提出了很高的要求和期望：要建设充满活力的世界级城市群；有国际影响力的国际科技创新中心；内地和香港深度合作的示范区；“一带一路”倡议的重要支撑；宜居、宜业、宜游的优质生活圈。香港、深圳、广州、澳门、珠海等城市各有优势，分别扮演着重要的角色。其中，深圳和香港的深度合作，特别是位于落马洲—皇岗的河套深港科技创新合作区，筹划多年，且具有跨境、跨制度、跨关税区的独特优势，更是令各方期待。

張鴻文

深圳市原副市长、综合开发研究院（中国·深圳）副理事长

2022 年 5 月 25 日于上海

◇ 序　二 ◇

深港合作的价值不可替代

香港回归25周年之际，很多媒体都来采访我。我告诉他们，1997是我人生中最重要的时间节点，有幸见证了香港回归祖国，我个人也当选为中国工程院院士。从那一刻起，我的人生和祖国、香港深度地捆绑在一起，也有了更大的平台为国家、为香港的科技发展建言献策。我认为，香港目前已经具备足够条件在科创上大展拳脚，并寄语香港科学家要“身在香港，心怀祖国，放眼世界”，做出成绩，贡献国家。

深圳的一位朋友和我微信交流，说看到这些信息非常有同感，深港携手迈向国际科技创新中心赶上了最好的时机。他还告诉我，他正在整理《深港科技创新口述史》的文稿，其中有一些大事是我参与和关注的。我要来了书稿，仔细阅读，往事历历再现。这位相识差不多30年的朋友，就是本书的口述者张克科。我也很高兴为这本书写序，一起回忆香港回归以来科技发展走过的艰辛的路程。光阴似箭，日月如梭，我们的友谊与日俱增！

我是在担任香港工程师协会副会长、会长期间认识张克科先生的。那时他经常出席香港科技、教育、工程和友好团体的活动，向香港同胞介绍深圳的投资环境和发展机会。有一次他还特别紧急地给我打电话，了解电动汽车的核心技术和电池性能的产业化进展。这时我才知道他已经离开深圳市政协和投资促进中心，到了高新区办公室工作。那天是一家内地的电动汽车企业开着一台研发的新车到市政府大院向市领导报告新产品和体验电动汽车的性能。他告诉我，领导正在听汇报和试车，并嘱咐他向香港大学的“电动汽车之父”咨询。我直截了当地回答，当前只有加拿大有完整的产品线，这个新产品使用的电池能不能是自己的创新，只要看看有没有相关实验室就可以说明来源。

香港回归后，有一点我印象很深，时任特首董建华提出要在香港推广高科技。在这本书中，我才知道深圳当时也在布局高新技术的发展，并且非常认真地邀请香港请的国际团队也给深圳把脉。后来的情况是，董建华虽有心发展科技，可惜未能得到配合，后来金融风暴、沙士来了，计划就告吹了。只能说，科技对于国家、社会和经济的重要性，香港人那时的认识不一致。

1998 年 11 月，我作为香港的第一位中国工程院院士，受邀出席深圳与中国工程院共同在深圳举办的院士论坛。那一次，全国政协副主席，中国工程院宋健院长，刚刚卸任浙江大学校长就任全国人大常委会副委员长，中国科学院路甬祥院长也都来了深圳。深圳市领导在座谈会上向我们介绍了高新区的发展、深圳虚拟大学园的规划、深圳发展高新技术的决策和布局，请我们提意见。路甬祥院长和我在座谈会上特别强调高新区和大学的重要性，我也应邀在大会上做了关于国际电动汽车发展的前沿动态和展望的专题报告。那几天，张克科先生作为高新办的代表，全程参与了论坛和交流活动。我发现我们很多观点都非常一致。我们每一次的交流都表达了共同的心愿，深港合作，对香港好，对深圳好，对国家好。

尽管我在做专业领域的研究，但深港科技教育的合作一直是我关注的话题。书中详细记载的香港与深圳两个城市在跨界的河套地区的话题，颇具传奇色彩。历史命运多次改写，区位条件十分特殊，是内地与香港唯一一块地理相连的合作区。河套作为“一国两制”的“结合部”和两大都市的“夹缝区”，在历史与现实的激荡中被赋予了独特的使命和定位，是深港目前唯一以科技创新为主题的特色平台。

河套被赋予科技创新的旗帜，我认为是必要和正确的。我对这个区域的全面的、全新的认识，与我和张克科先生在一个共同的研究课题上的交集是分不开的。

2016 年 4 月，中国工程院周济院长率代表团访问香港工程科学院。时任香港工程科学院院长是原香港科技大学副校长李行伟教授，我作为中国工程院院士、香港工程科学院前副高级院长和高级顾问参加了接待和座谈。我们提出要进一步发挥内地和香港工程科学界的力量，带动珠江三角洲的工程产业升级和发展。大家非常认同这个模式和合作平台，当即决定成立中国工程院与香港工程科学院联合课题组，开展深度调研。

2016 年 7 月，香港工程科学院带着初步研究大纲赴北京，在中国工程院干勇副院长主持下，召开课题研讨和深度对接工作会议。进入会场，我看到张克科先生也在出席会议的人员之列。我发言的时候，特别提到，这次会议有邀请深圳的同事参加研讨，对我们了解两地的情况和发挥深港两个城市多年合作的基础，有着非常的意义。李行伟院长在香港科技大学和深圳开展的深港产学研基地合作中，与张克科先生共事多年，彼此也非常熟悉，他也提议请张克科先生多介绍一些深圳的情况。后来我才知道，1998 年深圳高新区成立伊始，深圳市领导主动拜会宋健院长，并支持中国工程院在深圳建立院士活动基地，张克科先生参与了全程的服务，并曾担任首任深圳方主任，代表深圳市参与筹备工作。那一次会上，张克科先生做了详细的发言，我看到这本书也有记载。

2017 年 5 月，课题组完成基础研究后，中国工程院代表团应邀赴香港调研，并在香港回归 20 周年前作为重大活动之一，在香港公开发布研究报告成果。张克科先生也是代表团成员之一。他主动向深圳市政府领导汇报，安排代表团实地考察了河套片区。当时河套的规划蓝图已经明确，2017 年 1 月 4 日两地政府签署合作备忘录，将在跨境的河套片区共同建设科技创新中心。中国工程院的内地院士实地考察后，留下了深刻的印象。在香港工程科学院的欢迎招待酒会上，中国工程院副院长干勇院士主动提起了河套的话题，并请张克科先生做了即兴的简要介绍。那一次，我看到张克科先生如数家珍地一一道来，给我们简述了河套创新区建立过程的艰辛历程和光明前景。他说，根据以往的经验，香港动则全局动，香港好则深圳好。希望中国工程院可以发挥更大的作用向高层建言，更希望香港的专家们可以向中央表达心意。

在书中，我们看到了2017年6月22日中国工程院院士建议的名义刊发的《将深港福田—落马洲大河套片区确定为国家战略，创建世界级产业创新中心》建议书。在港院士们针对内地与香港在科研合作交流上存在一些限制，如国家科研经费过境香港使用的问题及香港科研仪器设备入境内地关税优惠问题等也在深入讨论。由我牵头并作为发起人之一，给习近平主席写信反映了这些情况。我们一步步征求大家意见，逐字逐句斟酌，定好后提交，充分表达报效祖国的迫切愿望和发展创新科技的巨大热情。

习近平主席一直以来非常牵挂、关心香港，对这封信高度重视，作出重要指示并迅速部署相关工作。习近平主席在指示中强调，促进香港同内地加强科技合作，支持香港成为国际创新科技中心，支持香港科技界为建设科技强国、为实现中华民族伟大复兴贡献力量。习近平主席还强调，要重视香港院士来信反映的问题，抓紧研究制定具体政策，合理予以解决。此后，河套地区驶向了深港科技合作创新的“快车道”，这是我们作为在港两院院士所尽的一点绵薄之力。有关重要指示的含意，是从精神到物质给了我们强心针。在物质上是资金过河，在精神上是为香港点明发展方向，再加上后来国家“十四五”规划纲要就香港发展的详细篇幅、粤港澳大湾区建设等，都为本港科研带来前所未有的发展机遇。

光阴荏苒，流光飞逝，香港回归祖国已经25年了。下一个25年，香港除了继续为国家创新研发出一份力，还应发挥好中西交汇的文化枢纽价值。身为归侨，一大优势就是思维随时可以中西切换。在外国演讲时，我用的是西方思维方式；回到祖国，就是用国家的语言、术语，跟人们解释。同样的理念也适用于本港社会，香港是中西合璧的国际化都会，在这里人们可以更好地观察世界。中西文化各有价值，应互相借鉴和学习，取长补短，以发挥更大的优势。

香港科研未来发展最需要也最重要的是建设生态链。香港仍然欠缺研究院和高科技企业，期望在港央企可带头做起，将研究院和企业设于香港，完善香港科研生态。同时，香港即使面对寸金尺土的困境，但在布局北部都会区和“双城三圈”的持续发展规划上，还是和深圳做双城资源对接，仍可发展高附加值、高端的科技产业，亦有条件成为电动车测试和验证中心，以发挥香港作为国际都市的优势。

愿大湾区的未来更加美好，深港合作的价值更加不可替代，国家的科技创新事业更加蓬勃！

陳清泉

中国工程院院士，香港大学荣誉教授，第十届全国政协委员

2022 年 6 月 27 日于香港

导 言

深圳河两岸地区是最接近“一国两制”的地方，是衔接深港的重要组成部分，是珠江三角洲深圳和香港的交汇区，也是深圳乃至香港与珠江三角洲大经济合作之陆路交通运输、旅客出入的必经之路。香港与内地跨界的基础设施建设项目的接口大多分布在这一带。这里是两地社会经济衔接的枢纽地带，具有特殊的地缘关系。两地如能很好地配合，将成为互利互惠互补、共同促进融合发展的福地。

深圳河源于梧桐山牛尾岭，由东北向西南注入深圳湾，全长 37 公里，流域面积 312.5 平方公里。河道蜿蜒曲折，沿着深圳、香港边界流入海湾，是名副其实的界河。1879 年，清政府签订了中英条约，世代相连的土地被租界割裂。港英当局长期以来推行隔离政策，在新界划定禁区，新界北片区得不到应有的发展与建设。香港回归之后，由董建华先生亲自担任主席的香港特别行政区策略发展委员会在 2000 年 2 月发表的《共瞻远景 齐创未来——香港长远发展需要及目标》的报告中提道：“香港回归中国，是一个重大的契机。港人享有高度自治。回归之前规划工作的种种限制在回归之后已经消除。现在是时候为香港定下长远的发展路向，确立一致远景，激励公营和私营机构以至整个社会上下一心，为共同目标而努力。”

深圳河一河两岸的可持续发展规划从一开始就得到了马洪基金会和综合开发研究院的持续指导、参与和推进。马洪、高尚全、林凌、吴明瑜、董辅礽、李罗力、唐杰等多位专家都深度参与了研究、论证和指导。特别是高尚全先生，作为香港特别行政区预委会、筹委会成员之一，亲身经历了香港回归前那一幕幕惊心动魄的历史事件，更能体会到这其中的艰难和挑战。2000 年，他亲自为结集出版的深圳特区促进深港经济发展基金会（以下简称“发展基金会”）研究成果作序，非常肯定当年发展基金会资助和承担的部分研究报告。序言中，高尚全先生认为这一时期“坚持不懈的努力，开辟了民间渠道，争取香港社会各界的认同，争取有关部门的理解，着眼于发展，着眼于回归后的机遇，不失时机地开展了对一河两岸区域的综合发展、交通设施、口岸运转治理深圳河、环境评估、科技服务、投资基金、华侨政策等系列研究，使一些关注深圳和香港发展的人们有了一显身手的舞台。这些报告，对推动深圳与香港的合作，曾经起到过重要的、不可替代的作用。有些项目已经付诸实现，有些观点已经潜移默化地深入到了香港社会。时至今日，我们看到，香港社会已经认同香港特别行政区策略发展委员会报告中的观点，即‘香港要成为亚洲首要国际都会，就必须在经济发展上，与珠江三角洲其他主要城市如广州、澳门、深圳、珠海等密切配合’。在社会生活方面，‘随着跨界交通的不断改善，这个发展趋势会日益明显，并会带动香港和区内其他主要城市的经济进一步增长，促使珠江三角洲城市一区多城的形成和发展’。”

其间，文伙泰先生也不遗余力地在民间推进。1997 年 4 月，他给董建华先生写了一封言辞恳切的信，希望香港特别行政区政府能够着力推动深圳河沿岸地区的发展。他在信中说：从长远看，构筑两带、贯通两湾；在治理深圳河三期工程的基础上，新辟从三岔河口到沙头角河口的河道，贯通大鹏湾至深圳湾，建立运河，改善环境，发展内河航运与旅游，沿河两岸构筑相互关联的产业带；从近期看，利用深圳河在裁弯取直后，落马洲一段有 1 平方公里的土地南移，在重新划定管理线后，在这个区域可开展多项合作，如与福田保税区配合，建立合作的高科技园区等。文伙泰先生满怀信心地展望，“未来 15 年，深圳河一河两岸是最具增长潜力的地区，50 年内沿河两岸将展现一个新兴城市带。这是举世无双的，是‘一国两制’的创举，是社会发展的必然。”拳拳爱国之情，跃上字里行间，其执着令人钦佩。

深圳更是在 1991 年市政协成立之初，在市政协常委、香港元朗区议会议员、香港新田乡乡事委员会主席文伙泰先生的提案推进下，市政协常委会年年把河套合作作为重大话题，引导香港委员参与、咨询、推进。从第一届政协开始，就陆续、持续地将深圳河沿河经济带、河套 1 平方公里的开发建设和深港携手融合发展作为逢会必提、逢见必议、逢人必商的话题。之后，深圳市政协在 1996 年（深圳河沿河经济带）、2006 年（深港创新圈）、2012 年（两制双城国际大都会）、2018 年（河套深港科技创新合作区）做过四次比较大的有全体香港委员参与专题调研。深圳市及各区的政协委员，通过不同社会渠道和专业机构与香港社会地方人士对接，发出了共同的愿望，充实和推动了两地政府的协商合作进程。2017 年 1 月 4 日，深港两地签订政府间协议，2019 年 2 月中共中央、国务院公开发布了《粤港澳大湾区发展规划纲要》，河套片区深港紧密融合发展进入了快车道。习近平主席高瞻远瞩，集两岸群众的愿望，顺应新时代、新格局的发展，为河套深港科技创新合作区的发展指明了美好前程。

我有幸作为深圳市第一届政协联谊委员会办公室的主任，自 1991 年开始就接触、参与、推进、协调、服务于深港合作事项。深圳市政协成立于 1990 年 12 月。第一届政协设立了联谊委员会负责港澳台侨委员的联络和服务。香港回归前，香港各界代表人物大多在全国人大、全国政协和广东省人大、政协参与国家事务。深圳是经济特区，深圳政协一成立就把港澳台侨工作放到非常重要的位置。联谊委员会主任由原广东省委统战部副部长，深圳市委统战部部长谭炜出任。他从 20 世纪 60 年代就开始做统战工作，熟悉两地情况，人脉资源丰富。深圳市政协主要领导都是深圳经济特区建设时期的“开荒牛”，与前来深圳投资的港澳台侨各界人士都非常熟悉，也非常支持他们通过政协渠道参政议政。1991 年新年过后，根据工作安排，我陪同政协领导去香港举办春茗团拜。其间，深圳市政协常委、联谊委员会副主任、香港新界元朗新田乡乡事委员会主席文伙泰先生特别邀我交流，介绍了 1979 年以来他参与深圳东门投资新华城和后续的各种艰辛，特别提出深圳、香港正在会商要开通皇岗口岸、治理深圳河，深圳也在布局建设福田保税区。文先生说，他的家乡新田乡和皇岗一河之隔，有着深厚的渊源和发展机会。他提出开通口岸穿梭巴士、建立跨境科技园和组织华侨投资基金三个议题，希望政协可以联系国内专家研究，并通过政协平台和提案，推动落实和组织实施。回到深圳，我立即将文伙泰常委的想法向市政协领导做了详细汇报，并提出可以委托刚刚成立的综合开发研究院参与，发挥高端资源的作用。三个委托课题于 1993 年完成后，由市政协组织召开了邀请国务院相关部门参与的专家论证会。大家一致认为，深圳河沿河经济合作的区位独特，深港合作关系可以为国家实施“一国两制”，保持香港回归后的繁荣稳定和促进深圳经济特区的发展发挥特殊作用。论证会之后，文伙泰先生提出，希望有一个机构可以专注这个持续发展的区域合作项目。在深圳市主要领导的支持下，深圳市政协的具体参与和指导，文伙泰先生出资，于 1994 年 8 月正式成立了深圳特区促进深港经济发展基金会。我受政协领导委派，担任基金会秘书长。由此往后二三十年，我与深港河套规划和深港科技合作保持着密切、持续的关联，也保留和积累了不少当年工作过程中的史料。

改革开放以来，深圳的发展促进了双城效益的互动。深圳河治理、已建成的口岸通关互动结点、口岸的布局和跨境公路、铁路、桥梁的对接，特别是香港回归以来到“十四五”规划带来的机遇，面向 2035 年及 2047—2050 年的新蓝图，深圳河沿线一河两岸布局由点连线，辐射到深港两地纵深周边的发展。在这个节点上，香港提出了“北部都会区”和“双城三圈”。时任特首林郑月娥以“四新”“四通”做了非常务实的阐述。深圳从民间到相关部门都非常关注，给予了强烈的呼应，提出要设计好融合发展、相互促进的新路径，做到政策机制理念先行、规划基建民心开路、双城跨境共进共赢。纵观深港推进跨境合作项目和携手共商双城都会发展的全过程，目前主要有四大转变：一是由深圳单边单向阶段性推进转变为香港主动提出双边协同对接共进；二是由河套形成的特定空间启动到沿边境纵深全方位规划可持续共商并进；三是由基础设施、创科发展向公共服务、人才集聚、社会协同、居住就业和生态文化、商旅等全面规划共谋未来新都市建设转变；四是由单向推进的招商融资政策导向，向规划对接、服务对接、标准对接、智慧平台对接的共赢新机制转变。从河套区的港深“两园”不能割裂来看，正在朝着作为“一区”来整体探讨发展方向，以期实现河套区作为一个整体的协同发展，将河套深港科技创新合作区作为“一国两制”实践的载体，作为大湾区全局改革开放的龙头和政策突破、培育和辐射的引擎，作为建设国际科技创新中心的试验田，作为一个满载动能的齿轮带动港深两地的长远可持续发展的目标。

2022 年 6 月 30 日，在香港回归 25 周年前夕，习近平总书记前往香港科技园视察，面对河套深港科技创新合作区的沙盘，林郑月娥信心满满地向总书记报告：“一河两岸，创新科技，看来这里的前景比硅谷还要好。”总书记希望香港发挥自身优势，汇聚全球创新资源，与粤港澳大湾区内地城市珠联璧合，强化产学研创新协同，着力建设全球科技创新高地。

行而不辍，未来可期！

一、河套地区走进深港双城合作蓝图

（一）河套地区土地形成的始源

深圳、香港称之为“河套”的地区位于深港跨境交接区域的深圳河干流中游，原属于深圳上步生产队（福田区），东临深圳上步码头，西至皇岗口岸大桥下，是20世纪八九十年代双方合作治理深圳河时，将河道裁弯取直后划入香港新界落马洲一方的土地，面积连同老河道约为1平方公里，实际土地面积87万平方米。因涉及深港两地人事往来和历史纠葛，逐渐成为深港合作的前沿阵地。要讲河套的故事，还得先从它的形成——深圳河的治理讲起。

1. 河道取直后裁出的“1平方公里”

深圳河是深圳与香港的界河，发源于梧桐山牛尾岭，自东北向西南流入深圳湾，全长37公里。20世纪50年代以来，这条河流无私融入深港两地的生活，接连见证着香港、深圳的发展。同时，由于早期沿河排污设施的欠缺，深圳一方的生产废水、香港一方的生活排泄物等直灌河流中，水环境污染问题随之而来。水体乌黑，恶臭难闻，对周围环境影响极大。由于河床狭窄（最窄处仅有10余米，最宽处也不到140米），河道蜿蜒弯曲，以及高强度的土地开发、水土流失等导致河道泄洪能力下降，让原本就糟糕的水环境“雪上加霜”。加上受海潮影响，洪水泄泻不畅，以致两岸经常洪水泛滥成灾，造成深港双方严重的经济损失。

1981 年 12 月，深港双方会谈首次正式提出了治理深圳河问题。1982 年 4 月 15 日，深港双方签署了一个地方工作层面达成的“深港协议”，其中包括治理深圳河、消除污染、防止洪患等。深港双方还决定各自成立四个相对应的工作小组，即陆路交通小组、方便旅客过境小组、大小梅沙—香港轮渡工作小组、治理深圳河小组。这些小组后来在深圳河治理被搁置的时候起到了联络双方互通信息协调的作用。特别是方便旅客过境小组，一直延续到香港回归以后，成为深港两个城市之间沟通交流的一个特殊通道。在落马洲—皇岗穿梭巴士、过境访问签证、紧急转运跨境特殊医护旅客等许多方面都及时发挥了非常灵活便捷的关键作为。

之后爱国商人胡应湘先生提出建设广深高速公路，并规划在深港跨境出入口建皇岗口岸。由于落马洲—皇岗口岸要跨越深圳河，深圳河治理的问题也再一次提出。1985 年 4 月，港深当局通过工作小组协议治理深圳河方案，时任香港政府副常务司的曾荫权作为香港方的谈判官员也参加了此次谈判。双方完成深圳河防洪计划报告书，确定了治理深圳河工程的目的、范围、措施及分期实施计划（图 1—1）：

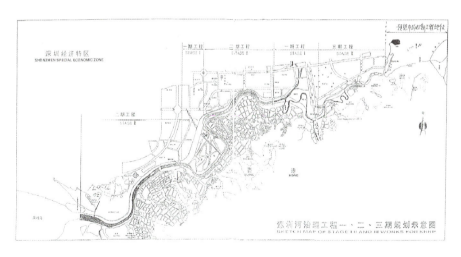

图 1—1　深圳河治理工程一、二、三期规划示意图

第一期：对料坐（渔民村）和落马洲两个弯段进行裁弯取直；第二期：对罗湖铁路桥以下河段进行全面整治（拓宽、挖深、裁弯取直、修筑河堤）；第三期：对罗湖铁路桥以上河段进行整治（拓宽、挖深、裁弯取直）。并对后续需要改善平原河汇流处至白虎山（包括莲塘／香园围口岸）一段河道备选。[①]

1985—1988年间，根据双方工作小组协商，同意委托深方聘请专业机构做深圳河治理的环境保护规划。当时，深圳遴选了由清华大学和北京大学合作组建的深圳盖雅环保科技有限公司专业团队，倪晋仁教授、王光谦教授以及赵志杰、陈效逑、杨小毛等20多位北京大学、清华大学的教师和博士、硕士等参与，并于1988年完成土地整备和环境评估等前期工作。其中，因为河道改直而出现深港两地均有部分土地移入对方境内的情况，需要进一步明确后续的工作程序和管理办法。此时，彭定康出任香港总督，挑起了中英谈判的争端。鉴于大局大势，治理深圳河工程暂时停顿下来。由于时有双城之间的一些突发紧急事件，深港之间仍利用1982年建立的深港工作小组制度保持联系。

由于连年的台风、暴雨、洪水，深圳河得不到及时治理而影响两个城市运行，并有非常大的隐患。一次，政协副主席李定带我给市委书记李灏汇报深圳河发展研究进展时，李灏书记告诉我们，1991年全国人大会议期间的休息室里，李鹏总理和时任我国驻英大使姜恩柱正好都在场，他提出深圳河的治理不能再等再拖了。根据领导协商的意见，深圳市政府经广东省政府上

① 深港双方协议治理深圳河只安排一、二、三期。深圳方在规划深圳河沿河经济带时，提出建设跨梧桐山的约3公里的隧道，借以联结大鹏湾和深圳湾，通过引入大鹏湾的优质海水，改善深圳河的生态环境品质，并可以行驶500T级的运河航线。为此还做过第四期环境评估和初步工程可行性研究及预算报告。港方获知后，在工作小组特别声明，合作治理深圳河只有三期，没有第四期。后来由于莲塘河流域香港方居民养猪产生的垃圾及生活垃圾的倒入引起的污染和莲塘—香围园口岸的建设需要，双方追加了该河段的环境生态工程，也可以算作第四期。

报中央，希望尽快重开深圳河治理工程。1991 年 11 月外交部予以批复，明确深圳河治理后粤港两地管理线的划分及管理办法。之后，深圳河治理工作小组根据上述精神，在第九、第十轮会谈中，重启深圳河治理工程，在前期环境保护评估报告做部分修订后，开始实施。深圳市作为双方委托的全权承包工程主干，成立了治河办，在深圳河禁区内搭起了工作棚，调集了专家进入工地。治河办主任由市政府副秘书长兼任，总工程师林万泉也是政协委员，大家因工作有过交集互相熟悉，所以我们的联络联系非常顺畅，各项工作的调研也开展得非常顺利。

此前，深圳河治理工程推进缓慢，因工地两边都是深港边防线禁区，有原来的巡逻带，还要新开边检哨卡；开挖新河道的表层污染土要外运，河套片区上的表层土也要清理干净。后续新河道挖出来的新土再堆填在原地块的新土基上，涉及河道里被污染的淤泥转运地的选择等。直到 1993 年台风“贝碧嘉”袭港。

1993 年 9 月 26 日，受台风影响，香港新界上水、新田出现严重水浸（图 1—2），深圳也难以幸免，市内大部分地区因大雨造成严重水浸。深圳河沿线低洼地更是一片汪洋。那天上午，我和几位同事乘车去龙岗开会，车开到布吉立交路口，雨太大走不了，就想掉头回政协机关，结果去上步的路无法进入。见回不去了，我们就把车撤回东门，停在芙蓉宾馆。眼看受困走不了，中午就在附近看了场电影，下午 3 点出来再看，还是无法离开，便嘱咐大家要注意安全，分头回家。我蹚着齐腰深的水，扶着马路中间的交通隔栏，一步一步从老街走到翠竹路，再步行回去布心村。

图 1—2　昔日新界地区经常受水浸困扰

这场暴雨差点淹掉了当时的市中心罗湖区（图 1—3）。罗湖区有专供香港的储备水源——东湖水库，这是 1963 年经周恩来总理特批，为解决香港淡水资源缺乏和水荒危机的东江水供港工程的重要组成部分。雨一直下，水位超过了警戒线。当时，罗湖区的道路积水深达两米，大水漫浸，东江水库的水输送不到香港，深圳也不能擅自取用。最后，市长决定在凌晨 2 点放水，开闸泄洪。罗湖区措手不及，河道、下水道也没有提前疏通，整个罗湖低洼处全被淹了。事后，深圳市政协举办咨询会，检讨这次洪水对城市建设造成的影响以及科学管理方面的问题。那天散会，与会领导还在走廊上和水务局梁明局长边走边讨论，赶上下班，我在办公室门口静候他们过去。参与讨论的副市长王众孚突然看到我，就说："你问克科，我们长沙发那么大的水都不放水的，淹一点就淹一点，放水就是灭顶之灾，哪能这么指挥！"王众孚在长沙经历过同样的事情，所以不建议开闸放水。这次水灾距离上次仅过去 3 个月，两次接踵而至的洪水给深圳造成了 14 亿的经济损失，深港两地损失惨重。后来，深港两地政府透过当时的联合工作小组，决定加快推动深圳河第一期和第二期治河计划。

图 1—3　1993 年水灾期间的罗湖区深南路

经过前期的准备和港方谈判，1995 年 5 月，深港两地政府签署了《治理深圳河一期工程委托协议书》，第一期工程正式开工，合同工期为 2 年，合同造价 2.79 亿港元。深圳河治理的第一期工程于 1997 年 4 月 18 日提前竣工。

第一期工程完成后，河道裁弯取直区域出现了多个南北交互的地段：如料坐（渔民村）段裁弯段；深圳方约有共 0.065 平方公里土地划入新河的香港一侧（如图 1—4 所示 B 区域）；香港方约有共 0.083 平方公里的土地划入新河的深圳一侧（如图 1—4 所示 A 区域）。罗湖将富临大酒店侧的 A 区域称之为“小河套”，其中最大的一块在福田—落马洲段裁弯段：深圳方约有 0.86 平方公里的土地划入新河的香港一侧，当时选作二期工程的弃土区。相邻的原河道面积为 0.18 平方公里保持原状不回填，合计约 1 平方公里南移（如图 1—4 所示 C 区域）。后续提到的河套地区均以此片区域为主。我查过档案资料，这片土地在 1987 年 11 月至 1988 年 5 月，深圳市政府通过市三防指挥部治河办正式向上步区有关村委集体征购，业权归属为深圳市。

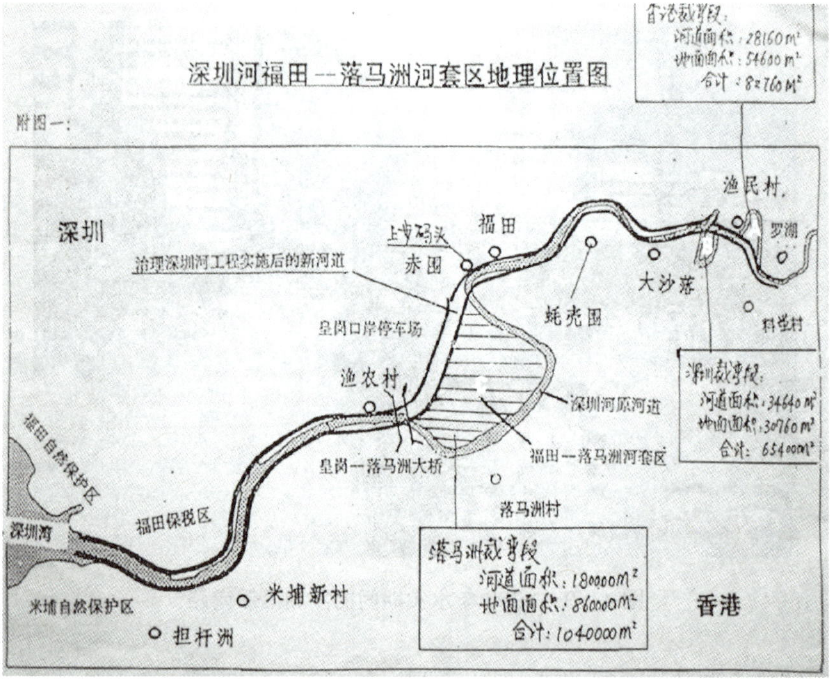

图 1—4　深圳一期治理工程后深圳河福田—落马洲河套地区地理位置图

2. 过河的土地归属一波三折

深港双方协同确定深圳河治理工程后出现了跨境土地的变化和权属问题是深圳河治理必须面对的。当时，中英双方正在就香港回归的大势进行谈判。此时处理土地问题非常敏感。但深圳河已无法负担城市建设和水灾泛滥的双重压力。1991 年，深圳市政府向中央申请重启深圳河治理工作。国务院港澳办、外交部报经国务院批准，于同年 11 月 13 日在《关于深圳河治理后以新河中心线为界的复函》〔（91）港办二字第 1120 号〕中有明确规定：深圳河治理后，应以新河中心线作为粤港边境管理线，而不是以此重新划界。河道裁弯取直后，双方划入对方的土地可以采取等量互换的办法解决，我方划入港方的一千五百多亩土地，可按照过境耕作土地处理，标明地界，产权不变，管理方法与原有的“过耕地[①]”相同。根据上述原则，1993 年 12 月粤港边界管理范围线谈判的第九、第十轮会谈，也明确提出了土地业权不变，归深圳所有，即在深圳河治理后，河套地区土地的业权仍属深圳市，管理权属香港政府。鉴于当时的特殊情况，深港双方没有共同签署有明确文字表述这一事实的协议，但港方予以默认，正式开启了治河工程。之后，在研究深圳河沿河经济带和河套片区的规划时，都是沿用第 1120 号文明确的两个原则作为基线：一是新河道中央是管理线，二是比照“过境耕作地”来处理。

1996 年底，香港回归前的局面非常微妙，中英双方为了政权的交接问题在谈判上进行博弈。与此同时，1994 年以来委托有关方面做的关于深圳河沿河经济带发展的一系列研究报告在 1996 年初经过论证后，也铆足劲准备做最后的完善。深圳市政府也将深港沿河经济带的课题作为当年市委市政府重大调研课题居首列出。市委市政府分别指定了一位副秘书长挂帅，组成专题调研，我也被抽出来参与全职工作。因为报告形成的时间跨度刚好在香港回归前后，我们也分析了香港回归后可能带来的变化，其中最大的风险还是在土地的权属上。当时，我们参考了国际惯例和香港可循的先例做了各种判断。香港回归后，《中华人民共和国香港特别行政区基本法》（后简称“基本法”）仍然承认新界土地私有，为更好地符合香港的法律，课题组向市政府建议将河套土地转让给企业持有，并请香港律师做法律咨询，在 1997 年 4 月前及时办理了相关手续。这时，北京高层给深圳市领导打招呼，要我们在香港回归前暂停该话题的公开曝光，把握节奏，不干扰香港回归的大局。

1997 年 7 月 1 日，中华人民共和国国务院令（第 221 号）公布了香港特别行政区行政区域图，明确了“深圳河治理后，以新河中心线作为区域

① 过耕地：指深港边境地区的耕作地，深圳村民拥有的土地在香港一侧，可以早出晚归去香耕种、售卖商品。

界线”，并未对业权和管理权问题另作说明。根据基本法的规定，深圳集体或个人拥有在香港一方的过境耕作地是受香港法律保护的私有物权。深圳划入香港管理线内的土地依照香港的法规进行登记和按章管理。河套南移的土地管理权属香港政府，但业权仍属深圳方授权的企业。但有部分香港议员认为，按照国务院第221号令这份文件，划分了深港边界后河套土地应该划归香港了。当时，香港政务司司长陈方安生在正式场合对土地产权属于深圳表示异议，强调回归后产权应该顺其自然属于香港。而在场的国务院港澳办主管官员明确指出，这个土地的所有权是深圳一方的历史事实，也符合基本法的规定。后来为了大局的稳定，已经列入1998年第二次粤港联席会议议题、以河套作为基础的深港跨界高新技术产业园项目被搁置。据了解，这也是粤港联席会议唯一一个提出来协商并开展前期工作之后被搁置的项目。

最近，我们查阅到当年双方分别就土地问题做的讨论和上报的资料，将在后面作香港回归前后到1999年间河套地区开发合作项目搁置的内容介绍。值得庆幸的是，2017年1月3日，深港双方就深圳治理后的土地变迁达成了一揽子协议，统筹解决了因深圳河治理产生的七宗土地归属的历史遗留问题，深圳河沿岸的协同发展与规划进入了一个全新的阶段。

（二）河套开发最初的提出者

无论深港两地政府间如何争论河套土地的权属，两地民间以此交界区域为纽带打通跨境合作的热情还是比较饱满的，也为此区域的开发建设贡献出诸多有益的设想，推动了河套地区早期功能定位雏形的构建，文伙泰先生是重要的代表性人物之一。

1. 生长于深圳河两岸的新界侨领文伙泰

文伙泰（1937年—2014年6月19日），香港著名“皇巴士大王”，出身于香港新界“彭邓廖侯文”五大氏族之一的新田文氏家族，文天祥家族第25代传人。文伙泰先生的母亲就是深圳皇岗村人，后嫁到河对岸的新界新田乡，因此文先生对深圳皇岗这边的感情很是深厚。两地一河之隔，居民之间互相走动没有任何阻碍，用他自己的话说就是“祖祖辈辈都和深圳人一起，同耕一片地，同饮一河水”。

文伙泰早年去英国留学，1977年返港从事旅游、运输、地产开发等活动，并积极参加地方社会事务。同文伙泰先生一样，根在香港新界的海外华侨有50多万人，他们一直关注着新界地区的发展。为改变家乡面貌，促进新界西北区的发展，使旅居海外的华侨心向家乡、安居乐业，1977年文伙泰先生从英国一回来，用时4年、耗资300万元港币做了一个地区发展的研究报告，并通过正式渠道提交香港政府，但因为种种原因被搁置。生于斯长于斯的文氏，对新界有着难以割舍的情感。面对挫折，他没有气馁，开始把目光投向祖国。

2．文伙泰与河套的不解情缘

20世纪80年代，文伙泰正在参与深圳经济特区的投资建设，敏感的商业嗅觉以及对香港的了解、对家乡的关注，使他一开始就介入到了河套的开发建设构想之中。

1983年，文伙泰先生提出利用海外华侨资金参与深圳老街的改造与建设。深圳市政府同意以合作的方式跟深圳市特发集团有限公司成立新华城有限公司，将深圳东门旧城区近20万平方米的土地拨归新华城公司，开展为期30年的旧城改建和经营。随后，新华城公司对深圳老东门地区进行改造，建设了一批以文山楼、光华楼、西华宫、宝华楼等为代表的具有中国传统风格的商业、办公建筑组群。在此当中，国内第一个开放式市场，内地第一家麦当劳也坐落于深圳老街这片街区中（图1—5），带动和促进了深圳老东门地区商业与旅游环境的改变和兴旺发展，也成就了今日深圳老东门繁荣的商业景象。

图 1—5　1990 年 10 月 8 日中国大陆第一家麦当劳在深圳西华宫正式开业

老街的拆迁遇到政策上的变化，市政府调整了整个片区发展的节奏。面对老街改造的协议变更，市领导非常重视维护各方投资者的权益，主动提出可以异地补偿，请文伙泰先生考虑可否参与银湖片区的开发建设。文先生说："不要银湖，我要地不是为了做房地产，我是要建设家乡。我的家乡在深圳河对岸的新界新田乡，能不能让我参与未来深圳河治理之后那边的项目？"当时，深圳河工程还没有完全启动，李传芳副市长代表市政府和文先生沟通时，文先生表示，其他地方暂不考虑，等待皇岗片区启动并在周边配合深圳、香港两地的发展。"土地没有出来，那我们就先做规划，研究几个前期项目。"从那个时候开始，文先生酝酿了很多深港沿深圳河两岸的开发方案，也深入到当地乡绅、海外华侨之间和深圳当地做工作。

1991 年初，文先生第一次和我交谈这个话题，就非常完整地将这些构思和盘托出。文先生首先想建两栋楼，皇岗口岸毗邻的渔农村和对岸的新田村各建一栋比邻的科技商务大厦，用于做跨境科技园，深港双方的工作人员可以持证从不同通道进入科技园大楼内共同工作。当时，深圳河治理尚未完工，土地也尚未平整。那么建设跨境科技园的土地从哪来呢？文先生计划从新田乡的海外华侨手中以委托的方式获得统筹开发使用权。在香港新界乡村，新界原居民的男性后人（即男丁）每人一生可申请一次于认可范围内建造一座最高三层（上限 28.22 米高），每层面积不超过 700 平方英尺的“丁屋”，无须向政府补地价。这种权利被称为“丁权”。文伙泰先生所在的新田乡，很多华侨的男丁不在香港出生，但他们依然可以通过法律拿到一块地。文氏家族在新田乡的文水塘会有很高的威望，乡里的海外华侨就会把通过“丁权”获得的土地交给家族会来代管。文先生计划建的另一栋楼，就是以 50 年的楼房居住权交换海外华侨的土地支配权。华侨不回来也可以享受住房的红利，回来后就不用再回到田里去了，可以住进楼房。这样就可以通过文水塘会为乡村发展和海外权益人获得持久的利益。

3．文先生参政议政以推动构想落实

文先生的想法给了我启发和信心，让我看到两地民间合作的基础和渊源，也启发了我围绕“科技”主题做一些跨境合作的设想。所幸深圳的领导非常开明重视，政府层面的合作组织开始构设，将两地热心人士密切联系起来，推动文先生想法步步落实。

（1）第一批 12 位香港政协委员带来新气象

1990 年，深圳市筹备成立人大、政协，深圳经济特区将通过新的治理体系争取全国人大批准获得经济特区的立法权。深圳政协的筹备也由原来酝酿多时的政务咨询委员会筹备工作班子承担，并加大了各界人士在委员人选中的推荐比重。1990 年 8 月，我从深圳图书馆抽调出来参加深圳市政协的筹备工作。1990 年 12 月 21 日至 28 日，政协深圳市第一届委员会第一次会议召开，标志着深圳市政协正式成立。第一届市政协有委员 249 人、常委会成员 28 人，其中港澳委员作为单独的界别。文伙泰先生作为一直参与深圳建设发展的港澳代表，是第一届政协进入常委的香港委员代表。第一届政协第一次会议期间有 12 名香港委员，他们参政议政的热情非常高，对深圳的投资环境、社会建设和城市发展提出的建议也切实可行、值得借鉴（图 1—6）。

图 1—6　李子彬市长、张鸿义副市长、郭荣俊副市长在政协听取文伙泰先生的汇报

（2）文伙泰通过政协提案推动河套地区建设

第一届政协会议以后，我正式调进政协机关并任联谊委员会办公室主任。该委员会由港澳台侨和相关委员组成，香港界别的12位政协委员以及市委统战部、市外办、市侨办、市口岸办等对外联络工作机构的代表都在这个委员会。了解他们对深圳发展的建议和参与深圳事务的需求，反映在深圳投资遇到的问题，协助和提供他们参政议政的服务等，都是我们的工作任务。市政协领导也非常重视和香港委员的交流。香港委员中的马介璋先生和文伙泰先生两位为政协常委，决定组成香港委员小组，每月有一次议政餐聚会，单月在深圳，双月在香港，大家一起为深圳和香港的发展出谋划策。

在第一次香港委员小组会上，文伙泰先生就在会上对我说："我有事跟你们说，找时间再说。"我说："哪里的问题？""找时间再说，很好的机会，就在深圳河那边。"我们当时并不知道这个"那边"在哪里，也没有印象。1991年春节后，市政协在香港举行春茗活动，当时许多港澳籍全国政协委员、广东省人大代表政协委员等都在深圳有投资，市政协领导过去香港，也都邀请了一些老朋友过来，后来深圳市政协还与以全国及各省市政协委员为主体的香港友好协进会建立了紧密合作伙伴关系。深圳市政协举办的春茗活动高朋满座，应邀出席的新华社香港分社领导说，深圳的影响力真大。

文伙泰先生盛装出席了当晚的春茗活动，想借这个机会和我们谈他思考的一些事。当时我们的广东话还不怎么灵光，他也不会讲普通话，深入沟通确实有点问题。他几次和我说“我请你们喝茶，明天我过来接你们”。因有外事纪律要求，晚上我就找机会向联谊委员会主任、市委统战部部长谭炜报告，他看了一下第二天的行程后就同意了，并说：“你看看再要谁和你一起去。”当时，政协文教卫体委员会办公室的方刚正好一起过香港了，我就说“那我俩去吧”。

第二天，我们应约去见了文先生，一落座他就开始讲自己的想法。我们边听、边问、边想、边记，没来得及喝一口茶。文先生把他的想法都道了出来，科技大楼、穿梭巴士、跨境科技园、旅英华侨、新界禁区等，好多词都是第一次听到，一时还真消化不了。但文先生期待的协同发展深港两地一家亲，资助开展深港边境沿深圳河一带的合作规划研究等想法，我们觉得很有意义，但一时不知道如何下手，我就说我们会把信息带回去。回到驻地我们立即向谭炜部长汇报，他让我们也向政协副主席兼秘书长李定同志汇报。回到深圳，李定副主席告诉我们，市政协主席周溪舞非常重视，在主席办公会上指定请他（李定）牵头，做好港澳委员参政议政，参与深圳发展的全面服务。有了领导的全力支持、全程参与，我们积极消化梳理文先生提出的建议，聚焦可以开展的课题研究。

因为当时政协刚刚成立，仅靠政协的力量还难以达成这件事。我想到，刚刚成立的综合开发研究院（中国·深圳）（以下简称“综开院”）或许可以一起来做。新设立的综开院的定位就是做重大项目的研究咨询，综开院有国家各部门的专家，属于高端智库，他们有能力来做课题研究工作。时任市委书记的李灏亲自筹划，邀请一批资深领导和专家共同参与，为深圳经济特区站位。筹备期间，各路专家都来了，市委政策研究室的刘文韶主任参与了深圳落地的对接。专家们需要有一个适合安静开展工作的地方。刘主任的夫人在我们图书馆港澳及特区文献阅览室工作，那里既有海外、港澳地区和经济特区的研究资料，又有安静的阅读研究环境。我当时在图书馆分管业务，她询问我是不是可以把领导和专家引荐过来，让他们先到这里开展研究。此事得到了刘楚才馆长的大力支持。除了开放阅览室给他们做研究和学习之外，还把图书馆的会议室提供给他们开会，我一有空就会去旁听。这时，我联系了当时对接比较多的助理研究员刘鲁鱼，请他沟通搭桥看有没有可能参与到这些课题研究中去，邀请大专家给予指导。

这事一拍即合。当时负责牵头的专家蒋一苇、林凌，还有一位原国家计委外事局局长和刘文韶主任等一起听了我的汇报。商议后，他们同意将深港边境沿深圳河一带的合作规划研究列入综开院的首批课题。说干就干，他们说，难得有深圳急需的研究课题找上门来，而且还有一点点课题经费。他们决定近期安排北京的专家过来开一次座谈会，做一个开题的准备。我将这些情况及时向政协领导汇报，李定副主席说，有时间他会亲自参加调研，有什么新情况要及时向他汇报。不知是通过政协还是综开院的渠道，李灏书记知道这个事后，说文先生的这个想法他也知道，开发东门老街时就提出过深圳河的发展，政协来抓这件事非常好，综开院要好好调动专家资源。他还亲自出面邀请国务院发展研究中心马洪主任、国家体改委高尚全主任等一批资深领导和专家共同为此事出谋划策。后续 30 年的历程表明，综开院成为全程研究和关注深圳河沿河经济带发展，参与深港合作重大课题，推进河套进入国家战略的先锋智囊。

文伙泰先生得知这个项目这么快就可以启动后非常高兴，亲自过来和综开院邀请的几位专家在深圳图书馆开座谈会。那个座谈会开得很辛苦，文先生全程讲粤语，北京专家一句都听不懂。幸好我们在深圳待了几年，看过香港的电视节目，虽然不会说但听得懂一些，我就逐句给他们翻译。会后讨论得出首批的三个项目是《关于设立深港双边合作保税区的研究报告》《创立深港科技园的研究报告》以及《开通皇岗—落马洲口岸间穿梭巴士营运的研究报告》，并决定委托综开院的现代市场研究所开展研究。邀请国务院发展研究中心的吴明瑜副主任、国务院技术经济研究中心综合研究局李泊溪局长组建北京团队承担前两个课题，刘鲁鱼牵头承担第三个课题，并协助提供北京团队所需要的深圳背景资料和其他资源。综开院的一批刚到深圳的青年学者也全程参与了项目研究。

与此同时，文伙泰先生结合课题中的专家意见和他自己的思考，做了一份政协提案，我帮他整理出文章，并在深圳市政协大会上进行发言，得到了社会各界的关注和认同。1992 年 10 月，三个课题如期完成。课题组向深圳市政协做了汇报，文伙泰先生还希望进一步得到国家层面的知晓和认可。大家就后续怎么发挥课题成果的作用达成共识，由深圳市政协出面，邀请国务院发展研究中心及国家计委、国务院特区办、港澳办、口岸办、海关总署等相关部门参与，与综开院一起就上述报告开一次论证会。

1993 年 1 月，文伙泰先生委托综开院做的三份报告的论证会在深圳迎宾馆举行。研究报告首次提出了在福田保税区及邻近的半封闭地区与接壤的香港落马洲地区（落马洲位于香港新界元朗区东北部，邻近深圳河）建立双边合作保税区的设想，同时提出以深圳福田保税区为连接，建立“深港科技园”和开通连接皇岗—落马洲的穿梭巴士的建议。

李泊溪研究员作为主报告首席专家和研究顾问，其发言非常具有代表性和前瞻性。她分析了进入 20 世纪 90 年代后我国发展面临的挑战。当时我国正在谈判进入关贸总协定，入关策略为深圳特区的新定位和改革开放总布局带来新的挑战。深圳要走跨国经营和国际科技经济对接路线，在香港回归前后需要有一个接点可以过渡，香港也有建立边境加工贸易区的动议。深圳河沿河经济带的构想有着画龙点睛的战略意义。同时，李伯溪研究员对项目的深入展开也提出了建设性建议：要强调两地的优势互补，发挥香港市场机制和深圳国内资源优势的特点，在深港跨境区域创造一个共同合作的工作区域；要从积极的角度面对产业结构调整，在深港两地开展高科技高附加值的产业合作；要从符合未来的发展趋势及人民意愿为目标促进新界的地区发展；要注重推进策略，以民间发力带动政府，将利益最大化，共同开拓、共同分享；要特别研究香港经济法规的移植，市场经济就是法制经济，要由专责小组研究，专门的经济实体运作，专门的项目（如穿梭巴士等）承接推进。

论证会使得文先生的想法传递到广东省和国家主管部门层面，一些设想也得到了专家的认同，为深港合作持续发展打下了一定的社会基础。

河套地区由此进入深港合作的大蓝图。

二、河套地区开发的第一次热潮

（一）“深圳特区促进深港经济发展基金会”的建立和发展

政协成立之后的两年时间，从 1991 年 1 月到 1993 年 1 月，从文伙泰先生设想的提出到三个报告的论证，专家们的把舵让河套地区开发的启航有了非常明确的方向。又是一年春茗时节，文伙泰先生又提出了新的目标。他希望在专家研究和论证的基础上，组建一个专门的机构在香港回归前做好布局和深度研究，回归前后可以纳入两地互动的合作发展范畴，回归后就可以按部就班地进行推进。我们将文伙泰先生的想法、思考，结合专家的建议，以及需要北京关注等方方面面的事项，进行了梳理，并向深圳市政协会议做了专题汇报。经过几次磨合，通过在实际汇报交流过程中的互动，《文伙泰先生汇报要点》于 1993 年 6 月也整理了出来。市领导亲自率队去北京向各方汇报，在后来多次的高层交流汇报中，取得了很好的效果。

在此过程中，大家达成共识，开始组建深圳特区促进深港经济发展基金会（以下简称“基金会”），通过基金会专门研究和推动深圳河深港融合发展事项。它的成立是河套地区开发由战略设想变成具体实践的里程碑事件。

1．基金会成立和研究历程

（1）酝酿成立基金会，一路开绿灯

文伙泰先生向深圳市主要领导和中央有关部门的领导汇报深港合作的设想和研究进展以来，一直希望能够有一个专门的机构汇集各方面的力量来承担研究工作、推动河套地区建设发展的研究。1993 年 1 月，文伙泰先生提出由他出资 1000 万港元筹组基金会，意在逐步推进两地的配合发展，为一河两岸的发展做好规划、设计和综合开发利用的准备，创造条件、争取时间、稳定人心、吸引资金，为“九七”以后的更大发展打下基础。

筹备期间，文伙泰先生多次向深圳市委书记兼市长厉有为、常务副市长王众孚、政协主席周溪舞汇报。1993 年 6 月后，市政协领导陪同文先生多次去北京，分别向中央统战部副部长王兆国、万绍芬、刘延东，国务院副秘书长何椿霖、徐志清，国务院发展中心名誉主任马洪以及国家科委、国务院港澳办、国务院特区办和新华社香港分社等领导和部门做了深圳河一河两岸研究进展和关于基金会筹备的汇报（图 2—1）。文伙泰先生亲自给中央领导汇报，每一个要点用粤语说个开头，我们就用准备好的汇报大纲以普通话进行说明（图 2—2）。各位领导对各个背景都问得非常仔细，几个回合把事情讲清楚了。大家通过深度沟通达成了共识，认为这是一件对香港回归、对新界发展、对深圳开放、对国家统一大局都非常有意义的事。马洪等同志还专门向国务院有关领导做了汇报，报送了有关文字材料。

图 2—1　中央统战部万绍芬副部长听取汇报

图 2—2　张克科代表基金会向马洪先生等领导汇报

文先生在汇报中特别表达了根在香港新界的 50 多万海外华侨的心愿。他们一直关注着香港新界的发展，一河之隔的深圳的建设成就与改革开放，为香港新界西北区的发展带来的机遇。文先生从自己参与社会活动的实践中体会到，在经历 1977—1984 年、1984—1989 年和 1989 年以后的三个阶段，港英当局对发展新界西北区是缺乏诚意的，对深港两地接壤地区相互影响、相互带动的发展趋势是不予正视的，采取的完全是英国的殖民地政策。因此，只有通过民间的推动，才能把家乡建设得更好，才能为香港回归祖国及平稳过渡创造良好的条件。20 世纪 80 年代后，在新界成长的年轻人，因受益于中国的改革开放，大多留在本地发展。不论是旅居国外的华侨，还是香港同胞中的原居民，他们与其他华侨和香港同胞比较，后者在大陆其他省份还有一个家乡，而对新界的这些居民来说，香港就是他们的根。为了得到元朗各界的共识，通过民间推动发展，我们牵头组织了三次元朗区议会议员深圳参观团，对深圳机场、皇岗口岸、福田保税区、沙头角中英街管理、福田新市区规划、城市交通网规划等多个项目进行了考察，研究在香港新田和深圳福田之间进行合作开发的可能性、可行性及相互配合的必要性。

文先生特别强调：新界西北区的繁荣与发展，对稳定香港、增强港人的信心、保持 1997 年平稳过渡以及促进与大陆经济的共同发展，都具有特别的意义。他提议有些项目可以通过民间和市场的方式来搞，他自己也开始联络邓家发[①]先生，做了不同模式的各种规划，在多个场合根据需求提出合作的机会。如两个相邻地区的城市发展规划，就可以成立一个咨询顾问公司来做，通过民间方式提出建议；如两地在共管区域、土地规划方面，香港新田乡文氏家族有土地，其中相邻地带可划出 2 平方公里来搞项目，规划好后，可以向香港政府申请使用。深圳方面有一块 0.8 平方公里的土地可以配合，共管区在 2 平方公里之内，也希望深圳方能给予支持，如成立一家合资公司一起干。还有口岸交通问题，为缓解罗湖口岸的客流压力，在落马洲—皇岗口岸开展穿梭巴士营运是能够很快办得到且见成效的事情。再有，对深圳河的改造等，也可以出资、出力。

文先生还向有关方面报告了自己的推进思路。他认为，推动这项工作有三个要点：一是要取得认同，也就是希望国务院领导和国家主管部门以及广东省、深圳市能够理解和支持这项工作，明确指导思想，下边才好运作。至于香港方面的民间推动，他可以通过不同渠道进行推广，希望新华社香港分社也能够了解和理解这项工作；二是要有渠道形成北京—深圳—香港的上下沟通、联络，协调推动这项工作，希望能组织一个工作小组抓落实；三是要有两“才 / 财”，即“人才”和“钱财”。钱财方面，可以组织一个基金会，负责统筹、安排项目研究与推动，组织人力协调各方，具体项目可由项目责任人或公司自筹资金；人才方面，香港和内地都要有，要配合起来做。总之，希望能得到国内从中央到地方各有关部门的理解、认同和支持，促成这项事业，共创一个繁荣、稳定的双边合作区域（图 2—3）。

---

① 邓家发：香港 1976 年十大杰出青年，第一位从技工拿到工程师认证的华人，英国泰晤士河防洪工程项目组组长，香港元朗原居民。

图 2—3　文伙泰先生带北京课题组专家实地考察香港一侧的禁区，探讨未来可持续发展的机遇

1994 年 6 月，在中央和省市领导的支持下，经中国人民银行深圳分行批准，深圳市民政局登记，深圳特区促进深港经济发展基金会获得社团法人登记证。经协商，时任深圳市常务副市长王众孚出任基金会会长。10 月 7 日，深圳特区促进深港经济发展基金会正式成立。市政协副主席李定主持大会，广东省人大常委会方苞、广东省政协副主席祁峰以及香港的知名人士代表，如黄保欣、简福贻等都参与了会议，文伙泰先生的 1000 万捐款作为基金会的启动资金和研究经费。非常不巧，此后王众孚同志的工作有调整，将去北京出任国家工商总局局长。得知这个消息后，李定副主席和我一起去向王众孚同志汇报。还没有开口，王众孚同志就笑着对我们说，“我知道你们是为基金会的事来的吧，文先生是我们的老朋友，香港新界的发展不单单是深圳的事，你们也多次去北京汇报，我和李子彬市长交接工作的时候也提出来了，我会继续支持你们，做你们的联络员。具体工作已经和接任的常务副市长李德成同志对接了”。后来，王众孚同志成了深圳和北京两地领导沟通的桥梁。

（2）部署重大课题研究，为“九七回归”后的推进打下基础

基金会第一届理事会上提出了十个重点推进的项目，具体如下：

一、做好深圳河两岸地区综合发展规划研究。

二、统筹规划红树林保护区与米埔稚鸟保护区，主动调整和处理好环境保护与建设发展的关系。

三、慎重选择深港西部通道接驳点与走向，注意两地未来发展的衔接。

四、促进深圳国际机场的建设，做好两地空港互补衔接。

五、充分发挥深圳福田保税区的作用，为配合一河两岸经济和科技发展提供试验基地。

六、治理深圳河应充分考虑带动两岸的社会经济发展。深圳河一期工程裁弯取直后，1 平方公里南移土地的开发规划，深圳河开发利用的最终目标的选择。深圳河治理之后，两地管理模式及政策研究。

七、开通落马洲—皇岗穿梭巴士。

八、规划建设两地集装货柜转运场及接驳运输系统。

九、为适应“九七”发展，规划好口岸设施与管理，其目标是口岸对接。

十、开辟融资渠道，建议设立共同基金，华侨融资债券等，为一河两岸开发提供资金支持。

这十个项目是完整的一揽子布局，是 1992—1993 年委托的三个课题研究和论证过程中集思广益的成果，也是当时深圳面对香港回归布局重大跨境基础设施的需要，更是发挥深圳在改革开放中的窗口价值的选择。

根据课题涉及的领域，基金会确定了哪些要在北京各部委寻求支持，哪些要在香港社会获得共识，哪些要深圳发挥基础作为，哪些要专业机构参与发力。特别是最重要的深圳河两岸综合发展规划，由于涉及跨境科技园的规划，更是希望得到国家科技部门的指导和支持。我向在北京国家科学技术委员会（以下简称“国家科委”）工作的武大校友做了咨询，通过牵线搭桥，当面向国家科委谢绍明顾问做了专题汇报。谢顾问对此非常支持，当即约请了国家科委在京的惠永正、韩德乾副主任和社会发展司的甘司俊司长等一起

听取文伙泰先生的汇报。甘司长特别介绍了联合国21世纪议程（图2—4）。1992年6月，在巴西里约热内卢召开的联合国环境与发展大会上，李鹏总理代表中国签署参与了这个世界范围内可持续发展的行动计划。大家达成共识，研究深圳河两岸综合发展规划不是简单的地块规划，也不是简单的两个城市之间的合作规划，更多的是一个面向未来、受到国际关注的一个可持续发展规划。要用国际语境讲述深港双城的故事，达成新的区域可持续发展的共识。现在回过头去看，这个定位是非常准确的。

图2—4　国家科委甘司俊司长领衔的“深圳河经济合作区规划设想”课题组在北京挑灯夜战，开会讨论研究大纲

国家科委邀请了中国社会发展科学研究会、中国科技促进发展研究中心以及21世纪议程管理中心这三个平台组成课题组进行《深圳河经济合作区规划设想》课题研究，还邀请了国家科委社会发展司、国家发改委地方司和国务院港澳办参与。

当时，该规划涉及的深港边境跨境大范围内还有两个重大项目要兼顾考虑，这两个项目直接影响着河套地区该怎么做。一个是位于深圳河西南面的香港米埔自然保护区（图2—5）。港英当局申请其纳入国际主张湿地保护的

《拉姆萨尔公约》，在米埔边境周围设置了大片不许开发的湿地。中国也是《拉姆萨尔公约》签约方，必须从遵守国际公约和可持续发展的角度去考虑这个区域的规划建设。深圳河治理后的南移土地虽然不在保护区内，但与其配合的深圳福田保税区就在米浦自然保护区的对岸，所以在深圳河两岸的综合发展规划研究中，统筹红树林保护区与米埔自然保护区的规划，需要主动调整和处理好环境保护与建设发展的关系；另一个重大项目是慎重选择深港西部通道的接驳点与走向，注意两地未来发展的衔接，带动深圳福田区和香港新界西北区的发展。关于深圳西部公路通道，之前各方面已提出了多个规划方案，其中一种建议方案是：北端自深圳黄田机场起，沿西部海滩采取全封闭高架桥方式，在前海湾发展区内折向东，沿深圳湾发展区北侧前行，至红树林保护区北沿与广深高速公路并行，在福田保税区西北角处折向南，紧依保税区西侧跨过深圳河口，沿米埔自然保护区东侧与新界环回公路接口，全长 30 公里左右（图 2—6）。课题组一致认为该方案合理可行，建议采纳。后来深圳湾跨海大桥选择了单一的公路桥在深圳湾填海区和香港元朗鳌勘石落地。

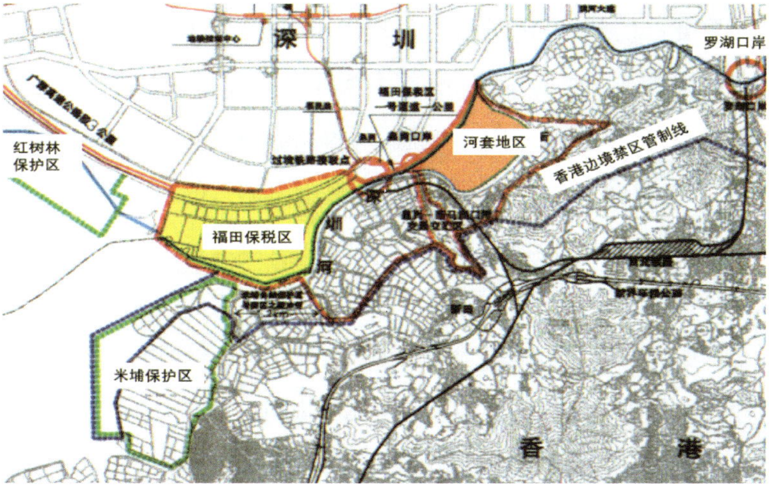

图 2—5　保护区与河套位置示意图

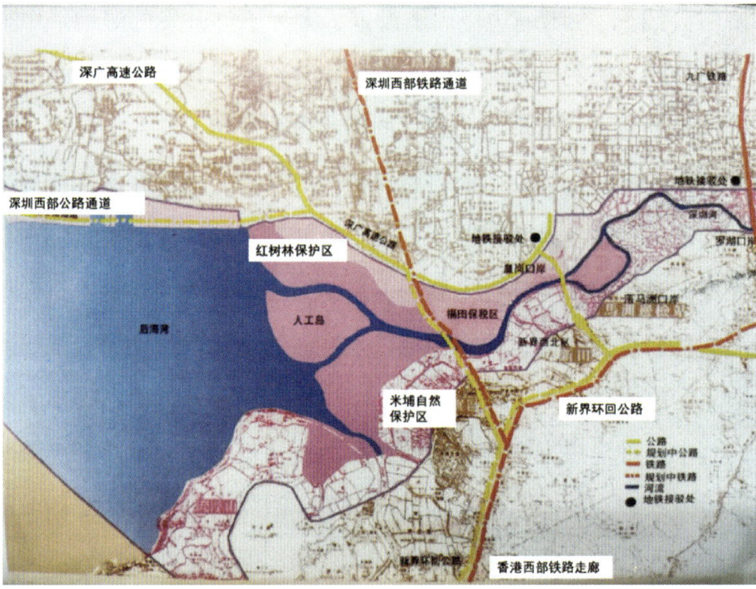

图 2—6　深圳河经济合作区跨区域交通网络图

《深圳河经济合作区规划设想》对深圳河两岸的未来发展做了一个具有全局性、前瞻性的规划。报告计划在大鹏湾到后海湾之间的深圳河两岸狭长跨境地带实施以深港合作为依托、以可持续发展为目标的有序推进融合计划；构建以国际化、信息化和技术先进的现代产业群为主体，具有资源消耗低、环境污染少等特征的经济体系，使深圳河地区成为深港区域的新型增长带。规划对其产业结构、功能分区、交通运输网络、市政基础设施和社会事业做了设想。其中，将深圳河裁弯取直后的地块及其附近的福田保税区、渔民村和皇岗—落马洲口岸，作为第一阶段的规划区域。

在做深圳河两岸综合发展规划的同时，还立项了《深圳河福田—落马洲河套区开发研究报告》《深港投资基金研究》两个重要的研究报告（图 2—7）。前者关于深圳河河套地区的发展，属于地方规划，要解决深圳河两岸开发设想落地实施的问题，委托了深圳市政研室的刘文韶主任和综开院的谭刚牵头来做。后者则是一个非常超前的报告，当时整个国家还没有开展基金方面的工作，也没有开展这样一个市场的建设。深港投资基金研究团队的负责人是吴明瑜教授，他是中国亚太经济技术研究院的首席专家，也是当时国务院领导的智囊，他把国家金融要做的投资基金模块放到深港方面，进行了完整的设计。这是在国家开放金融市场之前所做的一种具有前瞻性的理论研究。

图 2—7　高尚全、冯之俊等专家评审通过了基金会首批三个主体研究报告

那时，我们对该地块的名称使用，只是以“深圳河一期工程改造后南移的 1 平方公里土地”做客观的描述。随着在不同场合使用的频率多了，不熟悉的人使用这种说法觉得很拗口。正是在这个时候，为了课题立项的规范化，第一次使用“河套”来界定以前表述的“深圳河裁弯取直后南移到香港境内的 1 平方公里土地”。我当时看着这超长的定义和深圳河治理规划图百般纠结，感觉这块地非常像我们小学地理课上就知晓的黄河河套平原。心想，“河套”是特定的专有名称，还是一种表述地理现象的学术名词？经查字典显示，“河套地区，是指河流弯曲成大半个圈的河道。亦指这样的河道围着的地方”。河套是一个通用的地理名称，只需在前面冠以特定区域名称就可以使用了。我就此豁然开朗，后来就尝试在文件、文章交流中使用“福田—落马洲河套”作为这一区域的简称。

以上三个报告完成之后，我发现还有一些相关的问题需要协商，于是又委托进行《关于设立深港双边合作保税区的研究报告》《深港口岸协同运作研究报告》《深圳—香港过境旅客交通调查分析报告》等课题的研究。与此同时，分批陆续开展打通梧桐山贯通深圳湾大鹏湾、建立深圳河旅游观光带等计划，一地两检、发放深港跨境工作签证以及开通跨境穿梭巴士等研究，以研究成果推进基金会第一次理事会推出的十个项目的可行性论证并对时间表做了安排。这些报告在1996年香港回归前全部如期完成。

（3）确定四位一体的推进策略，讲好深圳河两岸的故事

当时，大众对香港、新界，对深港接壤的边境/两地合作的前景和路径，并不太知晓。我要不是参与政协的工作，也不会这么深入地去了解河套，更不会理解文伙泰先生对新界发展的一片苦心。因此，基金会后续的工作就是怎么样将基金会研究的成果通过不同的渠道、平台、活动、人群推荐出去，达到社会各层面的共识。总结多年来的历程，我认为达成共识，讲深圳、香港新界的发展，讲河套的未来，是一个持久的过程。通过民间推动、专家研究、媒体关注和政府参与等四个方面齐头并进，是下一步推进的策略和工作方法。

我们几次上北京汇报，发现高层和各方面对深港河套尚未形成概念，于是决定将基金会的宗旨背景和深港边境实况及十个研究项目的成果拍成视频汇报，争取图文影像并茂，讲好深圳河沿河经济带的故事。为了保证拍摄的保密性，我们委托了深圳市公安局的影视制作中心进行制作，他们有一些特殊的便利条件。

当时我们想，要俯瞰到深港边界深圳河全流域，必须安排一次航拍，这样才能完全俯瞰到深港边界深圳河的全流域。市领导推荐我们找到了中国海洋直升机专业公司，他们有直升机能够做航拍，当时半小时费用大概是6万人民币。基金会做了预算立项，递交了报告。中海直拟定了航拍航线计划，带我们一起去广州航管主管审核；到了广州后，又告诉我们还需要去军方协调。我们运气非常好，当天就约好去广州空军司令部，各方面都大开绿灯。回来后，我们把资金、申报手续都准备好，随飞机航拍的四位人员也选定了：公安局媒体中心两位、我以及文伙泰先生。这时，军方提出了一个问题，我们的航拍如果靠近深港边界，要沿深圳河飞行，必须要预先通知香港方面。香港当时归港英当局管辖，涉及空域的问题怕引起各种猜测。在征求文先生

意见后，决定放弃航拍，采取在深圳河河道上驾船拍摄的方式，因为深圳河的治理委托给了深圳方，治河办还有一艘用于巡逻的快艇，可以乘船进行拍摄。我和摄影师在快艇上沿深圳河、登上堆满泥土的工地、绕河套的老河道拍摄了一圈，直接在船上可以看到深圳河两岸，留下了宝贵的资料。最后，摄影师说要有一个特别的镜头，让快艇在深圳河中间快速飞驰，我赶紧说要靠深圳方这边一点，不要过中央线。这时拍下了溅起的白花花的浪涛，效果非常好（图 2—8）。第一集电视纪录片就这样制作出来了。纪录片呈送北京之后，非常清晰地表达了这边的情况、诉求、方向、目标。深港两岸的强烈对比，也给北京和香港带来很大的震撼。

图 2—8　一河之隔的深圳与香港

1996 年 1 月 15 日，电视纪录片在基金会第二次理事会上做了播放，获得广泛好评。结合第二次理事会上达成的广泛共识，我们决定再做一集，把各部委的观点、专家的意见放在一起。至此，理事会所做的一河两岸规划设想有了一个完整的影像记录。

（4）赴京召开深港经济衔接高层研讨会，获高度共识

基金会的几个研究报告完成以后，我们也去了几次北京，希望能够在高

层领导中做一个推广。1996 年 11 月，基金会和综开院协同新华社、《经济参考报》一起，在北京举办了一个深港经济衔接高层研讨会，这也是我们在香港回归之前的一次重大活动（图 2—9）。在高层研讨会上，政协副主席李定做了《深圳河两岸地区衔接研究工作简介》的报告，介绍了之所以要着重研究深圳河两岸地区配合发展问题，是因为该地是深港经济新的增长点，也是“一国两制”中的“两制”最接近的地方。由于制度的差异和优势互补的特点，靠单方面的力量都实现不了发展，所以两边的配合具有非常现实的意义。王光英、程思远、马洪以及董辅礽、林凌等在北京的专家和 20 多位顾问如数出席。厉有为书记此时正在中央党校学习，处于舆论的漩涡中，他专门请假出席，并对这个项目的背景和自己的思考做了深入和全面的阐述。有为书记再一次强调了深圳河沿河经济带的战略意义，答应回深圳后要进一步谋划、推进这个项目。事后表明，有为书记对深圳、香港交接地区的发展是用心用力的。回到深圳后，他就安排了市委政策研究室在香港回归前的专题课题，之后以全国政协港澳台侨委员会副主任的名义牵头组织全国政协委员视察，并在 2006 年全国政协会议上和吴家玮、李德成委员一起联名提交推进深港创新圈合作的提案，特别提笔增加了对河套片区发展的战略定位和意义的阐述。

图 2—9　深港经济衔接高层研讨会

在深港经济衔接高层研讨会上，北京专家第一次观看了《为了深圳河两岸的共同繁荣》上下两集电视片。深圳的发展和新界的落差，香港回归的契机和深圳改革开放前沿的担当，成为大家的共识。会上全面介绍了基金会成立的动因，并由课题组代表分别介绍了七个研究课题。顾问们深入分析和探讨了成果推进及后续的工作重点和难点，提出多方资源的导入和指导意见。这个报告和电视片的解说词也被完整地收录到后来出版的专辑中。

2. 积极推进研究项目落地

有了基金会专门的班底和经费，以及中央和深圳政府的支持，前一阶段研究论证的项目终于开始启动了。1997 年 3 月 20 日，首个标志性项目——深圳皇岗—香港落马洲跨境穿梭巴士正式开通。

（1）跨境里程碑项目：皇岗--落马洲跨境穿梭巴士正式开通

开通的前一天上午 11 时，在深圳皇岗口岸的蒙蒙细雨中，10 辆黄色大巴满载深港两地有关政府官员、专家学者和新闻记者，缓缓穿过皇岗大桥、香港落马洲管制站，驶向落马洲公共交通运转车站。穿梭巴士的正式开通标志着基金会推进项目的落地，其推动的深圳河地区深港紧密合作取得了实质性进展。从深圳皇岗口岸至香港落马洲运转车站，不过 2.5 公里的行程，但就是这短短的 2.5 公里，让人们“走”了整整 5 年（图 2—10、图 2—11）。

穿梭巴士的提议来自 1992 年文伙泰先生第一批委托综开院做的《皇岗—落马洲口岸穿梭巴士运营的研究报告》。

图 2—10　李德成常务副市长宣布皇岗—落马洲穿梭巴士正式开通

图 2—11　皇岗—落马洲穿梭巴士开通仪式

多年以来，罗湖口岸一直是深港两地人员的主要过境通道，承担着 80% 以上的过境流量，并形成以罗湖口岸为中心的口岸通行格局。随着深港经济合作和社会联系日益紧密，过境人数逐年大幅度递增。由此导致该口岸的通关能力几近饱和。据不完全统计，当时的罗湖口岸的平均过境人数在 10 万人 / 日左右，高峰时接近 20 万人 / 日，过境等待时间不断延长，尽管采取了加设通道、延长开关时间等措施，均为治标之策，无法从根本上解决口岸通过能力饱和的问题。因此，改革现行口岸通关格局已经迫在眉睫。同时，伴随亚洲最大之陆路口岸——皇岗口岸的建成与开通，并配合 20 世纪 90 年代深圳市中心区西移（即福田新市区建设），从中部打通过境通道，已经成为刻不容缓的必要选择。

皇岗口岸设计日通关能力为车辆 5 万辆次、人员 5 万人次。实际开通后，远未达到通关能力。皇岗口岸毗邻的深圳福田新区和香港的元朗区是两地新兴开发区域，在此打通过境人流可以解决双方人员就近过境需要，发挥皇岗口岸的巨大潜力，配合两地经济发展。打通皇岗—落马洲口岸过境人流既然意义十分重大，且设计通关能力也很巨大，为什么经此口岸的过境人数却很少呢？原因在于皇岗口岸与落马洲口岸之间的检查站隔桥相距 1 千米，人员不能步行通过，且无交通工具接驳，口岸之间只有乘坐直通旅游巴士的人员方可过境，其余人员均被拒之关外，从而造成口岸闲置。为尽快实现这一设想，《皇岗—落马洲口岸穿梭巴士运营的研究报告》提出以穿梭巴士营运的方式解决开通该口岸时可能遇到的问题，并详细探讨了穿梭巴士的营运方案。报告指出，借鉴机场大巴迎送到离港旅客的做法，采取口岸内穿梭巴士方式，可以解决皇岗—落马洲口岸存在的过境难点。

报告一经提出，得到了深圳市政府及社会各界的重视。

1993 年 7 月 7 日上午，受市委主要领导的委托，王众孚常务副市长、张鸿义副市长一起召开专题会议，听取政协常委文伙泰先生的提案及研究进展的汇报。李定副主席特别介绍了推动深圳福田与香港新界西北区接壤地区的经济发展、城市规划、交通衔接、社会配合发展以及深圳河治理等方面的情况，并报告了筹备在皇岗口岸与落马洲管理站之间开通穿梭巴士的工作进展。王众孚常务副市长说，在“一国两制”的前提下，积极推动深圳与香港的衔接，促进两地接壤地区的发展，建设新的深港城区，很有意义。文先生的这些动议很有远见，我很赞赏。对于通过成立基金会来推动，也很赞成。鉴于当时的情况，市领导建议，题目可以小一点，事可以做得大一点，深入浅出，从一点突破，逐项展开，从点到面。提供民间专业的研究，共享成果，规划是统一的、衔接的，项目可以分别在深圳和香港申请，积累一些经验。当时，张鸿义副市长除了专注金融外，还分管深圳河治理和口岸，他非常专业地提出建议，要求做出客流预测，积极做好准备，改善口岸交通环境和候车条件。会议还同意成立基金会，承担组织运作工作，并委托时任深圳市政协副主席的李定牵头，组织深圳市运输局、口岸办、外事办和国企公交集团等有关单位参与，成立皇岗口岸与落马洲管制站接驳交通筹备工作领导小组。根据深港两地交通及口岸的协商机制，有紧急事件时，深港双方通过此工作联络小组进行交涉和布局，而后再向广东省和国务院有关部门汇报。

1994 年基金会成立后，将皇岗—落马洲穿梭巴士项目作为重点推进项目，积极向中央、省、市有关方面反映，推动落实。

为了给皇岗—落马洲穿梭巴士的开通及口岸外集散巴士线路的布设提供依据，同时也为政府部门管理过境旅客交通提供参考，1995 年基金会联合深圳市城市规划设计研究院交通规划室进行了深圳—香港过境旅客交通调查。了解深港过境旅客出行起讫点、出行目的地以及在深圳使用的交通接驳工具。为了让数据具有代表性，调查的抽样采取了“7 + 1”的模式〔在一周内每天上下午两个时段、其中某一天（星期四）全天，再加一个公众节假日〕以翔实的数据论证项目的可行性、必要性。后来在 2005 年，我们在论证西部通道开通后对南山客流的影响时，也比照了这个方法设计。深圳市指定市公交集团作为深圳方的合作者参与项目。文伙泰先生是香港元朗地区交通委员会主席，依托其掌握的资源积极参与项目建设，与深圳市公交集团共同成立合资公司。筹备小组商议确定公司取“福田”“香港”各一个字，以“福港”为商号，结果到工商登记的时候发现，“福港”已经被注册了。经办人从现场打来电话，问我怎么办。我说：“那就加一个‘新’字，叫‘新福港’。”

新福港公司成立以后，跟香港方谈合作开通穿梭巴士，香港方面也非常支持这个项目，确定香港九龙巴士作为合作方。但由于香港新界落马洲口岸周边还是禁区，原本在皇岗—落马洲口岸区内对接的巴士，香港旅客不能自由进入，所以规划在新田乡建立接驳转运公交站。那一块土地属于文氏家族，文先生很快就配合政府协调好了建设地块。但皇岗口岸当时设计每天有 5 万货流、1 万客流，货流已是饱和状态，现有的条件无法承载穿梭巴士开通后新增的客、货流量，香港方面对口岸交通要做客货分流的组织。香港这边比较配合。增加投资，启动落马洲口岸的配套基建，在落马洲口岸的两边扩建了四个通道，力争扩大以后在 1997 年香港回归前通车。最终，皇岗—落马洲跨境穿梭巴士于 1997 年 3 月 20 日正式对外营运，由香港九龙巴士有限公司与中方的深圳新福港有限公司合营，往来于深圳市福田区皇岗口岸与香港新界落马洲管制站及新田公共运输交汇处之间，车程约需 15 分钟（图 2—12，红蓝线分别代表深圳—香港，香港—深圳的线路。虚线部分是直接通往福田保税区的一号通道）。

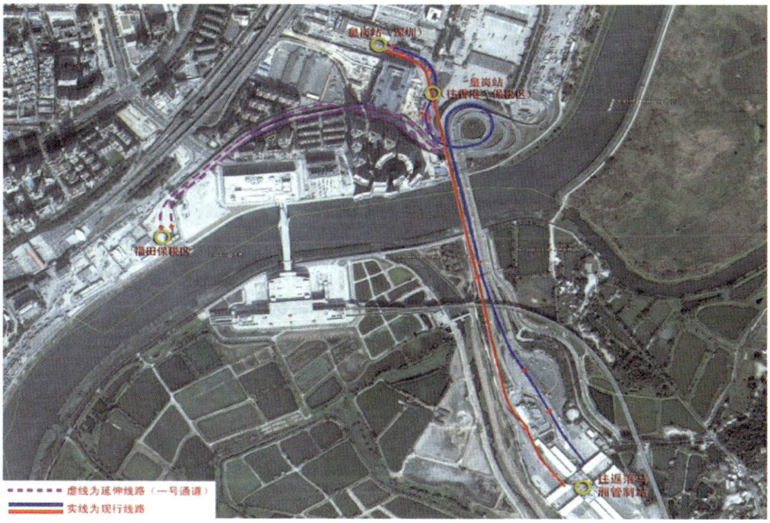

图 2—12　皇巴线路图

香港回归之前，在各方面的关系都非常微妙的情况之下，香港政府能够在和深圳接壤的地区开通新的线路，这是一件非常不得了的事情。时任深圳市政协副主席的李定，是皇岗口岸与落马洲管制站接驳交通筹备工作领导小组的牵头人，回顾这个耗费5年心血才得以开通的穿梭巴士，他感慨地说，是文伙泰先生的大胆设想、综合开发研究院的缜密论证、促进深港经济发展基金会的积极推动、当地民众的呼吁支持、两地政府的密切合作，共同促成了穿梭巴士的运行。

香港回归在即，皇岗—落马洲穿梭巴士以国际通行的机场穿梭巴士的模式，选用便于旅客行李上下的低台阶大平台车型，别具一格，深受欢迎。由于车身用了辨识度很高的、醒目的黄色，大家都异口同声将“皇”“黄”合一，亲切地将之称呼为“黄巴”（图2—13），文先生“香港巴士大王”的称谓也不胫而走。

图2—13　第一辆“黄巴”跨越深圳河连接两地

为了让元朗的乡亲们尽知“黄巴”的服务，文伙泰先生决定以“黄巴”的品牌宣传资助元朗区于香港回归前的最后一周（1997年6月20日至24日）内举行大型迎回归活动。这是基金会配合组织的一次迄今最盛大的民间活动——深圳各界友好代表团去香港元朗参加穿梭巴士迎归的活动（图2—14、图2—15）。

图 2—14　1997 年 6 月，张克科在香港元朗参加穿梭巴士迎回归活动

香港回归前对赴港人员的管理非常严格，尽管我们都有赴港的签注，但回归前一个月已经通知不许使用。通过请示，上面同意我们通过承包旅行团的方式赴港参加活动。当时，深圳每天只有四个团的指标，深圳国旅董事长也是市政协委员，特意争取到我们团队 40 个赴港指标，市政协、市委统战部领导亲自带队，邀请交通、口岸、外事和沿河各区的统战部及股份公司代表参加。基金会会长李定、政协副主席兼统战部部长廖军文、政协秘书长戴北方以及交通运输局黄敏等，都参加了这次活动。元朗区迎回归活动除了在元朗大街巡游以外，还举办一个欢庆晚会。深圳市文化局对此很是支持，专门在歌舞厅中心组织了一个小分队排练了节目让我们带过去，包括表演魔术和杂技的人员、舞蹈队队员，还有深圳市一些能唱粤语的歌手。杂技车技的巡街、歌唱家刘小幻的演出受到热烈欢迎。我也第一次听到舞台上高唱的“五星红旗我为你歌唱”，在香港元朗的大地、天空、村庄回响。

图 2—15　庆香港回归友好观光团

（2）在福田保税区筹建科技服务大厦

在深圳市政协的支持下，基金会完成了《深圳河经济合作区规划设想》《深圳河福田—落马洲河套地区开发研究报告》《深港投资基金研究》三个研究报告的论证。根据与会专家的意见，将建立“深港科技园”的整体构想中的“科技服务大楼”以单项推进，争取在深圳刚刚启动的福田保税区内落地。这个推动虽然因种种原因没有成功，但由此改变了福田保税区的定位，留出了发展科技的空间，如今，河套深港科技创新合作区和香港的新田科技城将在更大范围、更高层次开展合作。

1993 年，深圳提出科教兴市、转型升级，大力发展高新技术产业。同年 11 月，国家科委谢绍明顾问率队来深圳调研。政协李定副主席在深圳接待并一起召开了几个小型座谈会，听取中小企业、民营科技企业、外商港资小企业的意见。其间，我们汇报了文伙泰先生的设想，希望在有地理位置优势和可以发挥深港两个市场特色的深圳河河套地区，建立一个专为深港两地中小企业、民科企业和科技人员服务，成为市场与成果、人才与技术、国内与海外交互的起中介桥梁作用的服务设施——科技服务大楼。谢顾问正好分管民科和技术市场，他非常敏锐地抓住这个特别的亮点，提出了更高的要求。要我们跳出深圳地域的局限，发挥经济特区的先锋作用，利用改革开放的政策优势，结合中国内地雄厚的科技实力，把科技大楼建设成为通过国际市场拉动、内陆科技成果直接转让的前哨，成为吸引出国留学人才和海外华人英才报效祖国的阵地，成为利用国内科技力量支持香港“九七”回归后更加稳定繁荣的窗口，把握高新技术、培养人才，建立交流合作渠道的桥梁。谢顾问要我们准备一下，上北京向国家科委汇报。希望在国家科委的支持和指导下，动员国内科技力量、推荐可转化的科技成果、协调中国科技界和有关方面的合作参与。这是一个非常明确的方向和信息。根据市政协领导的意见，我和文伙泰先生启程去北京。谢顾问热情接待了我们，并请国家科委惠永正副主任、韩德乾副主任一起听取了汇报，还特别安排与国家科委中国技术市场管理促进中心刘东升主任及工作班子对接。我和文伙泰先生于 1993 年 12 月、1994 年 1 月两次上北京进行了工作会晤和调研，考虑到建设周期和项目的前瞻性、示范性和紧迫性，还提出了利用现有渔村的条件，加快落地三五个科技项目运作的建议。

为了更好地促进上下联动，1994 年 2 月 2 日，国家科委中国技术市场管理促进中心还专门拟文给深圳市政协并抄送深圳市政府和科技局，转达了国家科委几位主任、顾问的意见和会谈纪要的工作方案。国家科委从全局的视野和深圳改革开放的作用，从支持香港回归的平稳过渡和长远发展，对建设服务于两地的科技支撑载体给予了极大的关注和支持。国家科委还为改革开放前沿的新试验提出了在知识产权保护、合同仲裁及相关政策性方面的措施，如设立大厦专用项目保险金，作为违约补偿措施，以增强香港中小企业合作者的信心，维护项目的信誉；中国技术市场管理促进中心可协助在大厦内组建技术合作仲裁机构，并开展即时合同认定登记工作，以保障服务对象的利益，调解合同争议；进一步根据实际需要，研究出台保护知识产权的措施和配套政策，以形成激励和保障机制。这些措施和布局现在看来都是非常可取的，是开展科技创新和国际化、市场化、法治化必备的基础环境和要素。

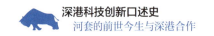

最终“科技服务大楼”这个项目因为种种原因搁浅，但这次探路的磨合也为深港后来的科技合作和创新发展提供了经验和路径选择。最难能可贵的是，国家科委多位领导和工作人员非常理解和支持深港科技合作。谢顾问一直担任基金会的高级顾问，给予高瞻远瞩的建议，科技部派往新华社香港分社和中联办工作的几位领导不仅给予支持，也积极参与其中。

（二）香港回归前的布局

1997 年，香港回归进入倒计时。我们按照回归前后不同工作的要求和节奏，基金会的基础研究工作基本告一段落。经过北京高层论坛，市委市政府主要领导亲自部署，深圳河沿河经济的工作分三路推进。

一是深圳市将进行对深港的深入研究和汇总，市委市政府专门设立了一个课题组研究河套的问题。换句话说，对于河套的研究已由民间主导转变为政府引导了。专题调研组由李定副主席作顾问，由市委副秘书长和市政府副秘书长担任双组长，除市委政策研究室派出了七员“大将”（林源昌副主任、朱绍明、钟晓山、赵志英、张庆祝、吴锋、董权）外，市政府办公厅、外事办、治河办、规划局、口岸办都派员参与课题组研究。我当时已调到市招商局（市外资办）任投资服务处处长，经市领导同意还兼任基金会秘书长。李德成常务副市长兼任市招商局局长，也接任王众孚副市长出任基金会会长，所以我就直接进入了这个课题组。该课题的研究报告在 1997 年 4 月份提交给市政府常务会议。会议确认河套地区作为深圳市跟香港合作的一个重要平台。

二是赴北京向国务院港澳办做一次正式汇报。当时，我们通过不同渠道向新华社香港分社的周南同志、国务院港澳办鲁平同志分别呈报递送过资料。国务院港澳办也多次派员参加我们组织的课题调研论证和交流，向我们反馈这个不是单一的深圳土地划到香港去的问题，还有一些涉及香港法规和技术性的问题。我们也多次向在北京港澳中心参加香港特别行政区预委会、筹委会的代表递送材料，还特别邀请在北京开会的梁振英先生一同前往国务院港澳办汇报，国务院港澳办把我们所有的报告拿去做研究，并希望我们把这个项目在粤港跨境联络小组上作为重大问题提出来。这也直接促成了1998年回归后第二次粤港联席会议上的立项。

三是通过民间和政协委员的渠道，赴香港了解社会各界各方面的看法和需求。我们希望河套地区能够完成仅靠香港或内地单方面做不了且需要和国际接轨的事情，比方说高科技集成电路这一块，当时内地做不了，在国际上，技术产品对中国是禁运的，香港方面也缺乏资源。香港回归之前，我们在香港拜访时任立法局议员钱果丰和唐英年时，他们特别希望能够做一个汇集各方资源的平台，与内地资源密切配合，帮助增强香港的经济动力和国际影响力。时任香港工业总会会长唐英年提出要借新界香港和深圳毗邻的地区，利用双边的优势发展纺织业。当时全国整个纺织业的配额指标出现了问题，内地一些工厂加工的产品，受欧盟的影响，没有指标而无法出口，他们希望转口以后变成“made in HK”，然后走向国际市场。与此同时，这个片区的治安及防偷渡、劳工及就业法规、自然保护区、原居民权益等许多问题的多面性也一一展现在我们面前。从1996年开始，基金会与香港“一国两制”中心保持密切联系，和香港立法局的一些议员，工业界、商业界人士和新界地方人士就两地合作事宜进行深度交谈。从那时起，也养成了我对深港合作的许多话题都有一个从两面看、多面看、长远看、动态看，期许双赢共赢的思维模式。

1．河套课题大调研

（1）赴香港进行民间推动和专家策动第一轮调研

摆在河套课题组面前的第一份任务是要出一份关于深圳河沿岸地区开发与建设的调研报告。市委副秘书长传达了厉有为书记的指示：要将现在深圳河上的隔离带变为衔接带，设计一个区别于现在一线二线管理的第三种管理模式。做好这个工作对深圳、香港、粤港、沪港更大层次的开放有利，是头等大事，立论立意要高，不能光讲深圳。通过这个衔接，从更长远的角度推动开发，把深圳逐步引向自由港。

这一轮调研安排有三个重点，包括香港、北京和深圳等。

1997 年 4 月 8 日至 15 日，河套课题组启动第一轮调研，目的地是香港。出发前，市委副秘书长做了开门见山的动员，明确指出课题组调研的过程就是向上上下下、方方面面做工作、做动员，要有情况、有数字，把情况和问题真正弄清楚。李定会长也指出，重点是摸清楚香港朝野的情况、社会的积极性和舆论界的动态，摸清楚香港到底有哪些考虑，我们政策的取向思路应该如何匹配，怎么向北京做工作等。要面向香港九七回归之后的新机遇，让候任特首可以有所作为，共同推进这项工作。市委主要领导要观点、要战略上的方向，市政府主要领导要数据、要经济上的作用，这让大家一下子觉得担子还是很重的。

4 月 8 日下午，我们在香港拜会新界乡议局。新界乡议局刘皇发主席委托林伟强、蓝国贤两位副主席参加。深圳河沿岸的乡议会代表侯耀金、廖汉强（上水），邓国容、邓东、王金生（粉岭），文伙泰、文炳南（新田），钟奕明（大埔），曾宪强（八乡）等出席了座谈会。

深圳课题组介绍了这次调研的思路：新界的开发与深圳联系最紧密的是一河两岸，希望听取港人，特别是新界地方人士对深圳河开发的意见、建议和态度。我们给与会者讲解了开发给双方可以带来哪些好处，对香港繁荣稳定起到怎样的作用。号召双边共同努力，通过不同渠道，争取各方支持，齐心合力，推动可持续发展。新界的代表也介绍了深圳河沿岸香港一侧的情况。禁区涉及新界北区 4 个乡、元朗 6 个乡、屯门 1 个乡，要具有长远和宏观的视角，发展要让原居民有归属感，解决住房、就业问题，完善交通布局，辐射新界西北。把握香港回归的机遇，通过规划和管理来实现发展。兰国贤副主席特别强调，新界乡议局希望可利用土地资源整体规划，回归后两地互相投入财力人力，要让新界乡亲有归属感。房屋供应要买得到、买得起，新界的土地不能成为高地价市场。他表示可以收集反映当地民生问题和香港土地规划环境的资料，通过协调地政规划司，可以将出入境模式、土地运作模式及港方政府做的中长期规划提供给深圳方研究。深圳方的研究方案也可以和他们共同探讨。

第二天上午，我们来到元朗区议会。区议会主席黄建荣议员致辞欢迎。麦业成、文炳南、郭强、陈兆基、邓培轩等议员热烈发言。下午，我们又去了新界北区区议会，邓国荣、侯金林、梁福康等议员参加座谈发言。

文伙泰议员全程参加了几日来的拜访和交流活动（图 2—16）。议员们表示，新界要发展，除了居住外，要有工业布局，解决民生就业问题。当地年轻人外出打工，大都选择去港岛九龙，再就是北上深圳，由此也要尽快解决北上的交通和通关相关问题。希望回归后可以突破禁区的限制，合作开发新的经济区，画一个圈，共同规划，互相补充。黄建荣主席表示，“一国两制”下共同发展经济是一致的目标。邓国荣议员特别关注贯通大鹏湾和深圳湾的运河项目的构想，他认为这是未来发展很有进取的设想，特别是解决水浸问题，支持开展评估，希望通过多研究，变死水为活水。

图 2—16　文伙泰先生向深圳市政府深圳市科技局的刘应力副秘书长（右二）、深圳市科技局李连和（右一）介绍禁区管理模式及新界居民的诉求

经过两天的座谈和实地考察，4 月 10 日上午课题组抽出半天时间开了一个“神仙会”，梳理出重点、焦点和难点、盲点，为下一步的精准调研把握方向：一是要站位高。深圳市委主要领导在公开和私下都讲到，期盼深圳河一河两岸共同发展，把隔离带变成衔接带、发展带。调研不局限在一平方公里，而是以研究香港问题为突破口，实现自由港政策再造一个香港，发挥深圳的促进作用。通过深港衔接，将深圳的改革开放向更高层次、更广领域深入，把握九七回归后的深圳发展机遇向中央汇报。二是要务实。深圳市政府主要领导亲自部署，就是要从实际出发，从实干入手，对落实“一国两制”，提升深圳经济特区的实力，梳理出与土地资源、大型项目、发展机会等相关的问题，情况要清楚，问题要搞准。特别是对两地经济发展的态势和价值的促进作用，要研究到更深的层次。三是要摸清港方思路。两天下来，我们已经体会到新界元朗、北区及沿线的乡事委员会对合作很感兴趣。特别是新田乡文伙泰先生有活力、有能力，经过多年的推动和积累，可以带动上下沟通，多做工作。对港方新界当地民众、港府方方面面及候任特首和周边有影响的重要代表人士的思路，要做到知根知底。通过调研，大体也摸清楚了诸位香港地方人士比较关注的问题：湿地政策、边境治安、河道水灾、土地私有及开发模式、就业机会、交通配套等，其主流想法还是期盼统筹规划，带动开发。眼见深圳已经开发到河边，高楼林立，两岸落差很大。通过深港合作共同规划，可以在居住、商贸、高新技术产业、后勤服务基地等方面与深圳衔接互补。

余下的几天，课题组安排去深圳在香港的窗口公司——深业集团进行交流，那也是深圳驻港党工委所在地。深业集团许扬董事长也是在任的深圳市政协副主席，基金会的顾问。此外，计划拜会香港工业总会；钱果丰、唐英年等立法局议员；前香港规划署署长陈乃强先生（图 2—17）；“一国两制”经济研究中心的梁振英、邵善波先生等。为此，课题组也专门研究了怎么和这些机构及知名人士交换意见。前几天是和在地方有影响力的代表人士交谈，后几天要接触的是有全局和宏观思考、对长远发展有影响的重要嘉宾。

交流对象不同，交流思路也要有重点和亮点，以引发和激活他们的共鸣，影响到有影响力的人士。课题组聚集了深圳智囊的诸多高手，大家畅所欲言、各抒己见，我极为珍惜这次难得的学习机会。25 年之后再翻看当年的工作笔记，仍是感慨万千。

图 2—17　在香港拜访前规划署署长陈乃强先生，
听取他介绍香港新界的中长期规划

课题组组长开门见山，讲与高层次、有影响的人交换意见，要注意的几个方面，给了我们清晰的思路。一是要把深圳的想法、思路、意见理顺，交换意见；二是要把两天来听到的情况，积极强化反映出来，同时也不回避问题，提出来交换意见；三是要把这次研究的重点讲清楚，切入点是 1 平方公里的开发利用，规划是十年八年的事。要将 1 平方公里的构思非常明确地展开；四是要多听听他们的意见。候任特首将会怎么做，涉及国际关系的湿地政策等难点问题要如何运作，等等。关于 1 平方公里和一河两岸的意义，不要简单化，可以从深圳的促进作用来展开：促进两岸发展，形成新的经济发展点（带）；有利于解决产地证、住宅、商贸服务业，降低劳动成本；进一步探索，把改革开放政策推向更高层次、更宽领域，促进深港合作；搞好建设与开发，发挥深港协同对内地的辐射和通道作用；发挥对澳门、台湾的示范作用，推动大中华和平统一。大家还对一些难点问题展开了讨论，如深圳河沿岸香港方的禁区问题，环境保护问题、可持续发展问题等。李定会长提出，与有关人士沟通可以用商量的办法，靠智慧来解决，拿出分阶段实施的办法。若回归后一时不能取消禁区，可以因势利导，利用禁区作为管理线，开个口子。后来，文伙泰先生还真的通过民间力量，采取在宵禁时间去当地警署申述要求回家等民事活动，促成了香港政府在 2008 年对禁区逐步解禁，也为后来的深港合作铺垫了道路。“一区两制、共同开发、各自监管、凭证出入”，大家新设计了合作区的管理模式，既是沙头角中英街已有管理模式的延扩，也是深圳福田保税区模式的放大。为了更少地牵动已有模式的改变，我提议将凭证出入改为“各行其道”。课题组组长说，“好，就是这十六字方针。一区两制、共同开发、各自监管、各行其道。”为了提高工作效率，会议还确定了研究报告的大纲框架、大小报告的提纲重点和几个专题资料的内容。已记不得那天上午的会议开到什么时间了，应该是连午餐都耽误了。我的笔记本里至今还夹着一张“请掌握时间”的提醒条。

下午与深业集团代表交流，许扬董事长叫来了他们研究团队的谢伟荣、张胜强、郭国灿等一起参加。深业不愧为深圳的窗口，对香港情况、港商动态、民意咨情都清清楚楚，他们介绍了许多对研究决策和咨询分析都很重要的信息。许扬董事长一语中的：深圳河一河两岸，开发是必然的，未来是一线一带最繁荣的城区，对深圳、对香港都有机会，如果中央能够注意到，在决策上给予支持，会有更快更好的机遇。在这个过程中，香港不同方面都有不同程度的介入和参与。

许扬董事长介绍了他了解到的各方动态和情况：较早和最先看好深港一河两岸发展的是新界的文伙泰，因为涉及家乡的发展，他是真正地投入规划，做了不少实事。胡应湘也应允为开发广深高速和皇岗口岸出资 100 亿，三年前就开始进行规划工作；提出可以建设一个新城区，容积率在 2.5，多层小区绿地，配套医院、学校、购物中心等，其中 250 万平方米的住宅，按每户

100 平方米可解决香港 8—10 万居民、25000 个家庭的居住问题。香港富商李嘉诚派人直接与深圳市政府签订合作备忘录，参与开发 1 平方公里。李嘉诚还授意在香港回归前不要公开，担心人多竞争影响决策，1997 年以后一定有机会。香港 50% 的人买不起房子，20% 的人挣扎在贫困线之下，要由政府的福利来解决。天水围的嘉禾山庄开发 1 平方米售价 4.7 万，主要解决在香港想住好房又住不起的“夹心阶层”的问题，建筑标准低于港岛、高于深圳。同时，他也介绍了香港工业总会、中华厂商会等业界代表人士的想法，唐英年、田北俊、杨钊等提出 1 平方公里可以发展高科技，在深港毗邻地区做内地做不了、香港也做不来，但可以发挥香港独特优势地位的事情，提升国际竞争力。如纺织品出口配额，出于降低成本的考虑，制衣业大多移师内地，但配额严重不足。在这个地方可以探索做到使用香港配额和内地的劳动力。产地是香港境内，是独立的关税区，有市场优势。深港土地衔接，制度错位衔接，共建是由谁管辖，如何做好劳务输出，还是很有讲究的。香港业界还提出了发展服务业，如设计、财务、数据处理、金融资本，应对香港 21 世纪的经济转型，面向服务业，成为国际服务中心。

深业的研究团队还介绍了美国哈佛大学、麻省理工学院等机构研究的香港九七回归后的产业变革趋势，认为 made in Hong Kong 将向 made by Hong Kong 转变。将来，深圳河两岸一定是最繁荣的发展带，但也会经历一个过程。如果多一些人推动，认清各自的优势，可以互补互利。因此要用可持续发展的思维，全面界定一河两岸的发展模式。

4 月 14 日、15 日，按预约计划，课题组先后拜访了香港“一国两制”经济研究中心、香港工业总会和邵善波、梁振英（图 2—18）、唐英年（图 2—19）等，进行了深入的探讨与交流，双方分别介绍了各自研究和所了解到的情况。

图 2—18　在怡和大厦（左）、“一国两制”经济研究中心（右）分别拜会梁振英、邵善波

图 2—19　在香港工业总会课题组拜会唐英年先生，并进行座谈

关于河套 1 平方公里的土地权属问题，香港方通过不同渠道了解到双方同意治河后，土地管理在原则上没有变化。香港回归之际，将公布特区地图，河套划到了香港。如果要使用这个地块，需要说服特区政府，要有根本的政策对应。原来的研究缺乏香港一方的视角，包括边境、人员管理、交通、城市规划等，因此需要着手准备。对此，邵善波先生表示，“一国两制”经济研究中心可以协调资源、参与研究，综合考虑香港各相关方面的情况，包括跨境安排、土地规划及政策、法理等，给出一个预备方案，等特区政府正式

运转后，再择机提出来。交流中，香港工业总会介绍了委托港事顾问陈永棋做的一个边境加工区的方案。该研究在香港进入关贸总协定后的1995年就开始了，参考马来西亚和新加坡的模式，配合香港的工业发展，解决香港成衣业的配额是当务之急。香港行政会议讨论过该方案，需要进一步的研究；香港劳工工会有反对的声音，担心劳工输入影响香港的就业。唐英年表示，边境加工区不是取代香港的就业机会，可以按比例增减规范，保证香港的就业人数。纺织业是桥梁和开头，这是一个远水解近渴的方案，后续应该具体规划香港再工业化的需求。可以安排专业人士和深圳接触，一起研究。课题组就这个项目应该做什么、怎么做，会遇到哪些问题等，请教了梁振英先生。梁振英先生介绍了香港对土地资源管理的既定政策，并不是所有的土地都要开发。现在香港开发的面积比较少，仅占陆地的15%，主要考虑城市基础设施和交通。河套处于港深接壤的地带，有着特殊的地理条件，属于一个新课题。他认为，这个项目首先要考虑的是交通运输问题如何解决，这块地不能仅从土地利用方面考虑，要有特殊需求的导向，是深圳的土地香港管理，或是深圳的土地双方共管，还是香港特别行政区的一部分，深圳拥有业权……这些都要明确适用于区内的法律等。梁先生建议应该有长远的构想，深圳与中央政府都要有基本的概念。邵善波先生也提到，深圳、香港之间最好有一个协商机制，遇到一些问题不能让有关分管部门单方面直接打交道，需要统筹归口。

在香港调研期间，课题组还集中两天时间对所有的问题做了系统的梳理和讨论：一河两岸规划的现状、意义、总体规划和重点项目以及配套政策；1平方公里如何开发，重点和突破点、产业功能、管理模式、策略建议；香港人士对上述问题的看法和下一步如何推进，如何快速一点、实在一点。明确了民间发动、专业策动、智囊推动、两地联动的策略方针。着眼于“一国两制”的大局方针，吸取原方案的成果，拿出互补互利的新方案，通过两地政府的协商，择机提出来。大家分析了1997回归前后的态势，深圳虽然有积极性，但推动难度比较大，可以争取香港特区政府主导提出，深圳配合。

经过头脑风暴，课题组确定这次调研后要出4个材料，一是赴港考察报告，千字文，直接报市长。课题启动、调研的动态、下一步的实施计划，希望得到支持和指导；二是深圳河一河两岸共同开发的初步方案，整体描述，提出重点、难点和政策建议；三是1平方公里联合开发方案，观点材料应具体化，落脚于1平方公里的运作；四是港人的访谈记录，包括对一河两岸和1平方公里的意见建议、功能作用、问题思考等，要原原本本地体现出来，不进行加工。大家进行了分工，各自领取了任务。我和吴锋负责第二个报告的起草。文伙泰先生全程参加了我们的内部讨论。他通报了新界乡议局在和我们座谈后内部会议提出的一些情况。候任特首董建华先生近期会来新界视察。乡议局拟提出一个新界60—80平方公里的地缘开发设想，特区政府认同这个框架，但需要有一个长远的设想——前15年开发，后15年衔接。文伙泰先生提到他希望在董建华先生视察时递交了一份建议报告，涉及了几点：以深圳河为界，共商大纲，各自规划，互补互利；以产权为基础，你中有我，我中有你；维护"一国两制"，管理线更严格，管理有序，方便交往；整体包括东西两翼，以1平方公里带动，贯通深圳湾、大鹏湾。大家觉得这是一个做工作的好机会，让我来协助文伙泰先生尽快完成这个建议书。

1997年4月19日，文伙泰先生亲自向香港特别行政区候任行政长官董建华先生递交了《关于推动深圳河沿岸地区发展的建议》。具体如下（专栏2—1）。

专栏2—1：关于推动深圳河沿岸地区发展的建议

尊敬的特别行政区首长

董建华先生：

在政权移交之前的百忙之中，您亲临新界西北区，了解地方发展，听取民意，给我们极大的鼓舞和信心。为表达我们多年的思考和愿望，请允许我用书面建议，对新界西北区，特别是沿深圳河一带的发展设想，作简要说明。如有需要，随后将提供有关研究资料。

续表

我系香港原居民，新界新田乡乡事委员会主席。十几年来，一直为新界的地方发展奔走呼吁。由于港英当局长期对这一地区实行殖民地隔离政策，对新界西北区、北区的发展设置了许多障碍。因此，九七之前不可能有实质性的动作。而这一时期，香港经济从整体上得到了迅速发展，一河之隔的深圳受到中国开放政策的推动，成为一夜之间崛起的一座新城，对香港产生了重大影响。两地关系越来越密切。 我本人 1979 年即到深圳投资，并承蒙深圳市政府的厚爱，担任深圳市政协常委。我看到深圳河地区在深港衔接中具有重要的战略地位，这种“一国两制”之下的独特的地缘联系，将为两地社会经济可持续发展提供极具潜力的空间。我向深圳市政府提出了“关于促进深圳河‘一河两岸’社会经济协调发展的几点设想”，受到了厉有为书记、李子彬市长的重视。在他们支持和指导下，完成了深圳河综合开发等几项研究报告，得到了北京高尚全等专家的充分肯定。 研究报告提出，从长远规划看：“构筑两带、贯通两湾”，在治理深圳河三期工程的基础上，新辟从三岔河口至沙头角河口的河道，贯通大鹏湾至深圳湾，建立运河，改善环境，发展内河航运与旅游；沿两岸构筑相互关联的产业带。从西向东，规划为交通（航道、西部通道）、环保旅游（米埔稚鸟及红树林保护区），高新技术产业及出口加工业（福田保税区与新田乡、落马洲大桥以西）城市交通对接，仓储转运、商贸、商住（1 平方公里段及沿边），新市镇（莲塘）、港口保税区及出口加工区（沙头角、盐田港）；从近期发展看：利用深圳河裁弯取直后落马洲一段有 1 平方公里土地南移，在重新定管理线后，由于土地联片，产权集中，易于规划，应尽早利用，可以为香港提供新的住宅和加工工业区。如能与福田保税区配合，在香港方也划出一块地，增设管理线，建立合作工业区，也可以解决如成衣纺织业、出口配额产地证的问题。据测算，双方合作开发深圳河两岸，罗湖以西至深圳湾，可供开发陆地面积 10.78 平方公里。如修筑东段运河，沿岸可提供 12.621 平方公里的新开发土地。这一带将成为香港与深圳未来发展的衔接带、合作带、新区经济增长带。 随着九七回归的到来，阻碍这一地区发展的根本因素得以清除，我们期盼特区政府以配合中国的进一步开放和保持香港的繁荣与安定，重新衡量新界应担当的角色，充分利用与深圳经济特区独特的地缘相连优势，配合全港发展策略，

续表

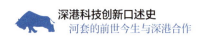

合理规划包括新界西北区、北区在内的深圳河沿岸地区，在住房、工业（包括高新技术产业和出口加工业）、交通、商贸、金融信息、后勤服务、旅游休闲等方面，为香港提供一个新的发展带，并以有效利用深圳的资源和边境效应，使该地发挥对香港的繁荣稳定起延续性的长远作用。 开发新界毗邻深圳的土地资源，既是香港新的经济增长策略，又可解决香港当前急需解决的一些问题，如利用土地相连的边境地区，开辟出口加工区，从纺织品成衣行业入手，解决配额和产地证问题；开展高新技术合作，既可利用深圳的人才资源，又可为香港提供新的就业机会；解决过境口岸衔接、交通通畅等基础设施建设；提供住宅商贸、后勤服务等所需的土地资源；促进地区发展，规划新镇，繁荣新界，重视民生，提高新界居民的生活素质与社区服务水准等。 为了推动这一地区的发展，建议要重视和解决以下几个问题： 1. 妥善处理边境禁区隔离带与边境开发区的关系。建议在确定的开发区范围设立管理线。香港特别行政区的人员凭工作证件出入，深圳如有配合项目，深圳方进入区内的人员只能从深圳一方的管理线出入，即“一区两制，共同开发，各自监管，各行其道”。以期取得经验，为沿河发展带的发展提供新的管理模式。 2. 积极做好米埔稚鸟保护区与红树林自然保护区的环保规划。两个保护区同处一地，应统筹规划、有效配合、共商方案、科学论证，处理好经济建设与环境保护的关系。当务之急是暂缓 1995 年 2 月 28 日行政局批准把米埔及内后海湾列为拉姆萨尔公约湿地的动议，待地区发展规划经专家论证后，予以重新确定。 3. 制定深圳河沿岸地区的总体发展规划。优先考虑利用边境效应，发挥双方优势，体现“一国两制”，互补互利，并对香港繁荣稳定有积极促进的项目。尽快着手深圳河裁取直段及周边土地的发展，为香港特区政府的房屋计划，工业计划（尤其是纺织品产业产地证问题）、科技计划、民生及社会发展（包括无证妈妈安置及家庭团聚）、就业计划等，提供土地资源和新的发展机会，在一河两岸地区取得实质性的进展。 4. 加强法理研究，制定相应的政策。由于该地区处于“一国两制”的交汇处，运作的法律环境处于交叉边缘，两种体制磨合之中如何保证最佳的经济运行秩序和社会协调环境，这一地区创造的经验，具有特殊意义。要动员专业人士和地方人士广泛参与，在实践中创新。

续表

5. 建议政府设立专责机构指导推进这一地区发展计划。鉴于深圳河南岸一直是禁区，未经规划，需要解决的问题涉及政府多个部门、社会地方的多层面，还涉及与深圳市政府的协商和跨地区合作乃至与中央政府的沟通，因此，必须有一个权威高效的运作机制。建议行政首长委任设立“深圳河衔接地区发展咨询委员会”，专责沿河发展事务，在行政运作、政策指导、整体规划、技术支持、社会配合、地方参与等多方面发挥指导、推助作用。 6. 建立双边协商共事的渠道，建议通过联络深圳市政府，协商成立一个“深圳河开发建设协调联络委员会”（暂定名），属下各自设立办公室和联络专员，并分设诸如房屋、治河、工业、环保、交通、基础设施等技术小组，对口对话、协商协调、制定政策、批准方案，在授权范围内高效运作。 可以预见未来 15 年，深圳河一河两岸是最具增长潜力的地方，50 年内沿河两岸将展现一个新城市带，这是举世无双的“一国两制”的创举，是社会发展的必然。 我们寄希望于香港特别行政区政府，寄希望于首任行政首长。 文伙泰 一九九七年四月十九日

（2）赴北京国家各部委和深圳运行系统第二轮调研

香港调研结束后，按照工作计划，1997 年 4 月下旬课题组前往北京进行课题第二轮调研。5 月上旬在深圳与各相关的驻深单位进行座谈，广泛听取意见，同时也将这次调研作为香港回归前深港合作机遇的宣传。课题组在北京先后拜访了马洪、高尚全、谢绍明顾问等人。他们前期参与指导和支持基金会的研究，听说这次是市委市政府的课题组，非常重视，从前瞻性、全局性和可操作的多层面给予了宝贵的意见。在京还召开了有国务院港澳办、国家计委、国家科委、建设部、国家环保局、国务院特区办等部门专家参加的座谈会，获得了非常有建设性的多维度专业指导建议（图 2—20）。

图 2—20　李定、文伙泰在国务院港澳办汇报

专家们认为：深港之间特殊的地缘关系是其他地方不可替代的，希望深圳在做方案时，遵循“一国两制”的原则，将彼此的优势充分发挥，形成互补互利。深圳发展的策略要与中央的长远考虑和区域经济的方向相吻合，着眼于功能开发。在总体规划上要协调，相互促进、配合发展，最终实现经济一体化。深圳河沿岸及 1 平方公里的位置非常好，处于与香港连接的前沿地带，一定要和香港协调沟通，做好总体规划，先把铁路、高速公路、基础设施等规划搞好，到时候一河两岸的开发就水到渠成了。国家科委的专家特别提出，深圳河沿岸地区的发展可比照或跨越国家社会综合发展试验区的目标，要高举可持续发展这面旗帜。可持续发展这个联合国的项目在中国进展很快，国际上反响很好，容易为人们所理解。香港工商界也表示要通过这个项目积极参与进来。深圳若想建成为国际化城市，就要全面规划重塑城市形象，环境、资源与科技的发展也要跟上，经济与社会事业协调配套发展，把香港社会关心的共同点纳入进来，与香港特别行政区政府共同商议，拟定共同的目标，在国际上也要更积极主动一些。国务院港澳办的专家表示，如深港双方将来同意合作开放，1 平方公里就显得太小，不能发挥应有的功能，一定

要将周围的地区包括进来，才能真正发挥应有的作用。对该地区的研究、规划，一定要从客观、整体利益去考虑，为发展提供空间。国务院港澳办专家提出，课题组要认真研究好涉及两地的法律问题、功能规划问题和“一国两制”原则下的跨境管理问题。

马洪顾问说，功能设想要从香港的需要出发，多和香港的专业界、工商界和地方人士合作，由他们向特首建议。不能只从我们的愿望出发，要考虑对方的要求，共同配合起来，把这件事情做好。高尚全顾问认为，香港与深圳合作要充分利用香港的资本市场、信息资源，这些都要有合作规划对接。谢绍明顾问表示，国家非常关心与香港合作发展高新技术。宋健同志多次提出，香港回归后，国家可以通过科技支持香港繁荣稳定。如果两地配合，在深圳河沿岸建立高新技术园区，实行研究、开发、产业一体化是很有潜力的，可以充分利用香港的信息、市场、管理以及内地的人才、技术，两个优势结合对香港的经济一定会是有力的支持，国家科委可以给予大力支持。

专家们一致认为，这个区域以科技含量高的产业功能布局并配合配套住宅商贸区较为适宜。可以突破 1 平方公里，在更大范围设计规划，配合西北铁路、三号干线和两地过境交通，发展沿线的配套设施，提高土地利用效率，从而使双方的经济发展都可以从量的增值变为质的增长，在边境地区形成新的增长带。管理问题可以借鉴国际上在三角地带和边境合作区由几个国家交叉管理的经验和做法。高尚全顾问是香港特别行政区筹委会成员，他介绍说经济组的陈乃强、简福贻、陈永琪、黄保欣等委员都很关心这个话题，厉有为书记也在这个组。课题组可以进一步论证研究，多几次反复，完善方案。做到一定程度可以用书面方式报上级研究。国务院港澳办还特别就项目的研究成果怎么发挥作用，提出了原则性的意见：能不能做、怎么做，地方政府要定下来；如何出面提出，要看机会，要充分尊重香港特别行政区政府；深圳河沿岸发展的问题取决于条件的成熟程度，特区政府要有意向，下决心解决这个问题；只有政府提出才有力度，才有利于实现。

5 月 8 日，课题组梳理了香港、北京的调研成果。大家分析并进一步明确了方向、增强了信心、聚焦了重点、认清了难点。下一步的目标是要给深圳市领导决策提供更加科学可行的方案，加快委托邀请香港的合作机构、团体和专家多方参与，做同步的研究，向特区政府提出建议。课题组调整和优化并明确了接下来的工作方向：继续深度调研，摸清深圳和香港远景规划的衔接；消化理解香港、北京调研时各方的意见，完善内容的客观性与前瞻性；尽快完成报告的汇报稿，完成上会前征求各部门意见的环节；同步加强与港方的联络与协调，支持"一国两制"经济研究中心的共同研究，邀请其来深圳实地考察交流；继续和北京保持热线联系，及时报告情况，取得支持和理解；安排向省政府有关方面汇报一次，各环节都要紧紧扣住、相互衔接。

5 月 12—13 日课题组再次召开闭门会，结合香港、北京调研提出的问题，对需要聚焦和说明的重点、难点、疑点等进行了梳理。大家认为，这个课题前景好、难度大。市领导思路明确，方向清晰；香港基调积极，大势所趋；北京支持，指导性强；基金会、综开院的前期研究基础扎实，各方面专家意见有支撑。会上大家还对总报告、大方案（深圳河一河两岸）、小方案（河套 1 平方公里）以及香港、北京调研意见等文件起草工作做了分工和安排。市委政策研究室的林源昌副主任牵头完成调研报告，谭刚牵头小方案，我负责大方案。

第二轮调研结束后，5 月 14 日课题组启动了第三轮对深圳本地的调研。当天紧锣密鼓地安排了两场座谈会。上午与会的是市人大法工委、市法制局以及公安、边检、九龙海关和口岸办、外事办等涉外部门；下午则是市计划局、规划局、环保局、经济发展局、交通运输局、科技局、水务局和福田保税区管委会及市政府办公厅等单位。调研中，大家提出并了解了一些细节上、专业上的问题，以及特别权限管理的问题。例如，深港边防线情况；过境耕作口、工作口分别是哪几个；发放审核的证件有哪些；沙头角中英街不算口岸，按边防禁区进行管理，其管理模式和政策与口岸管理不同，据此可以向中央申请比照的政策，等等。其他部门都从各自分管的领域提出很多非常具有建设性的意见，在可操作性和前瞻性之间提出了许多可以展开的空间和领域。5 月 15 日，课题组又分别登门走访规划、水务等重点部门，对贯通大鹏湾—深圳湾工程、沿河深圳一侧规划的编制和微调把控的可能性进行了咨询。城规院、水规院的领导非常重视，邀请了几位总规划师和专业骨干参与讨论座谈。如今回头再看，当时的团队都是后来深圳 30 年建设发展的核心团队，如梁毅、李贵才、司马晓、林群、周劲等，他们也一直关注着深圳、香港毗邻地区的规划，提出过许多建设性的建议，成就了许多标志性的规划。恐怕当时谁也没有想到，20 多年后司马晓作为深圳规划院院长，担纲了深圳河套片区规划的总规划师。

2. 河套土地权属与“插花地”调研

由于深圳河治理带来的河道变更，深港双方都有土地划入对方境内。1997 年国务院 221 号令颁布之前，河套地区土地所有权与管理使用权是分离的，即所有权在深圳，管理权在香港，因此河套土地的开发建设等一系列管理相关事宜需要遵照香港的法律执行。为使业权登记工作按照香港法律顺利推进，经请示市领导同意，香港“一国两制”经济研究中心介绍，深业集团正式委托香港梁振英测量师行和薛冯邝岑律师行作为顾问。其间和我们举行过四次工作会议，并到深圳皇岗口岸及落马洲河套周边进行实地考察，探讨和出具了专业意见，从行政、产权、用途、规划等多方面，依据香港已判的案例和经验，提出了原则性指导。主要有：从政府层面确认这块土地的业权是深圳的；业权由深圳市转让给深业集团使用 50 年是唯一的；业主向特区政府申请换取香港地契的用途尽量与发展要求相吻合；按规划程序做好各种答辩，包括介绍说明及应对社会各界舆论的多种准备。

根据前期法律咨询，深圳市委市政府决定将这块土地使用权转让给深圳在香港的窗口公司——深业集团。深圳市国土局与深业集团双方签订了《深圳市土地使用权出让合同书》（合同编号：深地合字〔1997〕0055 号），实现了土地使用权的转让，合同书约定用地面积为 77.58 万平方米，容积率 1.2，可建筑面积 93 万平方米，用地性质为高新技术园区，使用期限自 1997

年4月23日起，使用年限为50年。深业集团当时成立了一个三人小组负责承接业务，集团的副总经理董英杰、董事长秘书陈武和我都在其中，他们两位负责跟香港对接，我负责跟深圳市政府对接和整备所有资料。大家的每一步工作，均遵循香港律师的顾问报告和建议进行，涉及企业层面的由深业集团协调，涉及政府程序层面的，一起拟定报告事项，由我去跟踪落实。

变更河道导致的深港边界土地划分问题，直到1997年香港回归时才明确下来。中英谈判约定我国在1997年收回香港的主权，这一过程中涉及边界变迁是大忌。中央以尊重历史的高度和智慧，确立按新河道为管理线，根据基本法对原来的土地权属不变的规则，延续了原来的过境耕作地制度。深圳将河套的使用权转让给企业持有，符合基本法对香港回归前的土地使用权的有关规定，转让时间为1997年4月，转让后，深业集团对应的则是拥有“过境耕作地”性质的土地。

这里有必要说明一下过境耕作地的情况。

香港新界那边还有20世纪50年代就一直流传下来的深圳方业主拥有业权的其他鱼塘和耕作地，这些地契经历过明末清初到民国以来的时代变迁，包括内地的土改、人民公社，一部分明确在深圳一方，也还有持有原始地契的个人定居海外，但都依照香港的法律行使管辖权，也称为“插花地”。关于“插花地”，也是我们调研取证的重要任务之一。运气还不错，罗湖区政府和市委统战部在这之前曾分别就此问题做过专门的调研。市委统战部经济处的黄国光处长找来了前两次的基本数据，其地理分布、面积、持证情况和现状都一清二楚。深圳方业主拥有的“插花地”共计4000多亩，分别是赤尾（2600亩）、石厦（鱼塘500亩、菜地200亩）、罗湖（耕地335亩、鱼塘290亩）、罗芳（250亩）。石厦村集体在元朗还有430亩养蚝的滩涂，1906年前和1906—1976年间都是纳税的私人用地，后来港英当局认为是官地。自1982年建立红树林及鸟类自然保护区后，尽管不再养蚝，但石厦村仍然决定向港府缴纳土地租用费，以保住蚝田的“事实拥有权”，期待有机会可以再收回转为自有。深圳河治理后南北互易的土地以等量的原则对换后，仍有 1600 亩（约 1 平方公里）在河以南。中央确定的以深圳河新河中心线作为粤港边境管理线，南移的土地作过境耕作地处理，表明地界产权不变。管理办法与原来的过境耕作地相同就是延续这个历史和现状而来的。

三、香港回归后河套片区开发“平静中的波澜”

（一）深港商议联合研究跨界高新技术产业园区方案

香港回归后，大的局势清晰明了，各项工作进入常态化。

1997 年 9 月 16 日，深圳市政府第二届七十九次常务会议听取并讨论了《关于深圳河沿岸地区开发与建设的调研报告》。会议指出，经过一年多的深入调研和辛勤工作，课题组就深圳河沿岸地区的开发与建设提出了很好的思路和意见。这对于加快一河两岸的开发建设，促进深港经济合作，都起到了积极作用。会议还就此议定，提出了两点意见：一是从首期开发 1 平方公里的目标做起。鉴于一河两岸存在的政治、法律、环保和管理等方面的敏感性、特殊性和复杂性，要真正启动起来，还有大量的工作要做。为此，会议同意以“民间发动、专业推动、智囊策动、政策联动”的方式进行。要通过各种方式调动香港特区政府的积极性，使其对此予以重视。二是有关调研工作要继续进行。课题组要继续保留，以综开院、市委政策研究室、深圳特区促进深港经济发展基金会为主，同时要加强与香港“一国两制”经济研究中心的合作，共同做好这篇文章。

1997 年 11 月下旬，国务院领导在听取深圳市委主要领导汇报工作时提及深港合作，特别交办要从深港两地利用地缘优势、合作发展高新技术的特定角度开展研究议题。市政府决定由市委常委、常务副市长李德成同志牵头，从市委政策研究室、市科技局、高新办、综开院、发展基金会等单位抽调人员，组成深港共建跨界高新技术产业园区方案写作组。当时我在深圳市外资办投资服务处工作。李德成同志将我也借调出来参加写作组工作，并根据后续工作需要将我调入高新办工作。1998 年 2 月 2 日，我正式到高新办报到。之后，在部署 1998 年市委市政府重大课题调研工作意见的市委 3 号文件中，关于与香港共同建立跨境高新技术园区议题列为第一项课题，由书记、市长和常务副市长挂帅，市委政策研究室、市府办牵头，市科技局、外事办、口岸办、计划局、国税局、地税局、综开院和深圳特区促进深港经济发展基金会等单位参加。李德成常务副市长特别批示，还是由原来市委市政府的两位副秘书长具体负责，点名高新办的张克科同志也参加。看到这个文件和批示，我顿觉责任重大。最近和时任副市长的张鸿义同志座谈交流，他对深圳与香港的合作非常关注。听我介绍了当年前前后后的过程和相关资料，非常好奇地问我：“按你的情况，怎么会参与、知晓和珍藏有这么多跨时段、跨部门的资源？”我将这个过程一说，他恍然大悟，说：“30 多年坚持和守护这些珍贵历史资料，见证深港合作的点滴过程，难能可贵。”

新课题组由市委副秘书长任组长，市政府刘应力副秘书长、李连和局长任副组长，李定副主席任顾问，并列出了地域范围、产业选择、适用法律及配套政策、实现形式等四个重点，力求在可操作上有所突破。同时，和香港“一国两制”经济研究中心协同并进，请他们从香港民间智库的角度，对香港方面运作该项目可能涉及的法律、规划、环保、边境管理、投资形式、产业需求等进行双方合作研究，寻求最合适的发展模式，并向香港政府提出建议。

（二）深圳多层次推介跨境高新技术产业园区的设想

1998 年 2 月 6 日，深圳市市长李子彬主持市政府第二届第九十一次常务会议，听取并原则通过了《关于建立“香港—深圳高新技术产业园区”的设想》。时隔半年，这是市政府常务会议第二次上会专题讨论深港跨境合作议题。会议纪要指出，深圳市委市政府一直高度重视并采取多种方式推进深港合作，但由于深港双方理念上的差异等，这一设想实践起来会有难度，要有信心积极推进，要抓紧也要有耐心。要多渠道做工作，争取中央层面的协调，争取列入国家“内地与香港大型基建项目协调委员会”的动议，实现双方的共同目标。会议还部署了向中央领导汇报的文稿要求、和香港机构合作研究双边开展工作的渠道（图 3—1）。会议还要求，根据“九七”回归后基本法的原则和香港法律的适用范畴，落实 1 平方公里土地的有关权属。今天再看当年的会议纪要，最有前瞻性的目标是：在深圳与香港联合开发沿深圳河高新技术产业园的商谈未取得实质性进展之前，深圳方面工作方向不变、原则不变，沿边境一带的开发继续朝着高新技术产业园区方向发展。依照这一理念和设想，福田保税区产业发展方向也要做相应调整，由以仓储业为主改为以高新技术产业为主。这一关键时刻的重大决策，为今天深港协同共建河套科技创新合作区留出了空间，延续了时间，坚持了方向，把握了时代发展的脉络。

图 3—1　香港元朗区区议会议员代表团考察正在施工的深圳河裁弯取直工程

为落实市政府会议精神，做好给市委常委会汇报的准备，3 月 18—20 日，新课题组专程赴香港拜访“一国两制”经济研究中心，实地勘探香港一侧边境禁区和生态环境，走访香港科技大学及香港工业中心等机构。

4 月 1 日，深圳市政府将此议题提交市委常委会审议。两位秘书长倾注全力落实市委常委会议精神，参与新课题组的全程活动，对项目的难度和未来的机会有了更清晰的认识，他们深感单靠课题组推动有点力不从心，遂联名向市委市政府主要领导报告请示提出，希望建立更高一层的协调工作小组，但调研工作并没有放松，而是抓得更紧。香港方面的情况一时很难达成共识，要在深圳大力发展高新技术产业，形成气候，吸引对方。近期集中力量，认真细致做好深圳河一期工程改造后南移的1平方公里土地的开发方案，对涉及这一地区的规划功能、产业项目、出入管理、环境保护、法律政策、基础设施配套、投资来源、开发商组织等，逐一进行研究，提出可行性方案。同时对不涉及香港的深圳渔农村的改造也提出了预案。

在这之后，各项联络工作紧锣密鼓地推进，在深圳、香港、广州、北京，以及各种春茗交流场合、两会会议间隙、互访考察机会中，深港合作建设跨境高新技术产业园都成为热议的话题。深圳市领导亲自出面做工作，借香港回归一周年纪念活动赴港，专程拜访了香港特首、立法会主席、部分行政会议成员。通过“一国两制”经济研究中心邀请香港各界别高层人士座谈和访问深圳。特别是当时香港科技大学吴家玮校长正在与北京大学洽谈合作，多次将深圳发展高新技术的动态在香港策略发展委员会和行政会议上介绍。深圳市领导还多次向广东省领导和科技部领导详细汇报。深港合作建设跨境高新区也得到了中国工程院宋健院长、中国科学院路甬祥院长的指导和支持，专程在深圳组织院士论坛，提升深圳和香港对于高新技术发展趋势的认同和合作交流。7月21日，国务院总理朱镕基在听取深圳市领导工作汇报时，了解到深港跨境科技园的设想和有1平方公里的土地，语重心长地叮嘱要利用好深港两个方面的优越性，深圳背靠内地科技力量，有人才优势和低成本劳动力的优势。深圳1平方公里可以试行自由港政策，要好好守住这1平方公里，不能搞丢了。

（三）深港跨界高新技术产业园区

1. 深港跨界高新技术产业园区列入粤港联席会议议题

香港回归之后，深港共建跨境高新技术园区成为深圳及香港有识之士的共同期盼。为推进和落实深圳市委市政府的决策，接下来的工作就是和香港商谈合作对接的工作，就深圳与香港共同建立跨境高新技术园区方案的可行性、必要性以及规划范围、条件和政策措施等深度调研，为建立深港跨界高新技术产业园区提出对策性意见。

经深圳市领导同意，1998 年 4 月 16 日，香港“一国两制”研究中心总干事邵善波特别邀请深业集团董英杰副董事长和我与时任香港行政长官特别助理陈建平先生一起喝下午茶。我们主动介绍了深圳近期深港合作的研究情况，也请陈先生介绍了香港特区政府对深港合作、携手发展高新技术产业等方面的意见。陈建平先生也介绍了特首施政报告中关于与内地合作的构思过程。国家提出“科教兴国”的方针后，香港特首态度积极，明确表示香港需要配合发展。特别是在遭受金融风暴冲击后，香港工商界对于密切同内地合作的呼声很高，很实际。董建华先生已邀请中国科学院外籍院士田长霖先生等人组建特设创新发展委员会，要求策略发展委员会、创新科技委员会一起做咨询报告，并指定行政会议成员唐英年、钱果丰分别专责制定工业政策和科技政策。陈建平先生介绍，香港回归以来内地提出与香港合作发展高科技的思路也是五花八门。中央要求，凡与内地交往事宜，原则上应由香港特区政府提出。他非常坦率地说，今天我们是朋友间非正式聊聊，刚才听了介绍，感觉知道河套地区的情况太晚了。早前董建华先生已经向中央提出了建立粤港联席会议的会晤制度，现在不便再提深港联席会议。如果就两个城市间建立纽带，再通过深圳经济特区向内地辐射，或许会更便利。邵善波先生和陈建平先生商量，先不求名但要务实，“一国两制”经济研究中心可以牵头，邀请香港各界有影响力的人士到深圳走走看看。茶席间，我们接着这个动议做了一些酝酿，商量为加强香港各界对深圳高新技术的现状、实力、前景、规划的了解，香港方面可通过民间组织的方式由香港提出到深圳参观交流，从现在开始，每月一至二批（图 3—2、图 3—3）有针对性地做些工作，并且低调处理，不对外报道。咖啡凉了，但话题更热了，大家一鼓作气继续研讨，初步拟定了邀请嘉宾，按批次和顺序分别为策略发展委员会有关成员、行政会议有关成员、资讯局、工业署、新立法会议员、其他有影响的社团，最后安排传媒方面来深圳参观交流。

图 3—2　香港新界元朗区议会代表团访问深圳河治理办公室

图 3—3　李德成常务副市长亲自陪同“一国两制”经济研究中心邵善波先生一行考察深圳高新技术产业。（图中，任正非先生介绍华为的发展）

除了民间推动以外，邵善波、陈建平等向我们建议，依据香港回归后的安排，深港跨境高新技术产业园区的问题，一定要放到粤港联席会议上来谈。香港方面也会配合提出，请深圳市领导参加粤港联席会议。

深圳将深港共建跨境高新区的事项上报到国务院港澳办，港澳办问香港到底是什么态度，法律上可不可行，他们心里也没底。1998 年 8 月 7 日，深业的法律咨询工作会依约继续进行。梁振英先生这一次从土地转让合同的主体、后续的运作路径、出让金的厘定、时间的法律意义以及未来登记后在香港依法管理的要点，都做了详细说明。听说他下周要去北京参加基本法起草委员会会议的时候，我对他说："只有你去汇报（河套问题），才能够说得清楚。"1998 年 8 月 19 日，在第六次香港深业法律咨询工作会议上，梁振英先生特别提到自己上周 10 号在北京专门前往国务院港澳办做了将近 2 个多小时的汇报和说明，他把香港的法律问题、政策问题、合法性、合理性和需求问题做了一个完整的解释。最后一句话给了我们定心丸：北京对这件事情清楚了。国务院港澳办同意把深港跨境高新技术科技园项目列为粤港联席会议的议题。这样，我们也感觉有把握、有底气推进了。

这次会上，我们还获知，特首董建华计划在 8 月底访问深圳，希望我们提前做一些准备。从香港回到深圳，我第一时间将情况报告了市领导，结果又揽了一个大活，为接待董建华先生准备资料。还好在这半年多的时间里，我们前前后后通过香港"一国两制"经济研究中心接待过好几批香港嘉宾，看过华为、赛意法、海王等高新区和保税区企业，加上市委常委会之后的几次研讨，关于深港携手发展高新技术和利用跨境地域优势建立园区的思路日渐清晰。

后来，我们从北京得到消息，国务院港澳办香港经济司张良栋司长亲自了解了这个项目，并积极做工作将该项目列入粤港高层会晤议题。张良栋司长指出，从战略上考虑，同意将这个项目放在深圳而不放在广州，是要利用深圳的地理优势和人文环境等，更好地利用香港的投资环境。

2. 双方围绕深港跨境高新区开启正式会谈

广东省粤港第二次联席会议的前期准备召开了一次筹备工作会议，我作为李德成常务副市长和刘应力副秘书长的随员，带着资料去广州开会。筹备工作会提出，经港澳办协商，粤港联席会议有几个议题，希望各级各部门牵头，按这几个议题分头做准备，其中就提到建立深港跨境高新技术产业园区的合作项目。会上，我们听到这个消息深感喜悦，河套地区前期的工作总算没白做。

协商筹备会上确定由广东省科技厅的方旋厅长作为谈判组、课题组的组长，深圳的常务副市长李德成作为副组长，广东省科技厅合作处的姚化荣处长、深圳市政府副秘书长刘应力和我作为成员，组成专题小组，进行深港跨境高新技术产业园区的讨论和准备。我作为专责工作人员，为正式会议前的工作磋商准备各种材料。

我们的大思路是将深圳的高新技术布局与香港的大学、科技资源和园区结合起来，构建持续的深港高新技术产业带。以河套地区和深圳高新区为节点，建设跨境高新技术产业园区核心引擎的布局。首先要解决的是合作的基础条件和空间可规划、可支配的问题。我给市领导和省科技厅专责小组起草了有关情况的背景报告，以便省有关部门对深港之间的历史和原委有一个清晰的认识。

首先是涉及1平方公里土地的问题。我在提供的背景报告中说明：为使业权登记工作顺利进行，深业集团通过香港“一国两制”经济研究中心介绍，正式委托香港梁振英测量师行和薛冯邝岑律师行作为顾问，其间举行过六次工作会议，并来深圳实地考察。梁振英先生根据香港的法律和个案经验，从行政、产权、用途、规划等方面提出了具体的意见，主要有：从政府层面确认这块土地的业权是深圳的；业权由深圳市转让给深业集团是唯一的；向特区政府申请换取香港地契的用途尽量与发展要求吻合；按规划程序做好各种答辩，包括解释说明社会各界舆论的多种准备。深港双方经过多次磋商，已形成初步工作意向，基本原则：土地的永久产权属于深圳；按照香港的法律和程序进行管理，采取批出土地使用权的方式，由深业向香港政府换取香港的地契；目标：争取综合开发（以高科技合作为主），不补地价，以减少成本，对两地的科技经济发展互补，以填补香港的空白。基础设施由香港负责，立法局批准计划、拨款、安排预算。深圳市政府通过对深业集团的支持，共同参与开发。按照换契的思路，开发与功能等要受香港的产业政策和规划制约，但进入市场比较顺利，基础设施可由香港政府投资；而如果按照由深圳市政府直接拥有主权来开发，属于 Freehold 性质，没有地契的限制，规划上也没有限制，只要服从香港的建筑、消防、安全等相关法律，但基础设施的所有投资都必须自己来，而且进入市场的土地在法律上会存在一些问题，有碍开发。

综上所述和前段的工作协商，我们认为拟采取批地给深业的方式为宜。有关在香港换取地契的法律文件，梁振英测量师行等已着手准备。其间，我们专门向国务院港澳办做了汇报。港澳办政务司认为，这块土地的业权是非常清楚的，在国务院公布以深圳河治理后新修河道中心线为管理线前，双方交换过意见，中央、省、市都明确业权是深圳的，做“过耕地”处理，符合基本法的有关规定。由于当时的特殊情况，港方予以默认，但没有双方共同签署的协定。为了完善法律手续，可以把它作为深圳河治理后边界谈判中的遗留问题，现在应该明确提出来，尽快处理好。港澳办政务司还提出，把土地问题和粤港科技园项目分开进行比较有利，可以按照原来的渠道，在粤港边境谈判的层面上来处理，先解决土地问题，再谈开发利用。而且，要考虑香港在深圳一侧土地的一揽子方案。我们争取达成协定，明确深圳市政府拥有永久业权，并由深圳市政府确认业主，向香港政府办理有关的法律手续，土地按香港法律管理。有关开发利用，可以组织专家组研究，提出具体方案。

我们提供了《关于深圳香港高新科技产业带范围的说明》。在界定构想中的深圳、香港高新技术产业区位于以深圳河为中心的深港交界地带，由核心区和扩展区两大部分构成，包括深港两地部分土地的配合使用。

深圳香港高新技术产业区拟充分利用地缘优势，选择在深圳河皇岗—落马洲段深港两地相连部分。以深圳河中心线为粤港边境管理线不变，深圳方以深圳河和广深高速公路为界，主要包括福田保税区、渔农村、皇岗—落马洲口岸区以及划入香港管理的深圳河治理第一期工程后南移的1平方公里地段；香港方以现行的边境禁区线为界，河套区以东以山脉为线，西部以新田乡西河道为界（保留西河道至米埔保护区之间的环保缓冲地段），与上述深圳一侧土地相连对接的部分，形成相对封闭的管理线。核心区总面积为7.74平方公里（图3—4），其中深圳方3.5平方公里，香港方4.24平方公里，扣除港方口岸区内面积0.41平方公里，列入核心区面积为3.83平方公里，双方大致相等。考虑到“一国两制”原则、两地不同关税区政策、土地区位特征及各自的优势互补，在河套地区应利用更多的深圳因素，如人才优势的项目；在河套地区以外，应安排以香港产地为特征的高科技加工项目，两地项目政策互补，合理配置资源。核心区内，双边各设出入通道，与现行的口岸体系不交叉、不混同。核心区内的现状是深圳一方建成福田保税区、皇岗—落马洲等交通口岸枢纽，深圳河治理后南移河套1平方公里已平整，口岸区内港方落马洲管制站拟扩建（东西各增加7个通道）、香港北部铁路和深圳地铁在此地段内接驳出入、香港方拟规划64公顷集装箱货柜场地、深圳方可将渔农村列入改造利用。核心区南北向以自然形成的道路、河流、山脉和管理线划分，不触及现行的管理规定；核心区东边划线视规划功能的需求及香港土地征用的配合情况；西边为保护米埔自然保护区，已预留了建设环保缓冲带的区域，核心区与米埔自然保护区间距约1.2公里。

深圳香港高新技术产业区的扩展范围包括三个区域：A. 深圳一侧，利用福田保税区一号桥直通香港的条件，由保税区西侧延伸一条封闭（半封闭）道路，沿广深高速公路、滨海大道直达深圳市高新技术产业园区。将高新技术产业园区直接与双边接壤地段联动配套，高新技术产业园区深南大道以南部分实行封闭式管理，享受福田保税区的政策；封闭路单边向南开放，连接滨海大道南侧的后海湾填海区域。B. 香港一侧：在边境禁区线以外，沿落马洲多功能运输交汇区及西北铁路、新界环回公路沿线规划部分配套用地。C. 为形成深圳河沿岸合作发展带，可将截弯取直河道（深圳一侧滨河路以南）至罗湖口岸之间的沿河两岸划为园内发展配套用地，重新规划建设。

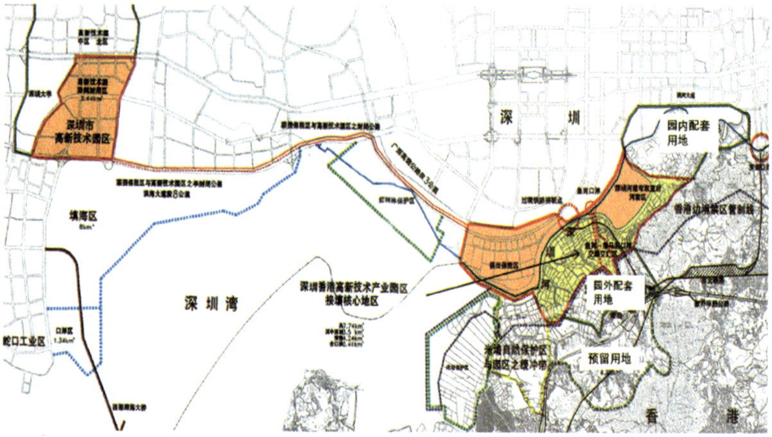

图 3—4　深港跨界高新技术产业园区示意图

深圳香港高新技术产业园区与两地的产业发展和布局有密切联系。深圳方已规划建设深圳高新技术产业园区、龙岗大工业区、南油蛇口工业区、盐田港区等，香港也规划在新界边界附近发展古洞及坪车高科技工业区，建设白石角科学园、九龙塘第二香港科技工业中心、屯门第四工业村，加上原有的大埔、西贡、将军澳等工业村和香港科技大学、香港中文大学等，这里有望构成高技术开发研究、高技术产品生产制造中心，并逐步形成深港高新技术走廊（图 3—5）。

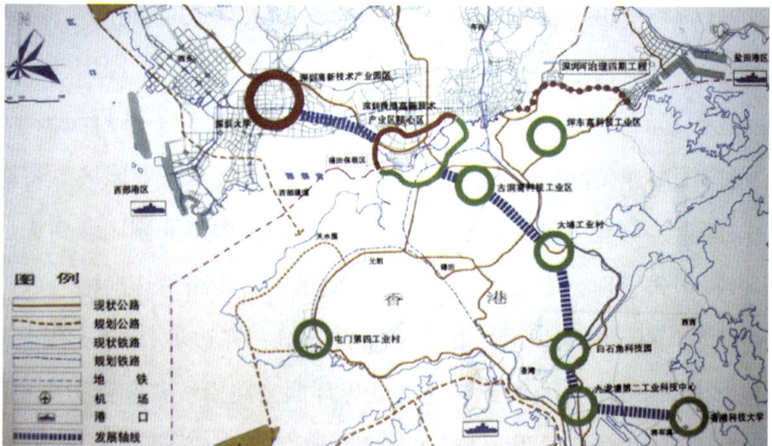

图 3—5　深港高新技术发展布局关系图

深港合作是一个持续长远的过程，两城交汇都有许多的共同点和协同处。根据上述范围，可以将关系全局、联系两地的高新科技综合发展和布局视为大方案；将深港两地土地相连，管理分区、界线分明的核心区视为小方案；将与小方案有直接联系的，随发展时期、配套设施、功能布局而延伸的可扩展地段视为中方案。采取分阶段、分属地、分功能的策略，做好发展规划。目前着重抓好核心区小方案的实施，以求启动建设，形成示范、辐射和联动效益。

做好持续发展的规划，在香港一方向东南、深圳一方沿西北交互，给予深港接壤的边境向不同方向扩展与核心区关联的配套。

香港：东向，位于香港禁区管理线内、河套以东至罗湖口岸，和深圳滨河大道以南的地段，面积为3.66平方公里，其中深圳境内，滨河大道以南为1.3平方公里。该地段以配合区内的发展、配合深圳河沿岸发展以及与罗湖区联系的关系为基础，作为区内二期发展用地。其中深圳一方，因该地段沿河之空置土地较少，为保持配套和功能完善，可以考虑对已建房屋进行二次改造，以适应整体的发展。南向，位于香港禁区以外与口岸连接及交通沿线部分地段。该地域以新界公路为线，分为南北两块。南块1.74平方公里，与核心区系紧密性关系，是近期联动发展、配套基础设施和规划香港一侧多功能区的最佳选择。新界公路以南至山麓地段4.35平方公里，可预留作为卫星式新市镇发展。

深圳：西向，位于环深圳湾地段。该地段深圳高新技术园区内南片3.44平方公里，滨海大道以南规划的填海区（口岸用地除外）约8平方公里，通过封闭（半封闭）道路，滨海段长8公里，广深段长3公里，与核心区联系，成为最具潜力的一块发展地带。其优势在于：科技园南区与保税区直接连同，可以享受核心区的管理延伸，发挥更大的空间优势。通过南区与深圳大学和中北区的联系，实现“一园多制”，有机促成园内的发展动力，内地因素在这里可转化释放、综合资源利用可达到最佳效益；滨海大道在填海区段单边封闭对填海新区开放，使填海后的后海片区8平方公里土地与香港有直接联系，可安排更多香港因素的项目，土地资源能得到充分的利用，加上西部跨海大桥的建立和华侨城旅游码头的设立，将香港中心区与深圳拉近，有望形成环深圳湾的又一个维多利亚海湾。北向，长远来看，配合双边地区发展，兴建深圳河第四期工程，罗湖以东（香港以北）的两岸地区及大鹏湾，包括文锦渡口岸区、罗芳村、西岭下村、坳下村、长岭村、梧桐山、径口村和沙头角镇等地区，可开发面积约 12.62 平方公里，以形成沿河经济发展带。

方案拟好后，粤港双方各派出专责小组，于 1998 年 9 月 10 日在深圳举行了第一次工作会谈（图 3—6）。港方的工作小组有中央政策组首席顾问萧炯柱、香港工业署署长何宣威以及港方总协调财政司司长曾荫权。会上，我们跟何宣威讨论了建立粤港科技园事宜，并且具体讨论在深圳皇岗—落马洲段深港两地相连部分的河套地区建立“深港跨界高新技术产业园区”的方案。

图 3—6　深港跨境科技园专题小组预备会在深圳五洲宾馆举行

大家对建立深港跨界高新技术产业园区的意义达成高度共识。大家认识到亚洲金融风暴之后，深港双方都在寻求新的经济发展动力，国家也对增强香港的国际竞争力予以关注。最近，香港科技界、实业界、社会有关方面对香港与内地合作发展高科技、高增值产业呼声较高，并对此地区予以关注，认为在深港边界地区开展合作，对提升香港的经济实力最直接、最有效、最有帮助。在深港边界地区建立“深港高新区”，与香港特区政府提出的发展高科技、高增值产业的策略相吻合，有利于推动香港产业升级，形成新的经济增长点，提供新的就业市场，促进香港的长期繁荣和稳定；建立“深港高新区”，以其独特的地理位置和区位优势吸引国际投资，为我国高新技术产业国际化、重大高科技项目的产业化创造更为良好的发展机遇，同时为深圳的第二次创业，更好的服务内地、服务香港提供发展空间，是深港两地经济合作的战略选择。

我们提交了前期调研中对建立深港跨界高新技术产业园区的可行性分析。一是在深港边界地区建立高新技术产业园区，可以实现优势互补。在深港边界地区建立高新技术产业园区，可以充分利用香港的自由港优势、信息优势、融资优势、市场优势；利用深圳的区位优势、人才优势、产业优势及功能优势，为区内发展高新技术产业提供完善的基础设施、进入国际市场的便利、汇集的人才、良好工作居住条件等全面服务。二是建立深港高新区可以形成较强的国际吸引力，可以在确保两地边界线现状不变的前提下，突出该区处于“一国两制”结合部的双向边界特色，对吸引全球跨国公司及台湾地区的投资具有积极意义。香港的自由港政策也为新建园区引进国外最新尖端高科技产品和设备创造了条件。三是建立深港高新区符合两地的发展战略。香港特别行政区行政长官董建华先生在施政报告中提出：香港的发展要走高科技、高增值的路线。1998 年国家提出全面实施科教兴国战略之后，董建华先生表示要配合国策科技兴港。深圳市也一直把发展高新技术产业作为重大举措，双方在发展上有合作的基础。

我们特别介绍了自 1995 年以来深圳产业转型，发展高新技术产业的情况，为建立深港高新区提供了良好的产业基础。经过十几年的发展，深圳在计算机、通信、生物技术和新材料技术产业已经形成良好的产业基础，其中，计算机和通信产业在国内均处于领先地位，创新和引进并举，产品配套能力强，专业人才济济。同时，香港的电子信息产品制造业起步较早，电信增值业务几乎与国际水平同步发展，金融服务电子化方面处于世界先进水平。

我们介绍了拟议中深港跨界高新技术产业园区的区域范围。深港高新区起步区域，拟选择在深圳河皇岗—落马洲段深港两地相连部分。以深圳河治理第一期工程南移后的1平方公里和深圳方的渔农村及口岸区为基础。该区域的土地业主均为深圳方，便于运作。1997年7月1日之后，区域管理线已明确以新修河道中心为界，故河套地区在香港管理范围内。

从河套地区入手，已经有了一定的基础，实属难得的机会：河套地区原来不在香港境内，在香港完全没有做规划。由深业提出规划，没有旧的约束，有利于达成共识；目前，这块地已填平，不再是水田，不涉及改变水面问题，也不可能恢复为鱼塘，可以顺其自然主动发展；深港高新区将实行封闭式管理，对香港的禁区管理是加强而非削弱；河套地区距离米埔自然保护区约6公里，环保方面只要技术处理得当，影响不大；同时，皇岗—落马洲口岸能够为双方出入提供便利条件。海关、车辆、人员交汇管理可以以现有设置加以延伸，新修的三号干线、规划的北线铁路和深港轨道接驳工程均可以在该区域周边形成网络，作为有外部条件支持。

我们准备得非常充分，会谈中双方关心的几个主要问题都有涉及，如土地业权问题、产业导向问题、发展规划问题、管理模式问题、配套政策问题、财务安排问题、双方的利益问题和工作时间表。有些问题深圳方面研究过，因为双方政府是第一次正面接触，没有对此展开讨论；有些问题必须在一定基础上双方才可能深入探讨。从香港方面提出的问题看，他们也是有准备而来，但由于涉及的层面较多，需要有一定的时间来协商和研究有关问题。会谈中，港方代表提出了香港政府收地和开发问题。我们将梁振英测量师行给的咨询建议委婉地做了解释，表示了解也理解遵循香港政府以往开发工业村的方式和过程。收地方面，在我们的方案中，香港政府的所有权益都应是在50年土地使用权之内进行。香港政府可以在深业登记地契的50年土地使用期内，根据规划的要求，使用部分土地作为共享设施，但不能将其当作香港的永久官地。50年以后的关系，可以用合约形式与深圳市政府另行商定。

开发方面，按照换契的思路，开发与功能等应该接受香港的产业政策和规划的制约，但开发建成后进入市场比较顺利。如果共同参与，基础设施可由香港政府投资；如果按照由深圳市政府直接拥有主权来开发，属于 Freehold 性质，没有地契的限制，规划上也没有限制，只要服从香港的建筑、消防、安全等相关法律，但基础设施的所有投资都必须自己来，而且进入市场的土地在法律上会存有一些问题，对开发形成障碍。综上所述和工作协商，我们认为拟采取批地给深业的方式（leasehold）为宜。

港方代表提出，按香港方的估算，完善周边基础设施大约需要 100 亿港币。该项目需要立法会审议，需要程序与时间，还要有周边统筹规划的保障。我参与过深圳高新区的规划，也推动过穿梭巴士的项目，深知两地办事制度与理念的差异，在市领导与香港高层嘉宾的前期交流时，也提到过这些问题。市领导非常明确地表示，深圳河治理是双方合约委托一方建设，深圳有规划建设高新区的经验，这个合作项目也可以委托深圳方建设，我们只需要 10 亿就可以做得很好。交通问题可以先从落马洲—皇岗这边出入，这里已经有一个通往福田保税区的一号通道，如果再建一个二号通道到河套，也是顺理成章的，很快就可以投入使用。会谈期间，大家围绕该提议专门去皇岗检查站桥头考察眺望河套及口岸设计布局（图 3—7），香港几位代表都问我一号通道的走向、管理模式等。大家都很熟悉了，在轻松的交谈中，何宣威署长还特别问我，深圳政府会采取哪些措施、怎么支持科技企业；同时他也提出，香港是小政府大社会，单独支持某一方面会产生社会资源的不公，这个问题怎么解决，哪些企业可以进来等。双方虽然存在制度、理念上的差异，但大家真的是在认真思考。

图 3—7　粤港联席会议上跨境科技园专责小组在皇岗口岸眺望

3. 意见分歧，深港共建跨境科技园项目被“挂起”

1998 年 9 月 24 日，粤港合作联席会议第二次会议按计划在香港礼宾府举行。深圳市李子彬市长出席，刘应力副秘书长随行陪同。晚宴后，我向刘应力副秘书长询问情况进展如何。他说，现在人在外面，回去再说。第二天，他们一回到深圳，我就到办公室等候。他递给我一沓会谈现场的记录，叮嘱道：“你把这个留好，”接着说了一句，“政务司司长陈方安生在搅局，再研究”。这份现场笔记资料现在还留存在我处。每次看到陈方安生的发言记录，我仿佛都能看到对方趾高气扬的样子。第二次联席会议讨论政府信息合作、口岸协调、旅游开放、环保治理以及香港在广东建立港商服务中心、粤港科技合作启动深港跨境科技园等六个议题。陈方安生以政务司司长和东道主身份首先发言。前四个议题达成了一致，后两个问题双方有分歧，要再研究，寻找其他途径。随后，王岐山常务副省长和财政司司长曾荫权分别说明了粤港双方对合作背景的看法和期望。会议计划中对没有达成一致的项目，香港方面做了比较详细的说明。

会上讨论了粤港高新技术合作的问题。香港介绍了特首施政报告拟定的目标，香港要成为产品发明中心，不单是和内地合作，要在整个东南亚作为高附加值的主要带动者。曾荫权提出这个方向要进行多元化的研究。实际上，在后来香港行政会议上以及曾荫权在深圳考察过程中，我们从不同渠道都感到他认定深圳是一个来料加工的地方，而且是香港商家带过去的投资，基调就是不信任。何宣威署长参与了全过程，他介绍了香港创新委员会要做一系列基建，拟安排 60 亿港币在白石角兴建科技园和第二工业中心。他认为深港共建高新区前瞻性强，要有更深入的研究，应当把深港共建高新区纳入全面整体的考虑进行全面评估，其中包括怎么调配资源（与深圳衔接），对特区政府是一个挑战。李子彬市长介绍了深圳这几年高新技术产业发展的态势，认为广东的高科技和香港的金融市场要有一个很好的对接，粤港合作对新兴市场的拉动，对高新技术产业发展提出了更高的要求，香港在对照新加坡做新的布局，深圳要瞄准国际市场，双方要有一致的目标。朱森林省长说，粤港前厂后店，涉及 300—500 万家制造业，全世界都难找。面对知识经济的挑战，粤深要提高科技含量，香港要转型，两地政府要引起高度重视。省长对粤港科技合作提出了四点建议：一是香港的创新科技委员会与广东省、深圳市、广州市科技部门建立密切联系；二是加强深港双方科技园合作和政府的支持，鼓励两地研发机构协同创新；三是学习香港，借鉴香港生产力促进局和工业中心的经验，扶持对方的企业在两地发展；四是深港政府应研究双城的特殊需要，安排科技人员自由出入。王岐山副省长补充道，科技兴市是国策，可以利用广交会开辟科技板块，对广东而言，高新技术领域非常广泛，哪个领域都有，包括农业，要通过粤港合作，改革现有的投资机制体制。曾荫权表示同意以上四点建议，深港科技合作应坚持市场主导、政府配合。

河套问题是会谈中的一个焦点。李子彬市长一年多来一直在关注这个项目，多次听取汇报。我们也汇报了双边工作小组会商的情况。在这个场合，市长非常鲜明的表明态度，释疑解惑，“土地所有权是深圳的，一定按香港法律管理，不会出现不遵守香港法律的情况。我们知道，港府有积极性，也有顾虑。一来花钱多，二来深圳只出地不出钱。我表一个态，深圳和香港对等投资，不会像香港说的花几百个亿。基础设施方面，深圳高新区填海交付只花了2—3个亿（预算6个亿），首期基础设施投资20个亿够了。项目投资是企业的事，政府就是营造好环境”。李子彬市长也换位思考，直截了当地说出了香港要说的话。但两地法律不一样，管理办法双方要磋商，一些原则问题要报中央批准，过于心急不行，必须成立专家小组讨论。讨论到土地问题时，曾荫权提出，土地问题在1997年划定香港边界后，我们认为拥有管理权。这时，政务司司长陈方安生坐不住了，急忙说“可稍后再谈”，用一句话打断和转移了话题，明显是看法与曾荫权不同。她把球踢给了在场的国务院港澳办经济司的张良栋司长。刘应力副秘书长记录的笔记上，留下了张良栋司长一句干脆利落的话：“深圳河治理，裁弯取直到香港的土地，产权归深圳，管理归香港。”（图3—8）之后，陈方安生利用主持人的身份，再也没有回到这个话题。这次会谈双方没有达成共识，该议题在粤港两地政府层面的磋商就此搁置。

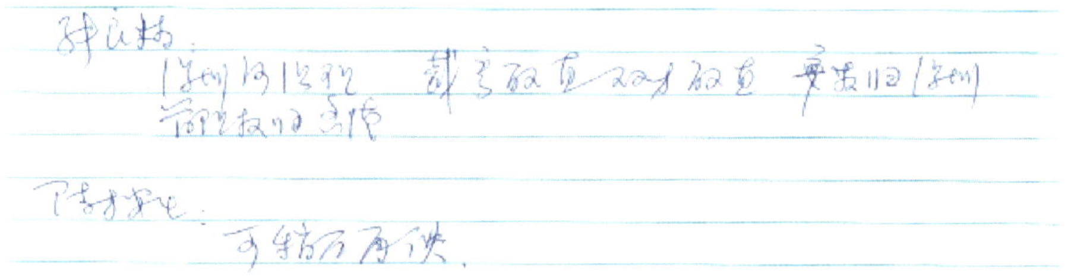

图3—8　刘应力副秘书长的笔记

4. 深港双方分别给国务院港澳办申报资料

1999年新年后上班的第一周，我就接到通知，要我马上到李德成常务副市长办公室去一趟。在办公室，李德成常务副市长说：“你先看看这个文件。”我看到在国务院港澳办和外交部1991年发给广东省政府“关于深圳河治理后以新河中心为界的复函”的文件上，签满了领导的批示。我仔细辨认着廖辉主任的批示。批示是直接给李子彬市长的，廖辉主任开门见山地告知，此事在香港特区政府立法会及社会上备受关注。他非常明确地给出两点建议：一是深圳官方人士目前不要继续谈论此事；二是请市里抓紧向省及国家有关主管部门请示，据此件及近期情况提出意见，待汇总后再向国务院提交报告，才向港方反馈。我知道这是国务院港澳办拿出了土地权属的底线文件，告诉深圳，香港回归后可以通过正常渠道请示，达成共识。直到 2018 年，我看到香港特区政府在 1998 年 12 月上报国务院港澳办的历史文件，以及附上他们从不同渠道获悉的深圳建议共建科技园的资料，希望北京予以澄清土地归属。将这个时间点联系起来，前因后果也就一目了然了。

12 月 22 日，李子彬市长收到复函后非常重视，当即报请书记，给几位分管领导批阅，并特别明确此件留由档案馆保存。12 月 30 日，李德成常务副市长明确批示，按廖辉主任批示办理。看到这里，我才清楚叫我去的意思是不要继续公开谈论此事了。那次，李德成常务副市长还特别交代说：“前后情况你最熟悉，你负责给办公厅提供需要的资料，各方面的资料你可以继续收集保管好。”

再说说资料的事。这些资料辗转了几十年，现在回过头来梳理，可以还原一些背后的故事。我保管的全部资料在 2003 年、2007 年和 2016 年三次分别全套复印或将原件等提供给市发改局、市港澳办、市政府办公厅和分管副市长。2003 年中国加入 WTO 后，国家安排了过渡期实行 CEPA 的措施，香港工商界看到了与内地合作发展的机会。2003 年 10 月，李嘉诚去北京签约深圳盐田港项目期间，主动向传媒透露积极倡导港深边境免税工业区的主张，提出建立港深河套合作的动议。之后，时任香港财政司司长唐英年也公开表示港府正在研究深圳与香港建立边境河套区的构想。深圳市方面第一时间获知媒体信息后，直报书记市长，予以高度关注。这时，我也看到了外部的变化和动态，黄华华省长公开呼应，表示广东省政府将全力支持河套开发。深圳市发改局规划处的傅处找到我，说市领导问他们要资料，但他们的资料不齐全，市政府办公厅就让他找我。这次，我整整齐齐复印了一套送过去。

2007年，深港合作出现新机遇。河套列入了重大跨境基建项目，市长要听汇报。外办港澳处史满满处长和办公厅南岭副主任几乎同时找到我，再次索要资料。我就原原本本复印了两套，分别给了市政府办公厅和港澳办，还特别到南岭副主任办公室，将资料目录一件件地说明来龙去脉，其中包括一份手抄的特别文件。我说这次算是文件“回家”了，以后别人再要，我没有义务再提供了。

2016年的一天，艾学峰副市长的秘书给我来电话，说市长想请我去一下他办公室。我知道他原来在国务院港澳办工作过，一定会谈深港合作的事，有些事要说得明白，还是需要一些资料作为辅佐。我便依约带上了全套资料。那次汇报差不多谈了整整一个下午。艾学峰副市长说：“这些资料是不是可以借我看看，我用完了还是原件原封不动还给你。”我说：“真希望有一个部门可以完整保管这些资料。”后来几次开会遇到，艾学峰副市长说资料还在看，我也没有催。一次又遇到艾副市长，他转身问秘书，“资料还了吧？”秘书说是请港澳办去归还的。直到2017年1月4日深港河套新协议签约之后，我去港澳办拿回了这批资料，他们说这些资料太难得了，也复印了一套归档。在港澳办归还的资料中，有一叠关于土地的几个附件。附件一是国务院第221号令，明确了香港特别行政区行政区域图线；附件二是2011年11月15日港深两地政府推进落马洲河套地区共同开发工作的合作协议。这个协议非常明确地记载了自2008年以来的合作成果。双方在“一国两制”的大原则下，按“共同开发、共享成果”的原则，以“港深特别合作区域”定位，有弹性地发展高新科技、高等教育和文化创意产业；并进一步细化开发模式和运作规则的研究磋商。附件三是1998年12月7日香港特别行政区行政长官办公室私人秘书罗智光署名给国务院港澳办关于落马洲河套的业权和管理权事的咨询函。这个时间就和前面提到的廖辉主任12月8日给李子彬市长的传真对应上了。咨询函提到，1998年8月董建华先生访问深圳、1998年9月10日香港工业署何宣威署长在粤港联席会议工作小组会上、1998年11月香港财政司司长曾荫权访问深圳等前后三次活动中，都获得了深圳市政府方面提交的“深港跨界高新技术产业园区项目情况”，并给国港办附上了这个材料的全文副件。罗智光引述了上述文件中提到涉及落马洲河套地块的几个要点，港澳办外交部（91）年港办二字第1120号文件、河套土地业权深圳市政府已批给深业集团，业权属于深圳，管理权自1997年7月1日后归香港。其实，在这之前，香港政府在1997年12月1日就向国务院港澳办致函，请求确认有关“以新河中心线为区域界限”的理解。实际上，1997年12月1日的函是关于根据新河道走向绘制新边界线地图的问题，并没有涉及土地的业权。国务院港澳办征询专业部门意见后，回复对建议原则上不持异议。就在国务院港澳办、香港政府以及深圳市政府往来公文的同时，1998年12月9日，刘江华议员在立法会上提出问题（列当日议题第五条），规划环境地政局局长做了口头答复。这个答复还是清晰地说明了当时的情况：A. 香港特区政府与深圳市政府并无任何协议就落马洲河套地的业权转让进行事前磋商。我们现正向中央人民政府澄清有关该土地业权的事宜。落马洲河套地属于边境禁区，政府目前未有制订有关该地的发展计划，故此不存在有否评估所谓“业权变更”对发展该土地的影响。B. 根据基本法第七条，香港特区境内的土地由特区政府负责管理、使用、开发、出租或批给个人、法人或团体使用或开发。特区政府和内地当局未就任何设立合作机制在发展这块土地达成任何协议。C. 由于落马洲河套位于特区范围内，假若该地发生罪案，将依照香港特区的法律办理。在那个时间节点，大家都在期望国务院港澳办可以明确清晰地给出答案。

当务之急是请广东省将深圳关于河套土地业权确认的诉求尽快报北京。1999年1月25日，李子彬市长签发了上报广东省的《关于深圳河河套土地产权问题的请示》。深圳市政府办公厅也通过《深圳市今日重要信息》于1999年2月9日（第87号）上报了“深港边界河套地区的有关争议及香港深业集团的几点看法”。2月底，国务院港澳办的同事打电话给我，再次询问有关情况。我介绍了李子彬市长在接到廖辉主任批件后所进行的各项工作，也将深圳市政府报广东省的请示传真过去给他们参考。北京要我们再联系一下广东省政府，尽快上报请示函。最后，他告诉我，国务院领导最近看了深圳的信息专报，也有批示给他们，港澳办也在准备上报意见。国务院秘书局于2月14日将《深圳市今日重要信息》向钱其琛前副总理做了专报。钱其琛副总理当天就批请港澳办就深圳来文所提出的问题进行研究并提出意见。廖辉主任批示“请港澳办的政务司商经济司研处。”我知道了这些情况立即向市领导做了汇报。市委办公厅闻讯也找我要去了国务院领导的批示件留档，我也要了一份深圳的上报件留存，这个材料我也都一直保存着。

这时，广东省外办港澳处陈汉涛处长给我打来电话，省政府办公厅让他们会签意见，并请他们代拟上报稿。陈汉涛处长参与过我们的前期调研和查询资料，也协助参与了粤港联席会议的科技合作专题，清楚这件大事必须报北京。他们的拟办意见非常明确，历史问题、产权不变，土地怎么使用则需等候北京确权和指示。他说该件同时会签的还有省国土厅，应该很快就会有结果。3月2日，陈汉涛处长突然给我来电话，说省领导有明确意见，要深圳再请示一下北京，具体情况要我询问一下广东省政府办公厅秘书二处的刘小龙处长。我立即和刘小龙处长通了电话。他口头告知我省领导批示的意见，有关批件会尽快通过机要发给深圳，具体怎么处理要我们再商量。我当即给市领导和北京国务院港澳办做了汇报。省政府办公厅经办人的拟办意见非常清楚，“同意外办意见，请外办草拟上报稿，由省府报国港办”。时任办公厅刘昆副主任的意见也是外办牵头拟文，更严谨一点是请国土厅和深圳市也参加，也同意省府上报。但刘昆副主任提出，1991年港办文在前，1997年国务院令在后，要以新文件为依据和港方商谈。省政府办公厅罗迈主任和分管的游宁丰副省长听过深圳的汇报，都清楚问题的核心和由来，同意转深圳的意见报国务院审定。王岐山常务副省长参加了粤港高层会议，清楚这个问题的敏感性，比较慎重地提出了“建议深圳市政府先向国港办汇报摸清可能性后由省政府再向国务院请示为妥”的拟办意见，卢瑞华省长表示同意岐山同志意见。这样文件又退回给了深圳。

我向刘小龙处长说明了请示报告拟报的背后情况，并向他提供了部分可以说明情况的背景材料，包括廖辉主任给市长的建议、国务院领导的批示精神以及国港办多次参与调研的情况等，希望这些可以回答和解释清楚王岐山常务副省长的要求。征得省府办公厅的同意，我又和省外办陈汉涛处长联系，希望将深圳补报的情况说明和外办代拟的省府请示北京文稿同时上报，争取时间。深圳市政府以办公厅的名义再次上报省厅时，对有关情况予以说明。1999 年 4 月 5 日，卢瑞华省长签发了“关于深圳河河套土地产权问题的请示”，明确表态这块土地的产权应归属我省深圳市，并建议将此事作为深圳河治理后边界谈判中的遗留问题提出来。希望尽快和港方协商确认，待土地权属明确后，再研究土地开发利用和管理问题。

我们非常理解土地确权问题必须优先明确。根据前期的沟通和对香港法律的了解，我们也在做预案，把土地问题和粤港科技园项目分开进行。不要因为土地问题搁置耽误了双方科技合作的机会，但又要在土地问题上取得共识，更好地开发利用。我们的研究工作没有停下来，也在继续和北京沟通，提出了两个处理建议：一是双方划入对方的土地可采取等量互换的办法解决，二是明确我方多划入港方的土地，比照过境耕作地的模式确认，产权不变，由深圳市政府（代表国家）拥有土地的永久产权，并标明地界。深圳市政府可批出土地使用权，确认业主，由业主向香港政府办理有关的法律手续，土地按香港法律管理。

1999 年 5 月底的一天，我接到北京联系人的电话，问我周末有没有时间，他们一早从珠海过来深圳，下午就走，要我中午到深圳福荣路上的招待所见一面。我问，怎么这么急啊？有什么事吗？得到的答复是见面再说。我赶紧准备好，提前过去等。那时候的福荣路还是一片空旷的工地，交通非常不便。见面后，他拿出一份文件给我，说：“国港办上报广东和深圳的请示，上面有批示。你是具体经办这个事的，你知道就行了。”5 月 20 日拟办意见是“深圳不宜前往开发，先维持现状为好”，国务院几位领导前后几天都有划圈审定，主要领导 5 月 27 日签出。我一看就愣了，半天没有说话，反反复复看了几遍批示，心想这么大的事，要给市领导报告才行。这时，我提出文件可否复印给市领导报告。他说，香港金融风暴后这事要从长计议。办里不会简单地将批示转给广东省，会有一个说法通报情况。我说："那我再看看文件。"边看边说，可以抄一下就好了。他不置可否，看了一下饭桌上、点菜单上插着的笔。我心领神会地说，就记一下要点。第二天，我将情况向刘应力副秘书长做了汇报。他略有思考地看了一下我，严肃地说，此事到此为止，我也不向上报告，免得动摇他们的决心。1999 年 6 月 2 日，国务院港澳办据此批示，给香港特别行政区长官办公室 1998 年 12 月 7 日的函件做了答复：经请示中央人民政府，国务院 1997 年 7 月 1 日发布的 221 令已划定了香港特别行政区行政区域图。河套土地暂不进行开发，先维持现状。

香港回归后千头万绪，那时正面临金融风暴动荡，还有更多的社会经济民生问题急需处理，河套作为未来发展规划，又涉及敏感问题，搁置起来等待机会或许是留给未来的谋略。我的理解是，因为有这个社会背景，土地做过境耕作地处理是现状，维持现状就是维持 1991 年的结论。清楚这背后的原委，所以就低调处理河套土地问题，高调推动深港科技合作，打通两地合作的渠道，构建两地合作的机制，对接两地的人脉，做一点实实在在的基础工作。

2003 年，香港商界到北京访问，再次提出河套开发。中央给以"搁置争论，共商开发"的原则建议，黄华华省长启动了新一轮的协商。2008 年，距离粤港高新技术合作问题首次双方协商提出 10 年之后，在香港开展河套发展公众咨询的座谈会上，我和何宣威署长在同一个场合发言，大家深有感触。他在会上对着我提到，如果 10 年前我们看得像现在这样清楚，或许不会错过一些很好的机会。20 年后，河套交给了香港，两地协同签署了共建一区两园的备忘录。我将 1988 年谈判组考察河套的照片专门选了一张赠给创新科技署蔡淑娴署长，她说这是个非常珍贵的资料。后来在香港的一次活动中，蔡淑娴署长特意找到我，说谢谢我给的照片。她对我说站在这边的是她的先生，那时他在策略发展委员会负责工业计划。一下子有了深港一家人久别重逢认亲的感觉。

5. 深港科技交流的转机——特首董建华访问深圳

尽管河套跨界高新技术产业园计划因土地争议而暂时搁置，但深港两地的科技交流却因一次意外事件迎来了转机。

1998 年 7 月 7 日，香港新机场启用后因电脑系统出现严重故障，处于运输瘫痪状态。深圳方面表示可以向香港提供帮助，开放皇岗口岸，香港居民可以通过联检并设专用通道直接到达深圳机场。然而香港不久之后把问题解决了，没有启用深圳的通道，但是时任香港特首的董建华先生还是决定特意过来深圳致谢。1998 年 8 月 31 日，董建华先生访问深圳，原计划的行程是沿着深圳准备的皇岗口岸到机场的特别通道走一趟，时任深圳市委书记的张高丽说，这个通道现在用处不大，还是来看看深圳的高科技，也一起讨论一下河套合作的机遇。礼宾车队直接就带着董建华先生登上了莲花山，然后直奔高新区，参观了华为和当时国内计算机龙头企业——长城计算机（图 3—9）。长城集团的王之董事长也专程过来陪同，之后一行人到麒麟山庄举行正式会见。

图 3—9　1998 年董建华先生参观长城计算机

董建华先生坐下来，第一句话就是：“香港科技大学的吴家玮校长几次向我推荐，一定要来深圳看看，今天收获很大。深圳走在前面了，香港还有很远的距离。”张高丽书记接着介绍了深圳科教兴市的两个举措，一是产业、二是人才。高新区将扩大和中科院、工程院、北大、清华、浙大等一批最高学府的有效合作，通过拿来主义，推进高新技术产业的发展。董建华先生说：“台湾新竹工业园投入 130 亿，做了好几年。深圳高新区只有两年，发展很快，市容环境也很好。”大家对深圳发展的基本情况做了一问一答的交流，如区内劳动力数量、质量及来源，最高层及高管人员的比例，产品内外销情况，地价怎么算、外商入驻土地怎么供给，中科院的合作是怎么形式，民营企业发展和作为。董建华先生还特别提到上午参观的华为，提到华为的员工持股和软件、芯片、系统设计的集成能力及优秀人才约 3500 人做市场营销的模式等，并仔细询问华为当下在国际上、亚太区的水平和竞争对手，优势和差距的领域以及未来的布局。张高丽书记毫无保留地介绍了深圳正在干、准备干的“家底”，从深圳的综合实力、高科技、金融、外向型经济到人才优势和基础设施、口岸、交通、海陆空等，全面介绍了深圳最新发展情况，并提出深港紧密合作的大局大势，希望香港特区政府可以从中挑几个领域，推动深港两地衔接合作和互相了解。深圳与香港山水相连、血脉相通，经济社会联系密切，回归后更为有利。在面对金融危机的严峻态势和世界经济一体化的理念下，深港可以联手提升竞争力。张高丽书记列举了深港可以探索合作的大方向之后，李德成常务副市长开出了几个具体项目的清单，包括罗湖口岸过境接驳人行天桥工程，西部通道登陆点及建设合资模式和工期安排，深圳河治理二、三期工程的安排，铜鼓航道疏通计划。当然，张高丽书记和李德成常务副市长还是聚焦在发展高科技和深港跨界高新技术产业园区上，希望可以一起研究，先行启动 1 平方公里再逐步规划形成一个合作区域。董建华先生非常认真地听取了深圳的介绍。在谈到深圳河一河两岸和河套的规划时，还起身到图板前，详细听取李德成常务副市长的介绍（图 3—10），并询问一些细节。董建华先生非常明确地表示，从国家的立场、香港的立场，深圳越繁荣越成功越好。深圳的构想非常准确，21 世纪将是我们国家的模范城市，在国际上有一定的地位。城市地位越高，文明、法治、环保、治安越重要。深港两地息息相关，合作要密切、要加强。

图 3—10 市领导向董建华介绍位于河套的跨境产业园区的设想

董建华先生非常坦诚地回应了深圳提出需要推进合作的事。他表示，临行之前他也对香港的同事做了了解，大家都在努力，但情况也不是太理想。香港的问题在于程序上考虑得太多。口岸和基础设施需要考虑长远一点，从环境和经济效益上看，要考虑怎么做更合适。董建华先生介绍了香港面对金融危机挑战，表示香港有信心、有相当的把握，加快经济调整和发展。香港一是基础好、社会安定，二是财务情况好，三是金融市场操作透明度高，外来投资者有信心。加上国内经济的持续发展，广东、深圳的发展也给香港带来了好处。一方面面向世界吸引外资，另一方面加强和内地的合作，最密切的合作伙伴就是深圳。董建华先生说他上任以来，正式拜访的第一个城市就是深圳，还特别回应了两地发展高科技的话题。他说，今天上午参观了华为、长城和高新区，印象深刻。深圳发展得很快，也很好，“6 个月前和吴家玮教授的谈话引起了我的注意。他对我说香港发展科技的做法不对，让我去看看对岸深圳是怎么做的。现在特区政府，我本人请了田长霖教授牵头做创新策略咨询。田长霖教授他们会在今年九月提出第一份报告，会看清高科技的发展方向。香港肯定要走高科技发展路线，至于怎么走、以什么合作方式最好等问题，到时候再深入讨论。香港一定要走这条路，政府也会往这个方向上引导。发展好高科技，上游是研发、中游是开发、下游是生产，我们走的是中间路线，至于香港是不是合适进行生产，深圳可否配合？还需要进一步研究。等九月份报告出来，我们坐下来再细谈。”听到这个新的布局，我和在场的刘应力副秘书长默契地相视一笑，大家都觉得这是一个很好的契机。最后，董建华先生建议，请香港政府其他同事来深圳看看，切身感受一下深圳的进步。

香港科技大学校长吴家玮是香港特首策略发展委员会成员，和我们关系密切。他转告我们，董建华先生回去之后在香港行政会议上说，“此行看到深圳的科技发展，非常高兴，也非常震惊。我到深圳去以后有两个感受，一喜一忧，喜的是深圳发展非常好，忧的是香港可能会落后”。吴家玮说香港方面还有很多人对深圳不了解，希望我们抓紧机会宣传。随后，我们邀请了香港各界人士来深圳参观。时任香港财政司司长曾荫权（图 3—11）、香港立法会主席范徐丽泰等都分批来深圳考察当地的科技发展。

图 3—11　1998 年时任财政司司长曾荫权访问深圳高新区，
李子彬市长陪同调研海王药业

曾荫权曾经说过深圳就是个做加工的地方，没有什么东西。后来我们带他参观了赛意法集成电路和海王制药，他赞叹深圳也有了自己的科技产业，对深圳的认识有所转变。我们还曾邀请香港“一国两制”经济研究中心组织香港科技界、教育界、实业界、大财团等知名人士，参加“深圳高新技术产业考察团”，我们安排客人参观了高新区和华为、海王、长城计算机、赛意法等行业龙头企业，了解深圳科技发展。并安排参观了河套地区，给香港人士讲解我们对于河套开发的设想（图 3—12、图 3—13）。这项举措为增进香港各界人士对深圳科技产业和河套地区的认识起到了非常重要的作用，为深港的战略合作奠定了良好的共识基础，开启了两地合作的对话机制，打通彼此民间与政府双线合作的通路。

图 3—12 “一国两制”经济研究中心邵善波带各界人士代表团与深业课题组一起访问位于福田保税区的集成电路企业——赛意法

图 3—13　1998 年陪同香港友好人士考察跨境河套区域（左二为张克科）

（四）从“深圳没有大学”到虚拟大学园诞生

组织香港各界来深参观几轮之后，香港政界和产业界对深圳的科技企业、科技园区给予了很高的认同，也对深圳科技创新的长久潜力产生顾虑，主要原因是深圳应用科研力量的短板突出，本地的高校太少，难以为高科技提供足够的知识供给和人才输送。在发展科技已成为双方一致合作目标的形势下，将香港的源头创新实力与深圳的产业化实力强强联合，成为深圳科技布局的新思路。

1. 顶级顾问团给深圳号脉：没有大学如何发展高科技

1998 年，董建华先生访问深圳与张高丽书记会见时，谈到关于香港创新科技发展的思考，并介绍了“行政长官特设创新科技委员会”。我们主动向香港政府的随员要了创新委员会的名单和联系方式。会后，我们着手联系，时任香港科技大学副校长的张立纲是委员会成员之一，他告诉我下个月委员会有个会议，委员会的田长霖主席会来香港，初定的议程有两天安排是去广州和东莞。刘应力副秘书长让我马上跟香港方面联系。仔细一打听，田长霖教授的日程已经安排好了，两天的时间排得满满的，没有来深圳的计划。秘书处的工作人员说，日程已发出，只能等田长霖主席到香港再商量。我们赶紧一边正式发函邀请他来深，一边打算直接去香港机场迎接商议。深圳市科技局李连和局长是田教授的老乡，在湖北工作时曾与之有过交流，私交甚好。我带上李局长的亲笔信，直抵香港机场迎候田长霖主席，并在他走出机场的第一时间递上信。田长霖主席非常诧异，却也非常高兴地和我交谈，我也拿出多年不说的武汉话和他唠家常。我同田长霖主席一同搭上香港政府来接他的车。在车上，香港方面的工作人员也支持我的提议，说访深的行程不影响原有日程，如果田主席确定他们可配合安排。田长霖主席轻声对我说：“明天再和创新科技委员会成员商量一下。回去问连和局长好，争取深圳见。”第二天下午，香港方面发来传真，同意这次行程的调整，当天去广州后不在当地停留，也不回香港，直接返回停留深圳，访问深圳后，再去东莞，然后回香港。市领导对此非常重视，连夜调整公务安排，决定全程陪同。

1998 年 9 月 12 日下午 5 时许，李子彬市长特意到五洲宾馆大堂迎接从广州特别转道而来的“行政长官特设创新科技委员会”工作考察团（图 3—14）。大家一落座，香港科技大学副校长张立纲教授就说，“现在年轻人都愿意来深圳，我们在上海了解到，他们的第一选择就是去深圳”。我知道，张立纲教授这番话是讲给两边听的。为促成这次活动，他不仅给我们提供了准确的初步安排，和我们商量提出一个合适的计划便于大家接受，还在内部会议上做了许多工作。这次和委员会随行到深圳的还有时任香港中文大学校长，后来的诺贝尔奖获得者——“光纤之父”高锟教授、香港企业家代表伟易达集团创始人黄子欣先生、香港工业署何宣威署长以及政府创新委员会办公室的官员等。李子彬市长说，大家风尘仆仆忙了一天，深圳考察的主要活动安排在明天上午，正式的介绍和交流等大家参观完深圳之后，再做深入交流。同行的专家大多是顶级大学的校长，李子彬市长特别谈到了人才问题。市长非常诚恳地说道，城市发展、经济发展要靠资金、技术、人才，关键是人才。深圳和香港的科技合作，人才是非常重要的一个方面，深圳大学少，但有资金。田长霖教授也回忆了他1973年作为美国首批民间代表团访问中国时，从罗湖入境的情形。那时，深圳还是一个渔村，什么也没有。深圳大学成立后，他也来过几次，最近再看，深圳的变化是不可想象的。在香港可以感受到广东、深圳的发展，香港要急起直进，周边的发展有着积极的推动作用。田教授介绍了他这次受董建华先生委托，创新委员会要明确香港和珠三角，包括今后和深圳的合作方向。他特别强调，区域经济的发展有利于创新科技的推动。

图3—14　李子彬市长会见香港创新科技委员会代表团

客套话讲完，他话题一转："我提点意见啊。深圳现在已经有很好的发展，但需要在中游的科研和开发时，更加强一些力量。深圳的科研院所比北京、上海薄弱。与企业结合是很重要的一部分，但创新科技最重要的还是需要有新领域的独立的自己的中游研发机构。深圳要努力，香港也要建立一些中游的科技开发机构。另外，深圳方面要建立一些真正的一流高等学府，配合中游的科研以及与企业的发展。"这时，李德成常务副市长介绍了深圳高新区的清华、北大的入驻，介绍了虚拟大学园等深圳模式。张立纲教授对深圳是有了解的，对香港的发展是用心的，特别是全程参与和推动香港科技大学和深圳的合作，在他熟悉的工学院做了许多工作，他对台湾的发展、硅谷的发展了如指掌，是跨区域的五料院士。他补充说，每次来深圳都会发现不一样，发展很快，香港科大和北京大学将签署一个合作协议，可以在华南地区，包括深圳做点实际的工作。高锟校长说起自己从事了 30 年的工业，现在又回到教育界，特别关注光纤通信事业的发展。香港可以在这些新兴领域进行布局，在国内外两个市场的潜力、机会均不小。市领导马上接话道，非常感谢和支持香港科技大学到深圳参与发展，也请高锟校长帮深圳规划一下光纤通信产业。黄子欣总裁非常赞成建立技术开发中心，他自己在东莞有布局，感觉那边高科技人员留不住，而深圳是可以留住人才的。他计划在深圳设立一个比较大的研发中心，并向市领导询问高科技人员入户深圳的政策。何宣威署长也做了一个表态，香港与深圳在科技上的前景和潜力都很大，希望与深圳政府多交流，增加一些合作机会。田长霖教授听了其他委员的意见后，应该是受到启发，接着说，深圳有一个优点，就是人才集中流动，北京、上海认为最大的威胁是深圳，这也是深圳的优势。香港和深圳应当结合，在许多领域同时进行创新，推进更密切的科技合作。已经过了晚餐时间，市长建议先吃饭，边吃边聊。田长霖主席和市长一起动身（图 3—15）。经过我身边时，我听到田长霖对市长说“深圳没有大学，很难发展高科技”。看来，双方都没能够说服对方，但还是在亲切友好的氛围中深入了交谈。

图 3—15　李子彬市长和田长霖教授边走边交谈

第二天，李德成常务副市长全程陪同创新科技委员会考察深圳。“各位教授专家都是高水平，世界各地走，见识多，知识多，到深圳看看，请给我们出出主意。深圳刚起步，深港有哪些可以合作，科学技术发展中怎么优势互补。”李德成常务副市长非常诚恳地请教田长霖校长一行。“外界、内地都以为深圳只有证券、房地产。深圳从1994年提出转型，以应用科技为目标，将电子信息、生物技术和新材料作为高新技术的支柱产业培育，瞄准世界新技术的六大领域的三大项。不过基础研究还要国家层面的布局，人、财、物需要长期的投资。”李德成常务副市长特别向专家们列举了深圳的不足和优势，“深圳信息技术有基础有市场，但大规模集成电路和软件集成是短板。生物技术、新材料的研发主要依托一些高等院校，但深圳可以在产业化上突破，未来10年很可能超过信息产业。高科技开发和高科技产业化要两手抓。没有开发能力就会后劲不足，这几年正在大力改善。深圳没有基础资源，但有独特的优势，也可以大力发展高科技：一是人才有优势，本地学校不多，但来深圳就业的大学生多；二是金融环境好，证券交易所、外资银行和外汇金融产品市场活跃，筹措资金能力强，国内仅次于上海；三是城市基础好，生活质量、生态环境都不错；四是企业运行机制灵活，政企分开，社会市场经济主体多元”。应该是有意识地回应昨天田长霖主席和市长会见交流时引出的话题，李德成常务副市长特别提到，“深圳最大的不足是大学、研究院少。我们邀请了中国工程院与深圳合作。很多大学看好深圳，清华大学在深圳设立了研究院，还有其他大学正在谈。深圳必须发展高等教育”。说到这次访问交流的主题——深港科技合作，李德成常务副市长表示，“香港经济发达，金融市场具有全球影响力，但产业结构不理想。这次金融危机爆发后，香港业界有呼声，要加大力度发展工业和高科技。如果香港、深圳，粤港能合作，国家的力量集中，人才倾斜，非常有前景。河套1平方公里地区这个地方不占香港的土地，又完全归香港管。打开一个工作口，把这个地方办好，包括学校、医院、产业基础、技术成果落地。依托内地，借用河套，相对集中，对两边都是好事”。一番大实话激活了专家们的思路，打开了交流的话题。

“深圳的发展对香港今后的影响很大，双方互补互利的，力量是了不起的。”田长霖主席非常积极地回应道，“我大胆地提几个意见。”虽然昨天晚上在和市长第一次见面时，田长霖教授就提出过一些具体的建议，如创新企业的发展与世界先进技术的结合、软件工程研究领域华人的智慧，美国公司去印度、台湾的模式等，深圳应该都可以积极尝试。经过实地考察后，他的想法会是怎样呢？大家都在期待，我聚精会神地记着笔记，生怕漏掉一个字。“创新科技深圳的选择是对的，国外创新科技也是这三个方向。大家一致认同 21 世纪的主流是生物科技，但我认为最近 20 年还是属于信息技术，半导体美国向落势走，通讯成为最主要的牵引。深圳的战略层面的规划要加强。软件工业很重要，但发展不容易，深港要配合。香港现在没有中游的政府办的研究开发机构，深圳可以在这方面重点加强，如建立中游的机构软件工程研究院，再由此来带动其他方面的参与度。”

这是一个非常大胆的建议。我回忆昨天下午市长会见中，几个专家都提到这个软件工程研究院。李德成常务副市长也在思考，就是缺乏带头人。张立纲教授介绍了台北南港的软件科学园区，中央研究院也在其中。软件工程在美国发展得也不好，人才问题是关键。内地、香港应该有一个合作机构吸收最优秀的人员。这个机会稍纵即逝，只有几年的时间，一定要抓住。高锟教授也加入了讨论，“现在的时机刚刚成熟，软件还有很多毛病，所以应该会有新的、大胆的突破。软件工程是完全不同于传统信息通讯的概念，但有人才就能有效地展开”。

田长霖教授强调，“深圳大学的地位很重要。不一定要本科生多，但研究院在某些方面要有突出，如信息工程。在美国找一两个重点学科对标，很快就会有起色，这方面可以与香港配合。”看来，他们几位专家有过商量，为深圳号脉诊断义不容辞。张立纲教授接着话题说，“海外大公司关注深圳，深圳这个城市作用特别，要起带头作用。在方向把握上，有些领域可以做，有些做不了。”

“信息工程方面，发展的市场在改变中。看了华为，与世界接轨，是非常成功的例子。”高锟校长接过话来，“香港和新加坡都在规划信息城市的方案，将来的市场需要及产品布局要有目标。深圳应该加入这个队伍长期发展，华为可以参与。从香港可以看到未来国际化城市的需求，可以一起先行一步。”田长霖教授说：“信息日新月异，要有长期的战略规划。高新技术企业按现在需求投入，可以一下子起来，上升很快，但下一步如何走？”参加座谈的企业家回应说，“我们又晚了一步”。“华为也有这个问题，这是长期的课题。”田教授接着提出一串问题让大家思考，“下一步有什么特色可以与别人竞争？中国未完全开放，如果开放，国内企业如何参与竞争？从规划到下一步产品，先要想到些什么？”“现在是中流发展的一个好机会，”高锟校长说，“对，中流的发展，可以看到未来的方向”。代表香港政府全程参加这两天活动的何署长也表示，“希望跟深圳市多一些这方面的交流”。

这一次的交流对深港科技合作产生的影响不可估量。在委员会的第一份咨询报告中，里面有近 300 字的篇幅提到沿深圳河岸 100 万平方米区域，将“作为香港发展高科技的一个选点”；提到建立跨境科技园有利于对加强与内地科技人员交流，并建议在深圳建立香港应用科技研究院分院。

2. 虚拟大学园“呱呱坠地”

（1）建设虚拟大学园的课题调研

1998 年初，市领导要我到成立不久的高新办去报到。报到的第二天，刘应力副秘书长要去西班牙开理事会。他对我说：“除了主要参与深圳河沿河经济带的课题工作外，以你在深港合作的资源和经验，关注一下国际合作、大学合作。这几天先看看文件，思考一下，回来再谈你的工作。”

几天后，刘应力副秘书长和我正式谈话，特别提出有几项需要我接手考虑怎么落实：一是论证在高新区建设虚拟大学园（后简称“虚大”），吸引内地和香港知名大学入驻深圳高新区；二是深圳同意出资 1000 万港币和香港工业中心合作建立深港科技创新中心。这一事项因为香港方面合作单位是由政府出资的公营服务机构，不允许将经费转入深圳参股合作，所以搁置。从这件事我们清楚地知道，香港政府的资金和机构要过河来深圳发展会遇到很大的阻力和难题，在以后的深港合作中，我们开始更多的探索更加灵活地发挥民间作用和产业带动，建立新的合作模式。因此，对虚拟大学园的论证摆到了首位。

虚拟大学园项目是以课题研究的方式起步。刘应力副秘书长精心部署了全过程，请市科技局在软课题研究计划中立项，邀请兄弟单位一起组建课题组。课题组由他自己领衔，我作为召集人，成员有范祖洪（科技局）、邓景桐（深圳大学）、赵志英（市委政策研究室）、王湘闽（高新办）等。课题组成立后，先安排了一次去香港的考察。我根据在政协工作的时候接触到的资源，联系落实了香港浸会大学的吴清辉校长、香港科技大学吴家玮校长和香港理工大学工业中心的黄河清主任。

首站是浸会大学。我们专程拜访了林思齐中西文化研究中心。该中心吸引了 20 多个海外教育研究机构前来设置办公点，浸会大学为中心提供统一的研究设施和平台，充分利用香港多元文化的背景，吸引国际人才在此做研究。尽管深圳要做的是科技领域的研究，但这个平台的运作和差异性资源的聚集，深圳建设开放型国际化高水平科技教育合作载体可以借鉴其模式。在林思齐研究院，我们巧遇香港塑料大王、全国人大代表黄保欣先生，因为香港回归在推动河套工作时和黄先生有过几次交流，老朋友见面，非常高兴。他正好也陪同邵逸夫等几位朋友参观。我告诉他老人家，深圳正在做科技园，也在谋划建设人才合作基地，他颇有兴致地和我们项目组聊起了深港两地优势互补的合作机遇和前景，还欣然邀我们一起合影留念（图 3—16）。

图 3—16　在林思齐中西文化研究中心与邵逸夫、黄保欣等友人合影

接着拜访了香港理工大学工业中心。港理工工业中心配合产业发展，服务工程人才的实践培养，当时提出“学习工厂”模式，即为学生提供模拟现代工厂环境，使学生从产品设计、原材料采购、生产组织、质量监控、市场营销等多方面学习广泛的知识，提高实际能力。该中心是应对 20 世纪 80 年代末“亚洲四小龙”的崛起，为香港工业转型和人才需求而新组建的一个实训平台。大学和香港政府通过全球招聘，从新加坡请回 1987 年香港的十大杰出青年之一，拥有四个相关领域工程师头衔的黄河清先生出任创始主任。黄河清先生也是深圳市政协第一届委员会的 12 位香港委员之一，我多次应邀参观过他创立的工业中心。这一次，他更是全程带我们参观，详细介绍了工业中心的全流程、展示了各个环节的工艺价值以及工程教育系列的最新设施。他还不时地提示我，这个是新添置的，那个是全球首批设备，这些是你上次来没有看到的，那些是最传统但在珠江三角洲一带普遍都在采用的。深圳建设产学研合作的人才培育基地，这些都是可以借鉴的经验。刘应力副秘书长也是工科出身，在加拿大攻读计算机，在深圳电子所第一线也有十余年的科研经历。他和黄河清主任一见如故，参观完之后再次回到黄主任的办公室饮茶唠嗑（图 3—17）。大家相约，有机会请他为深圳出谋划策。黄主任

笑呵呵地拍着我的肩膀说，“我们在政协已经一起工作好多年了，一定一定”。

图 3—17　在黄河清主任办公室的合影

最后一站是香港科技大学。香港科技大学坐落在清水湾畔，美丽的校园让我们每一位到访者都流连忘返。入口的那只“红鸟”是熟悉的地标，我们还没来得及见主人就迫不及待地一起合影，留下了难忘的瞬间（图 3—18）。

图 3—18　虚拟大学园课题组成员在香港科技大学入口留念

后来说起那只“鸟”，吴家玮校长笑着告诉我们，那是中国古代天文计时的日晷。香港科技大学以科技和商业管理为主，尤以商科和工科见长。吴家玮校长在他的办公室接待了我们。没有客套、没有寒暄，直奔主题：“上次克科来说他调到科技园工作，你们要做大学科技园，要我帮出主意。我想香港深圳是一家，很像旧金山湾区。我没有安排你们去会议室座谈，就在我办公室，就是想在这个地图前讲讲故事和愿景”。这时，他起身在墙上的两幅湾区的地图前，开始讲述香港科技大学创业的故事，以及奔走北美高校招贤纳士的精彩片段（图 3—19）。他告诉我们，清华到了深圳，香港科技大学也决定要去广州南沙。香港科技大学正在和北京大学合作，希望有新的布局。听说我们还要走访国内的有关理工科大学，吴家玮校长特别介绍了他在 1996 年发起成立的东亚研究型大学协会（AEARU），该协会带领区内一流大学的交流合作，最符合我们建虚拟大学园的初衷，吴家玮校长表示，他搭建的这个平台很乐意促进与深圳科技园的合作，我们相约深圳见。

图 3—19　吴家玮校长在他办公室的挂图前讲述未来深港湾区的前景

（2）加强深圳高新技术产业园区和国内重点大学合作的公开信

与此同时，课题组也展开了面向内地大学的调研。在这之前，深圳市政府曾于 1996 年 12 月和清华大学签订了合作协议，双方共同出资，深圳市政府出地，在深圳高新区建设深圳清华大学研究院，开展产学研合作。深圳大学副校长陈国权是交大系的学长，他闻风而动拟联合西安交通大学、上海交通大学、北方交大（北京交通大学）、西南交大以及台湾新竹交大，一起向市政府提交了在深圳高新区建设“名校园”的报告，希望像清华大学一样建立联合研究院。分管科技的郭荣俊副市长表示清华大学合作项目刚有眉目，还没有成功的经验，除北京大学外，其他大学不宜采取同样的模式，但要研究和探索适合促进大学来深圳发展的新模式。我们清楚地知道，这个新模式的研究绝不是以往只出论文的软课题，要提出思路、提交政策建议、提供运行方案。课题重点还包括运行机制、投入产出、功能定位、发展需求等。我们提出了多个方案，改了多次虚拟大学园名称，提供了多种不同发展模式，都没有最终定论。

为更加完善课题组调研后形成的方案，投石问路，看看深圳的各校是不是都有同样的需求和共识，1998 年 4 月 28 日，我主持召开了在深圳的 20 多所大学校友会的秘书长会议。刚好这时的热点是美国西部几所大学通过网络方式推动远程课程共享，国内的清华大学、浙江大学、湖南大学等也进行试点，当时大家针对我们建立的虚拟大学园提出了很多问题，如“深圳这个虚拟大学是不是办远程教育”。我们反复强调：“这不是远程教育，是建设新型的园区，是产学研结合创新联合体，是 Virtual University Park.”

座谈会上，深圳的校友们表现出了极大的积极性，大家也希望我们能够出一个文字材料，以便他们向母校传递信息，做一些沟通工作。会后，我们在课题组调研后形成的主干思考基础上起草了建议书，以“深圳高新技术产业园区创新科技大学合作基地课题组”署名，以给各大学驻深校友会的公开信形式发出，期待通过他们反馈给其母校的高层。

公开信开门见山，说明大学资源在作为改革开放前沿的深圳集聚，有其特殊的价值。深圳是一个新兴城市，与国内一些科技教育基础比较好的城市比较，缺乏大量、稳定、科技素质比较高的科技人才；缺乏比较强的科研开发力量和应用科技成果，进而缺乏科技发展后劲和竞争力。深圳高新技术企业、高新技术产品必须从研究、开发、创新方面抢占高科技的制高点，才能具有持久的竞争力，大幅度提高高新技术产品附加值，增强城市的经济实力。在过去的18年里，深圳与国内科技界进行了许多成功的合作；近几年，一些国际知名高科技跨国公司也落户深圳，大量的科研成果正是通过深圳实现了产品化，走向国内外市场，产生了巨大的经济效益，吸引了一大批高科技企业和开发型人才在深圳扎根安家，不断发展壮大。实践表明，在发展高新技术产业方面，深圳的确拥有国内其他城市和地区不可比拟和替代的独特优势和条件。深圳的市场经济比较发达，企业制度灵活，毗邻港澳，靠近国际市场，信息灵通；城市现代化程度较高，有良好的工作和生活环境；金融、贸易、航运等第三产业服务体系较完备，便于高科技企业和项目的融资、招商、拓展市场、引进人才，进行科技创新，便于实现科研力量、科技人才、科技成果与市场、企业的结合。而这些正是国内高等院校深化改革和创新所期盼的社会环境和市场环境。

公开信特别强调了大学到深圳参与创建大学合作基地的意义。高等院校作为当今知识最密集、科研水平处于最前沿的机构，其作用与价值的体现在于它向社会培养人才、辐射技术，将知识与技术转化成为生产力的能力。自1996年下半年，清华大学与深圳市合作，在深圳高新技术产业园区设立深圳清华大学研究院以来，一批国内著名、有实力的大学，纷纷前来寻求合作与发展。他们有走出校门、走近市场，利用深圳的独特条件，寻求一种多方位的科技开发优势，使科研成果产品化、引入强有力的企业支持与资金支持，与市场接轨、与企业合作、与香港和海外合作，不断创新科技，不断创造经济效益的强烈愿望。深圳在保持和发展高科技产业的优势和竞争力上已经制定了鼓励、优惠政策，统一规划和管理高新技术产业园区，为高科技产业的发展奠定了较好的基础。但由于历史原因，深圳的大学和科研基础比较薄弱，要重新兴建大学，到其发挥效益，周期太长，而与国内外知名大学合作，科教结合，优势互补，机会难得。

座谈会上，大家希望明确告知学校来到深圳后的运作模式和主要任务，以便做好具有针对性的沟通。我们提议：在深圳高新技术产业园区内，联合国内（包括香港）有实力的著名大学，建立一种新型的合作关系，创建一个一流的、在国际上也有相当影响力的以高科技开发为核心，实现产、学、研结合的大学合作基地，并把这个项目定为深圳市跨世纪的重点科教设施，列入发展计划，组织实施。进入大学合作基地的院校应以理工科与现代经济管理为主，以名牌大学和重点学科为选择对象，将大学自身发展的需求与市场需求结合起来，将大学的科研力量、企业的人才培训和高新技术的国际交流结合起来。大学合作基地要建立以“科技为动力、产品为核心、大学为骨干、人才为根本、市场为主导、合作为基础”的发展策略，遵循“知名、求实、创新、服务”的工作方针，使之成为在国内外具有相当影响力的创新科技研发中心，成为深圳科教兴市、高新技术领域的标志性事业。

因为是课题组非官方的建议，文体区别于以往的招商和推广资料，将需要讨论及征求意见的六个问题一一罗列，开放式地交给各个学校，让他们可以结合实际讨论不同学校的不同参与模式。这六个问题分别是：1. 大学合作基地的运作模式、管理体制、组织构架、办事机构，日常事务管理，其他服务设施的维持运行、有偿服务及实行社会化管理形式。2. 资金来源、联合兴办的方式，建设投入（包括土地、基础设施建设）、资金、技术、设备、知识产权、无形资产等多种形式的投入，法人资格的取得，利益的体现。3. 申请入园的资格、条件、程序等。4. 人才引进、常驻、客座聘用或签约形式；培训教学、开发中心、实验设施等房产的管理、租赁的方式。5. 重点实验室的选取原则和组建方式。6. 配套政策，包括市政府对高新技术产业园区“大学合作基地”的政策，对入园大学的政策以及深圳高新技术产业园区对大学园的优惠政策。如市直有关部门对“大学合作基地”在项目立项、资金、土地、建设、人员编制等方面给予优先考虑；对入园大学成果转让的税收、出资入股比例有一定优惠；经过大学开发的产品形成产业时可优先入园，并享受相关政策，为入园单位办理法人资格文件，在资金方面提供担保等。其实，这些我们当时还没有完全想清楚，的确需要参与的院校发挥各自的能动性，完善和探索出新的路径。

（3）在国际科技园协会年会上宣讲我们的深圳模式

1998 年 10 月，国际科技园协会年会在澳大利亚举行。刘应力副秘书长作为常务理事提出要做一个深圳高新区的发言，大会秘书处同意列入议程后，我们将提交大会演讲的题目定为《在高新技术产业园区创建虚拟大学园的思考》。发言内容针对国际科技园和论坛主题的要求，吸纳了各高校的建议，特别是参考了香港创新科技的蓝图，强调了深圳的国际化人才与科技园创业支撑的交集，突出理论及实践的结合、国际及国内的趋势、深圳的特色创新等做了补充和修改。出发前，刘应力副秘书长临时有重要任务要陪李德成副市长去美国，他提出论文宣讲的机会很难得，做两手准备。他争取从美国赶过来。如果演讲的时间上有冲突，就要我代为宣读。

根据议程，我们的演讲安排在大会开幕第二天下午的分论坛上。因为刘应力副秘书长的行程有时差，只好由我代为宣读（图 3—20）。论文摘要大会已经提前印发，不少关注中国的外国代表都到会参与。会前，大家都在询问我们虚拟大学是一个什么样的大学。我觉得不能按部就班地宣读论文，要开门见山地明晰概念，便增加了一段导语，一开始就直奔主题：虚拟大学并不是我们的创造，但深圳设计的虚拟大学园有其独特的功能和实际意义，也许名称可能雷同，或许会有更贴切的称呼，但我们认为，它顺应了国际科技园发展的趋势，能有效地利用深圳大学和深圳高新技术产业园区资源，是完善和提高深圳高新技术产业园区内涵和实力的重要举措，它是社会发展的需要，应该是具有生命力的。

图 3—20　张克科在珀斯国际科技园年会上做发言前的准备

之后，我才转入正题，照本宣科：

“让我们先看看通常的虚拟大学的理念。虚拟大学是 90 年代提出的教育科技与电讯技术、电脑网络相结合的产物。它是传统大学的衍生，是教学手段的改变，是教与学空间的延伸。人们称之为‘远程教学’‘空中学校’‘网上课程’‘网络学校’‘虚拟大学’没有围墙的大学等。在中国，经过一些地方和学校试验，最近国家正式批准在清华大学、浙江大学、湖南大学、北京邮电大学率先进行远程教学。浙江大学远程教育中心在 1998 年 6 月 6 日正式开播。它利用高科技手段、视频会议系统和网络实现教学，利用多媒体技术，集图像、语音、数据于一体进行交互教学，既保证了传统教学方式教与学的交流，又打破了时间和空间的局限，大大扩展了教育空间，最大限度地利用教育资源，特别适合中国地域辽阔、人口众多，在财力和人力不足的条件下大办教育的国情。远程教育为推进社会化终身学习，为地方经济建设服务。它的发展必将推动中国高等教育朝着信息化、现代化方向发展。

“在台湾地区，1994 年已开始了规划建设‘远距教学’系统，并将几所大学和新竹科学园区的网络配合，使大学、科学园和社会民众可以透过系统提供共同学习和交流的环境。远距教学最终的目标在于使全体民众能通过网络在任何时间、任何地点能依个人学习速度研习想学习的相关知识。台湾除了努力建设地区的远距教学环境外，以后也可与其他各国的远距教学系统连接，达到提供给每一个人适时学习（Just In Time Learning）及全球教学服务（Education Without Walls）的学习环境，使得全球每个人都可以在任何时间和任何地点，进行跨校甚至跨国的课程研习，学习想学和该学的知识。

"在美国，面对日益蓬勃的教育科技与电讯市场，美国西部各州州长们于 1995 年就酝酿合作规划建立一所'虚拟大学'，以适应高等教育日增之需求，并将高等教育由传统的大学校园延伸至整个社会，使各州在高等教育上的投资能与各州的施政及经济相连接。运用此一高科技系统还可连接、服务政府各部门与各阶层，从而构成一种'智慧之州'的新理念。州长们更表示将进一步推动该计划，以促进虚拟大学在未来能够根据学生实际所学的知识与成绩表现来颁授学位，并认为，虚拟大学的成功与否，关键系于学历承认问题。

"综观上述，不难看出，虚拟大学从其产生到演进、发展，其基本点仍然是以教育为基础，以学校为大本营，它是现代教育的延伸、技术手段的运用和社会普及的成果。

"在深圳创建虚拟大学园的意义重大。我们设计在深圳高新技术产业园区的虚拟大学园，不是单一的大学，也不仅仅只具备教育的功能，它是基于科技园的基本特征和深圳的城市发展需要，更多地突出在科技创新、教育与经济、科技和企业的结合、人才的知识更新和再教育上，因此，有着不同于其他虚拟大学的特点。从长远看，我们要把深圳建设成为中国乃至世界著名的高科技产业基地，成为'中国的硅谷'，必须有'中国的斯坦福大学'。在这里所形成的是一个强大的大学场。

"虚拟大学园是各知名高等院校设在深圳并辐射香港、东南亚、华南地区的一个集散地，是深圳高新科技园区联结企业与院校发挥整体综合力量的体现。进入大学园的院校应以理工科与现代经济管理为主，以名牌大学和重点学科为选择对象，将大学自身发展的需求与市场的需求结合起来，将大学的科研力量、企业的人才培训和高新技术的国际交流结合起来。对于吸引国内，包括国外大学的人才、科研机构、科技成果，来深圳开展高科技产品、软件的开发；高新科技成果的推广；科技人才的培养与供应；中外科技活动的交流等，形成产学研基地，建立起比较雄厚的经济技术基础，培植和形成具有相当规模的、稳定的、可持续保障供应的人才源、技术源、科技成果源，是一条有效的途径。

“‘虚拟大学园’是深圳特区独特的地理位置和产业发展趋势的必然产物，这主要体现在以下几个方面：

“首先是高新技术企业对大学园的需求。一是高新技术企业对人才的需求。根据深圳市科技局最近对深圳市高新技术企业的人才资源状况的调查表明，据估计，到 2000 年，由市认定的 89 家高新技术企业将需求增加人才 7527 人，比 1996 年增长 57%，年平均递增 14.3%；到 2010 年，上述 89 家企业将增加人才 17828 人，比 1996 年增长 135.1%，年平均递增 9.7%。二是高新技术企业对技术的需求。从 80 年代起，深圳实施了技术开发机构建立在企业的发展战略。1996 年深圳市 122 家大中型工业企业中，有科技机构 58 个，在科技机构工作的研究与发展人员 2474 人。高新技术企业中有 98.5% 的企业有技术创新活动，有 78.5% 的企业有 R&D 活动。大多数企业的技术来源于内地的高校和研究院所，或与内地的高校和研究院所合作开发。三是高新技术企业对实验室的市场需求。高科技实验设备的购置所需成本较大。深圳的中小企业产品转换速度较快、跨度大，众多的中小企业需要有公共实验室，从事产品开发活动。深圳市产品出口的比例较高。产品要进入欧美市场须经过严格的检测和认证。通过建立‘大学园’的专业实验室，配备高档的设备，使之具备产品开发和产品检测，可为出口型企业提供便利的服务。

“同样，高等院校对大学园的需求也非常明确。主要表现：一是科研成果实现产业化的需求。近几年，深圳高新技术产业在全国崭露头角。许多高校认为现在又是一次机遇，不能再错失了，深圳可以成为高校推广科研成果，实现成果产业化的窗口。二是获取新信息、交流新信息的需求。各高校为提高本校的教学和科研水平，需要不断吸收新技术，收集新信息。深圳市享天时、占地利、得人和，存在的发展机遇较多，科技信息来源较多，人才需求多等有利因素，因此是他们的首选地之一。三是在深圳开展人才培训和再教育的需求。深圳高新区的虚拟大学园就其发展态势看，可以为各校直接参与科技研究，为培养研究生、本科生提供实战场地，为学校创造经济效益和社会效益。四是促进与香港科技合作的需求。学校可以利用深圳毗邻香港的优势，与香港的大学以及科技界、企业界建立密切的关系，开展人才交流，合作开发产品，扩大学校的影响等。据了解，要求入园的单位有国内知名大学和研究机构、香港主要大学、香港工业行业协会、在深圳及珠江三角洲投资的中小型三资企业、海外留学归国人员以及银行、会计师所、律师所等。要求提供的服务包括：利用深圳的环境和地理位置，建立研究与开发基地；开展内地与香港科技开发合作；企业委托项目开发；重点实验室服务；新产品、新工艺研制；人才培训；新技术、新产品展示；学术交流；知识产权登记服务；科技成果转让服务；为高科技服务的第三产业等。”①

演讲最后列举了规划建设中的深圳虚拟大学园的六大功能：

“第一，加速国内高校科技成果的商品化、产业化。要创造良好的环境，把国内高校、科技机构研制开发的具有高水平的、在国际国内处于先进地位、应用价值高、市场前景好的科技成果引入深圳，和深圳、珠江三角洲、港澳地区，乃至海外的企业、资金，先进的管理、营销方式等相结合，从而实现其产品化、产业化，最终走向市场，产生经济效益。同时，要通过大学园把深圳、港澳及海外的企业，与国内大学及科研机构联系起来，在其之间建立一种稳定、长期、比较紧密的合作关系，使科研能真正面对市场，适应市场需求，真正促进生产力的发展。

① 国际科技协会年会上名为《在高新技术产业园区创建虚拟大学园的思考》的演讲全文。

“第二，聚集国内外科技人员开发高科技产品，开发软件。要在园区内创造一种优良的生活环境和工作环境，提供包括家属安置、子女入学、出国交流等多方面的优厚待遇，吸引国内外有一定成就的科学家、高级科技人员，特别是在国外学有所成的留学生来深入园，从事高科技产品和软件的研制开发，致力建设‘中国的硅谷’。

“第三，为深圳企业和高校科技力量合作搭桥。要通过园区把深圳企业和国内高校联系起来，为深圳的经济发展和企业发展建立强大的科技后盾，一方面将国内高校的科技成果、科技人才、科研力量及时输送企业，提高深圳企业的科技竞争力。另一方面，把企业资金、市场资金、管理方式传送给高校，使其实现与市场的有机结合，产生更为强大的科技创新能力。

“第四，孵化和培植高科技企业。园区要提供完备的科技设施，提供基金支持和优惠房租等大力扶持高科技企业，积极鼓励国内高校和深圳企业进区创办技术先进、市场潜力大的高科技企业，促进他们尽快形成气候，走向市场。

“第五，培养高层次的科技人才。园区要充分发挥高校的教育、培训优势，为企业和社会培养高层次的科技人才。包括博士后教育、企业科技人员的培训，为学校提供实习场所和人才交流渠道等。

“第六，促进深港科技合作。目前，香港许多有识之士深感高科技发展的重要，也在积极探索发展高科技的路子。园区要充分发挥毗邻港澳的优势，与香港科技界、企业界、大学建立密切的关系。一方面，将国内大学的科技力量与香港大学的科技力量结合起来，共同开展科研与产品开发。另一方面，沟通国内大学与香港企业家的联系，推动香港企业界与国内科技界的合作。”

这个场合的影响力还是很大的，发言引发了国际上的关注。刘应力副秘书长在会议的后几天赶到珀斯，出席常务理事会。各位理事对深圳的虚拟大学园都有非常深刻的印象。理事会还通过了亚太年会的议程，在香港活动两天后，特意安排一天去深圳。

（4）虚拟大学园瓜熟蒂落

虚拟大学园的课题研究完成，一些思路已经明朗，《关于加强深圳高新技术产业园区和国内重点大学合作的建议》得到多方支持和意见反馈。我们专程到北京、杭州、西安、上海、合肥、香港等地，与多所大学、研究院所的主要领导商谈，得到了普遍的支持，如北京大学和香港科技大学准备在深圳高新区建立联合研究开发中心，中国工程院已决定在高新区建立中国工程院咨询研究活动中心（深圳），新浙江大学准备在高新区设立学校的产学研基地。在校友的牵线搭桥和推动下，香港工程科学院、香港工业中心、中国科学院、中国科技大学、北京理工大学、哈尔滨工业大学、西安交通大学、南京大学等院校的领导先后来深圳高新区进行考察交流，大都表示出合作的愿望和加盟的意向。

一边是高校和科研院所的积极支持，另一边则是市场遇冷，商业前景不被看好。当时，课题组以建设"联合创新科技城暨虚拟大学园（暂定名）"的名义准备了一份吸纳社会资金的项目建议书，然而反映不强烈。联合创新科技城暨虚拟大学园项目建议书提出"联合创新科技城"，整体上由几个独立命名的合作单体建筑组成，如联合创新科技城、虚拟大学园、深圳清华大学研究院、北京大学与香港科技大学联合研究院、留学生创业服务中心等多个主体，以形成小区的整体效应。专家教授村、双语学校等其他辅助配套设施由高新区统筹规划，为联合创新科技城、虚拟大学园、留学生创业园提供使用便利。其主要任务有：利用深圳的环境和地理位置，建立研究与开发基地、科技成果转化和产学研基地，开展高科技产品、软件的开发，内地与香港科技合作，高新科技成果的推广，孵化培育创新高科技企业，开展重点实验室服务，企业委托项目开发；新产品、新工艺研制，科技开发和管理人才的培养，新技术、新产品展示，学术交流，知识产权登记服务，科技成果转让服务，开展中外科技活动和学术交流，为高科技服务的第三产业等。投资方式可采取政府以土地和部分资金投入，其他方以资金、知识产权、技术等投入为主。成立独立法人企业，对联合创新科技城暨虚拟大学园、留学生创业园实行建设与管理。对大学和国家级研究单位实行免费、优惠等，对留学生创业和新设立的中小型高新科技企业，在一定年度内实行低成本加财政补贴的方式。还可以通过设施、设备租赁、举办科技活动、提供配套服务、参与科技项目开发、参股、开展中介服务，以加快回收补偿，建立创新科技发展基金。由深圳市政府从政策、管理、合作等方面的支持，与国家科技部中国技术市场交流中心、全国高校科技协作网、中国工程院、香港工业中心、香港贸易发展局、深圳高新技术产业园区内主导产业的主要企业和市以上重点实验室等建立多方面的密切合作关系，设立联合创新科技城顾问委员会，以扩大招商和合作的水平。

许多大企业家都认为投资大学园和高新区看不到投资回报。我当时拿着项目书找到香港佳宁娜集团主席马介璋，他说：“克科，这是政府的事情，我们不想参与，这个投资有没有收益？”30 年后，我再见到马介璋时，他说：“那个时候听你的就好了。”其实无需 30 年，5 年之后资本就争相进入高新区了，为寸土片瓦展开激烈的拉锯，只可惜，当年懂科技发展规律和有远见的人太少。之后，随着体制改革，2006 年高新区的工业村建设主体被列入国资投资控股集团，他们利用高新区转由国资开发的机遇，投资建设了深圳湾科技生态园，其功能、业态、模式已经焕然一新。投资问题没有找到解决方案，高新办也提出了一系列的疑问：找市场有没有共鸣？找市长有没有决心？机会在哪里？三个问题在当时无人能给出答案，项目到了开发建设的节骨眼上，却不得不停了下来。

同年 12 月，事情迎来了转机。高新区举办迎接 1999 年新年的鼓劲会，同时也是项目会审会，几位副市长一同参加。按轻重缓急，虚拟大学园的项目没有正式列入汇报，但事先已经提交计划局备案。在讨论到怎么尽快发挥高新区作用的时候，刘应力副秘书长顺着话题说我们有个虚拟大学园项目，已经报到计划局。接着，我们就将虚拟大学园项目做了简要汇报。听取汇报后，李德成常务副市长直接询问：“这个项目要多少钱？”由于早就核算过首期建设计划，刘应力立刻答道：“只要 6000 万。”李德成常务副市长当场询问一起与会的另外三位副市长的看法，时任市长助理兼计划局局长的邵汉青说，可以安排；管科技的副市长也没有意见；分管国土建设的副市长说，“那就要加速建设啊”。刘应力表示，综合服务楼装修款到位后，先让出来部分资金启动虚拟大学园。“好！”几个市长异口同声地表示赞同。会后，市政府批准成立了虚拟大学园管理中心。1999 年高交会前夕，市政府为鼓励支持高新技术产业发展颁布了新的二十二条，在征求各部门意见的时候，正好遇到虚拟大学园项目在认证和准备，我觉得应该赶上这趟车，提出是否可以将支持虚大的运行列入支持计划和鼓励政策。后来发下来的文件明确规定每年由财政拨付 1000 万元专项资金用于入驻虚拟大学园单位的补贴。

1999 年 6 月，虚拟大学园正式开始选择接纳成员，并于 9 月 10 日教师节正式开园。54 所来自海内外知名大学首批入驻虚拟大学园，近 80 家重点实验室和项目进入虚拟大学园创新平台。20 多年过去了，目前虚拟大学园已在全国形成了特色品牌效应和广泛的影响力，成为我国产学研实践的典型代表。虚拟大学园在教产、科教协同创新方面做出了一系列富有成效的探索，尤其是体制机制的创新探索和具有深圳特色的发展模式在全国范围而言都具有一定的标杆和示范作用。

（五）深港科技合作的里程碑：深港产学研基地

1．深港科技教育合作的尝试

1999 年 8 月成立的深港产学研基地在深港科技产业合作方面做出了大胆和有益的尝试。

1998 年 4 月，为虚拟大学园课题调研，我们拜访了香港科技大学的吴家玮校长。在办公室的巨幅地图前，他将美国硅谷旧金山湾区的经验、香港科技大学创校的愿景、深圳改革开放的崛起联系在了一起，向课题组一行描述了香港和深圳所在的港深湾区前景。尽管他作为深圳市政府高级顾问，多次到访深圳，但当时新打造的高新区还没有去过。我们邀请他来深圳的高新区访问，他畅快地接受了邀请。吴家玮校长是全国政协委员，有往返两地的车牌。学校司机没有办理两地通行的驾驶证，过境的便利优势没有用起来。为了方便更多合作需要频繁往返深港，吴校长希望为自己办一个跨境的驾驶证。我在政协工作时熟悉这个工作流程，通过口岸车管所李所长的亲自接待和安排，特别请校长也亲自过来做了一次内地交通规则的沟通和学习，并在皇岗口岸车管所前坪设置了几个桩位，认真地考测了倒桩和一些两地交通设置不同的专项，很快就办理下来了往返两地的驾驶手续。他还风趣地给我讲述了自己 19 岁在美国学习时第一次开车的故事（见他的著作《洋墨水》）。老校长的青春活力给我留下了深刻的印象。在这之后，我与吴校长的联系更加紧密了。一有机会我就向他请教深港科技教育和人才合作的问题，也及时向他通报深圳高新区和国内大学推动虚拟大学园建设的进展。他告诉我，香港科技大学很重视与内地的合作，希望为学校的教授提供和内地合作发展的新机会，在霍英东基金会和校董会的支持下，目前已在布局（广州）南沙资讯科技园。他也一直考虑在深圳布局合作，港科大正在与北京大学协商洽谈合作，正好提供了进入深圳的契机。

在清华大学与深圳建立合作机构后，高新办一方面调研面向更多的大学建立虚拟大学园的可行性，一方面对北京大学敞开大门。北大方正、北大科兴、北大青鸟在深圳面临新的发展，高新区和他们也在寻求合作机会。高新区南区深圳清华大学研究院东面一直留着一块地，北大的人过来，高新办的人就带他们过去看，希望学校整合资源进入深圳。香港科技大学孔宪铎副校长是生物学教授，当时正在考察北大科兴的深圳研发项目。一个周末，大家一拍即合，在一次高层研讨活动期间，科兴总经理潘爱华安排北大的任彦申书记、香港科大的吴家玮校长，在孔宪铎副校长、陈章良副校长陪同下，访问了高新区的深圳清华大学研究院工地和周边高新技术工业村。在高新区南区的现场，面对一片正在填海的工业区和蓬勃发展的建设规划，他们牵手行动了（图 3—21）。我再次见到吴校长时，他告诉我，他们看过深圳高新区了，和北大的任书记也达成了共识。他认真地向我讲述了他的计划：1998 年年底，两校会在香港正式签署合作协议，希望深圳市可以作为嘉宾代表出席，向港科大和北大正式表达深圳的意向；他本人会在 1999 年 3 月的两会期间与北大的陈佳洱校长面商深圳合作的事宜，同时回香港向香港科技大学校董会报告。时任校董会主席是罗康瑞先生，应该会给以支持。按进度在 4—5 月前后，他将访问深圳，希望我代为转达他的这个设想和安排，但不要对外声张，一步步走稳走好。

图 3—21　香港科技大学孔宪铎副校长（右二）和北京大学陈章良副校长（左三）是深港产学研基地合作的牵手者

1998 年 11 月 13 日在香港特首董建华先生见证下，北京大学和香港科技大学签署了双方的学术联盟协议（图 3—22）。他们主动向深圳市领导提出，深圳和华南地区是中国经济发展最快而又富有活力的地区，科教事业和高新技术产业有着广阔的发展前景。双方商定，依靠自己的优势，积极参与深圳市及华南地区的经济社会发展，将同深圳市政府密切合作，在深圳高新区设立研究院，开展高级人才培训和科技研究开发，兴办高新技术企业。每一个项目可吸收国内外优秀学府或科研单位参加。刘应力副秘书长原计划代表深圳参加这个活动，当日，中国工程院的宋健院长在深圳视察，他要全程陪同，只好由我独自去香港，作为深圳的代表参加了香港科大和北京大学的签约仪式。

签约活动后，我当面向两校领导转达了深圳市高新区的期待，希望加快合作落地深圳的进程，尽快拿出一个供三方讨论的方案。吴校长借此机会，当面向各方嘉宾表示将由他先起草，在两会期间到北京和北大的任彦申书记、陈佳洱校长报告商议。我也表示，起草中需要深圳配合的事项我们将全力以赴。回来后，我即将上述情况向市领导做了汇报（图 3—23）。

图 3—22　董建华先生与北京大学任彦申书记、陈佳洱校长、香港科大董事会罗康瑞主席、香港科技大学吴家玮校长亲切交谈

图 3—23　张克科向李德成常务副市长和北大陈章良副校长汇报

2. 三方合作意向的提出

1999 年 1 月 7 日，李子彬市长批示：可与对方联系，明确讲我方予以积极回应。1999 年 3 月 21 日，高新办正式提交了《关于香港科技大学北京大学建议与深圳市合作在深圳高新区建立“深圳香港湾区研究院”的请示》。报告称：根据市领导的指示，我们多次与香港科技大学和北京大学接触，向他们介绍了深圳的情况，了解了他们的想法，并希望他们先拿出方案。香港科技大学和北京大学两校的领导到深圳时也多次提出了与深圳市合作的意愿。不久，香港科技大学吴家玮校长将他在北京全国政协会议期间与北京大学领导商议的，希望与深圳市政府合作建立“深圳香港湾区研究院”的初步构想之材料送给我们征求意见。

构想突出了深圳和香港同一湾区的概念，建议研究院由北大、港科大和深圳市共同创建，将“深圳香港湾区研究院”建在深圳市高新技术产业园区内，充分利用港科大、北大和深圳三方面的优势，结合市场和企业的需要，依托国内的科研力量和海外的影响，配合香港创新科技的发展，实行精英主导和国际化，提升深圳的科技开发和成果转移的水平。“深圳香港湾区研究院”将精选发展领域、精心组织项目、注重“第三者”加盟和与工商界组成伙伴，推动策略性的合作、提高和转移技术、开发新项目、孕育新企业、开创新产业。

前期工作进展顺利，香港科技大学吴家玮校长同意应邀拟于 4 月下旬率香港科技大学高层代表团访问深圳，他本人也将参加 5 月深圳市政府的高级顾问会。他希望在适当的时候请北京大学领导来深圳举行三边会议。鉴于以上情况，我们建议：1. 积极回应科大、北大有关“深圳香港湾区研究院”的建议，根据深圳的实际，责成高新办牵头，有关部门参加，先研究该构想的可行性和运作形式，为市领导做好参谋；2. 请市领导 4 月下旬会见香港科技大学高层访深代表团，就进一步合作举行会晤，并在适当的时候举行三边会议。

1998 年 4 月 17 日，香港科技大学代表团访问深圳。张高丽书记、李德成常务副市长分别会见了代表团。第二天的《深圳商报》报道了活动情况：“张高丽对三方合作构想给予了高度评价。他说，香港科技大学、北京大学与深圳市合作，是具有战略远见的举措，对三方都是一件大好事。由于受客观条件的限制，深圳不可能在短期内创办很多大学和科研机构，更不可能创办像香港科大、北大这样的名牌大学。因此，我们要充分利用深圳良好的环境、机制和政策条件，通过新的机制和形式，与国内外最著名的大学和科研机构联手，在人才培养、技术项目引进、科研成果转化等领域进行合作。深圳已经与清华大学、中国科学院等知名大学、科研机构成功地进行了合作，相信深圳与香港科技大学、北京大学的合作同样会取得成功。”

这次访问加速了三方合作的进程。深圳和香港科大分别向北京大学通报了合作进展。经协商，香港科技大学策略发展部沈宁耀教授、北京大学秘书长兼科研处处长史守旭教授和我组成筹备工作三人小组。1999 年 5 月 14 日，北京大学派出的工作小组抵达深圳，香港科技大学沈宁耀教授也同期抵达，我们“铁三角”开始了长达数年的合作。

3. 合作会谈与备忘录的达成

三人小组的主要任务是起草提交三方会谈的合作备忘录。经过高层的事先磋商，在深圳和两所杰出高校合作的基本思路上，大家达成了高度的共识。北京大学、香港科技大学为充分发挥两校优势，加强两校间的学术联盟，开拓国际交流空间，积极参与华南地区科教、经济和社会发展，促进香港与内地的合作。两校提出与深圳市政府联合在深圳建立产学研相结合的科技创新基地，深圳市政府对此表示赞成和支持。深圳市主要领导先后与北京大学、香港科技大学广泛交换了意见。三方一致认为，这一构想具有战略远见，对于我国高新技术产业的发展、形成我国具有特色的科技创新机制及推进我国的教育体制改革和建立现代化的教育体系均具有深远的意义。这种新型的产学研基地的建设，对于北京大学和香港科技大学建设成为世界一流大学，充分发挥综合性大学的人才培养、科学研究和社会服务三大功能，对于形成以市场为导向、以产业为龙头、以研发为支撑、以效益为目标，与现代市场经济相符的技术创新机制有着重要的实践意义。

根据各方领导的工作日程，三人小组建议三方第一轮正式会谈安排在 5 月 22 日。香港科技大学代表团在 4 月专程访问过深圳，所以，深圳市特地在 5 月 21 日下午安排北京大学代表团与深圳市领导的拜访公务活动。香港科技代表团当天抵达深圳，一起参加深圳市的接待晚宴。三方代表当晚交谈甚欢，为第二天的正式活动营造了良好的氛围。

1999 年 5 月 22 日，受深圳市市委书记张高丽、市长李子彬的委托，深圳市常务副市长李德成与北京大学党委书记、校务委员会主任任彦申、香港科技大学校长吴家玮及三方代表团成员进行了具体磋商，达成以下共识：

一是在深圳高新技术产业园区建立由深圳市政府、北京大学、香港科技大学三方合作的“深港产学研基地”（暂定名称）。

二是成立深港产学研基地理事会。理事会为最高决策机构，由三方负责人和有关人员组成：深圳市市长任理事长，北京大学、香港科技大学领导任副理事长；理事由三方派出有关人员担任。

三是深港产学研基地的运营和管理机构负责人由北京大学一方出任，香港科技大学、深圳市两方出任副主任。具体办法由筹备办提出方案，报理事会审定后执行。

四是同意成立筹备办公室。筹备办由北京大学牵头，三方派人参加。6月上旬开始工作。筹备办要在三方提出的建议方案和备忘录的基础上，于8月底前提出具体的可操作方案。经理事会同意后，争取在10月正式成立三方合作的深港产学研基地。

五是在会谈中，三方认真讨论了近期可以运作的产学研合作项目，并初步达成一致。这些项目将由筹备组列入深港产学研基地发展计划方案，交由理事会审议。

六是为确保筹备工作的顺利开展，深圳市政府同意先拨专款100万元。深圳市政府责成深圳高新区为产学研基地提供必要的办公条件，使建设中的深港产学研基地能够利用深圳高新区高科技企业、大学、研究院的教室、网络、实验室、图书馆等周边资源，尽快开展包括教育培训、科研成果转化、产业化开发的创新活动，逐步建立起新型的运行模式。

协商中，吴家玮校长特别提出两所名校不要闭门造车，要有开放的合作平台，要建立“3＋X”模式。为此，在备忘录中增加了一段：香港科技大学特别建议，要创造深港合作的新动力，依照国际惯例运作，采取开放式的模式，在不同的领域吸纳国内外最优秀的教研机构和产业单位参与，实行“3＋X”的动态组合，为项目合作提供源源不断的动力。深圳市政府也做出积极回应：将积极支持三方合作的产学研基地的建设，在政策、资金等方面给以扶助，并鼓励开展多层次的双边、三边、多边合作。随后，该观点被正式写入基地章程。

协商在讨论名称上卡了壳。当时，我们参考了深圳清华大学研究院的取名方式，曾提议“深圳北京大学香港科技大学研究院”。后据吴校长对“3＋X”的阐述，为了体现出包容性和时代感，此名被否定。工作小组提出的建议名称为“深圳香港湾区产学研合作中心”，北京大学又提出异议，觉得看不出一点北大的影子。三方先后提到过的名称都拿到会上讨论了，如深圳香港湾区研究院、深圳香港湾区创新研究发展有限公司、深圳（香港科大 × 北京大学）科技教育产业发展研究院等，虽然被一一否决，但大家逐步达成共识，要沿着开放、包容、发展、创新的思路去命名。地域简练表示就是“深港”，北大提出“产学研”是高校改革的方向，可以保留，但香港科大代表对内地的语境不熟悉，香港没有“产学研”一词，认为需要再推敲。此外，机构的定位不是“中心”，也不是“公司”，是否可用“基地”表述？随后进行了中英文对比。“深港产学研基地”的名称就这样应运而生，不过还没有达成完全的共识。已到中午时分，下午张高丽书记要在广州会见三方代表团，还要赶路。李德成常务副市长便说，“先休会，去吃饭，大家再想想，下午 3 点出发前再开会讨论”。

我们几个顾不上吃饭，继续在会议室的电脑前忙碌，根据上午的讨论意见修改合作备忘录，以便送三方领导饭后审定，在下午出发前签署。改稿完成后，我们才放松下来，端起工作人员送来的餐食。文件基本完成，只剩名称一栏还空着。这时，吴校长从对面宴会厅出来，直奔会议室，高声朝我喊道：“克科，今天我的收获很大，一餐饭弄懂了一个词。我知道‘产学研’的意义了，可以，大家都同意了，让我过来告诉你们，就用‘深港产学研基地’了。”

下午 2 点开会，对所提交的名称和修改后的合作备忘录进行讨论。名称的英文版由香港科大的沈宁耀教授核对，即 PKU-HKUST ShenZhen-HongKong Institution，副标题为 INDUSTRY-EDUCATION-RESEARCH. 香港科大的教授们习惯简称，一直以 IER（产学研）来称呼深圳的合作机构。之后，香港科技大学在深圳高新区建立了独立的研发大楼，在香港科技大学体系内，也都以“IER-2”来称呼。为了体现学校品牌和教育资源，大家协商同意，可以使用“北京大学香港科技大学深圳研修院”作为备选名称，深圳市编办也给它做了机构并列名称的登记，在不同场合根据需要使用。

在支持方式方面，我们参考了之前深圳市与清华大学的合作方案，政府决定出资6000万，香港科大和北大各出1000万。有了与香港工业中心合作因资金问题遇阻的前车之鉴，这次我们直接和吴家玮校长摊牌香港资金无法过境到深圳，他得想好这个钱怎么过来。他说：“好，我就做一个华南合作基金。”即使用外界的捐款，即使香港政府的钱过不来（内地），他也能拿得出钱来。于是，我们在5月成立了筹备小组，正好遇到虚大的成立。虚大按同等大学入驻的标准，给筹备小组留了一间办公室，然后市政府的100万资金到位了，深港产学研基地项目就此启动。

1998年8月18日，深港产学研基地第一届理事会在深圳举行（图3—24）。理事会通过的章程确认：深港产学研基地（北京大学香港科技大学深圳研究院）是由深圳市政府、北京大学、香港科技大学三方携手于1999年8月在深圳市高新技术产业园共同创建的合作机构。深港产学研基地立足深港湾区，是一个高层次、综合性、开放式的官、产、学、研、资相结合的实体，力争在深港湾区成为具有竞争力的科技成果孵化与产业化基地、风险基金聚散基地、科技体制创新基地、高新技术人才培养引进基地，成为北京大学和香港科技大学除本校所在地以外最重要的合作基地。自此，深港产学研基地正式启航。

图3—24　深圳市政府和北京大学香港科技大学在深圳签署合作协议

4. 向总理介绍深港产学研基地

1999 年 10 月，首届中国国际高新技术成果交易会在深圳举办。深港产学研基地携同北京大学香港科技大学两个代表团一起参加，这是我们在高交会第一次集体亮相。为此，我们争取将两校的展位安排在参观展馆的必经之路，一边是国内大学的起点，一边是香港及国际机构的起点，在交汇的地方以深港产学研基地展位连接，非常醒目（图 3—25）。

图 3—25　高交会组委会各领导在深港产学研基地展位前合影

我当时抽调到高交会总协调组，了解全过程的安排。开幕式晚会的当天下午 3:00，朱镕基总理出席并会见国际嘉宾，3:30 会见国内企业家代表，4:00 巡展。主办单位部委省市领导参加 17:00 的新闻发布会，20:00“世界之窗”开幕式开始。按照领导的巡展路线，进门第一站就会到我们的展台参观。当时，吴家玮校长还特别邀请了香港财政司司长曾荫权先生一起在香港科技大学的展位，准备等候总理的巡展。陈章良副校长也在北京大学的展位等候。恭候多时的陈章良副校长，一见贵宾的队伍过来了，准备去迎接总理。突然在入口处队伍停了一会儿，不知哪位代表捷足先登，抢上前给总理报告，然后引着大队伍往另一边去了。工作人员都忙着做一些调整通知。我们也不着急，我想如果最后到我们这里可能停留时间会更多一些。我就陪着曾荫权先生和吴家玮校长一起交谈，恭候总理。看到巡馆队伍往这边走，安保人员在我们的出口处维持秩序，我说领导要进来这边的，要留出通道。他们告诉我，刚刚接到通知，时间太紧了，那边还有一个记者发布会，书记、市长们要走了，总理还要早点休息，后面的展台就不停留参观了。这可怎么办？这时，深圳市科技局局长李连和正陪着总理走过来，路过的时候我急中生智，朝着李连和局长大声说：“李局长！吴家玮校长在这里！”我故意喊得很大声，结果总理听到了，转过身，没有停下来的意思，并拱手亲切地说：“我们见过面了。”突然，总理发现在吴家玮校长身边还有曾荫权先生，遂马上转身走过香港科大的展位来和曾荫权先生握手。这时候，陈章良副校长也走过去引导总理来到深港产学研基地的展牌前。朱总理听取了有关北京大学、香港科技大学合作的介绍，留下这一张具有历史性的照片。

5. 香港的大学要与内地精诚合作，推进应用研发

吴家玮校长2006年出版的自传体系列作品《同创：香港科技大学初创时期的故事和人物志》中，也对这段历史和经历有过专门的阐述。为相互印证当时精诚合作的岁月，特摘录如下：

人人喜欢说香港地方小，没有发展工业的空间。我一直认为这是胡说，香港的经济靠劳力密集起家；有空间搞劳力密集工业，会在它们北迁后没有空间搞高科技工业？只要周围去走一走，就会看到多多少少空置的工业大楼。整个九龙新界放在眼前，大片没人耕种的“农地”、成串没人的“离岛”，就不能开发科技工业区吗？何况多种高科技工业对土地的要求不大。

问题分明不在土地的量，而在政府历来的土地政策；或许应该讲得更老实一些：关键在历代政府的卖地政策。

要想在香港本土取得空间开动应用研发、发展科技工业，可能性极微。较现实的是与内地合作，当然首先放眼于珠江三角洲。

我个人的看法是让香港聚焦珠江三角洲南部。围绕珠江口，以南沙和

虎门为界，与三角洲北部的大广州呼应；两大城市联手为珠三角经济区组成哑铃式的核心轴。当年深圳尚未崛起，我主观地把珠三角南部称为“香港湾区”，写了几篇文章，把“香港湾区”与美国的“旧金山湾区”做了正面的比较。今天，深圳发展得有声有色，前景非常乐观，至少应该把珠三角南部称为“深港湾区”了吧。

从“深港湾区”的地图上看到，若以科大所在的清水湾为出发点，把深圳的南山、番禺的南沙半岛和珠海市连接起来，可以勾画一个围绕珠江口的等边三角形。这个图形为我们明确指出科大应该在哪儿寻找战略伙伴，建立与内地精诚合作的基地。

深圳与香港一溪所隔，迟早会变“双子城”。虽然机遇让我们先与南沙打上了交道，从实际出发不能不瞩目深圳。

上面说过，孔宪铎认得了在深圳为北大创办生物科技公司的潘爱华。两人同意：科大和北大加强协作，必将大有可为；播下了日后两校携手合作的种子。

潘爱华有两位北大领导人物积极支持他的事业：一位是党委书记任彦申，另一位是副校长陈章良（后来当了中国农业大学的校长）。三位教授的行动都既灵活又敏捷。陈章良80年代在美国圣路易市念博士学位，他那所华盛顿大学正是我的母校，因此我本来就认识他——至少彼此知晓。任彦申则经潘爱华介绍后才认得。

科大在内地应该有优越的全面伙伴。北大是一所综合型大学，合作无须限于生物领域。其实，清华与科大比较像，是一个好选择；但是与北大合作会产生互补作用，可能更好。

全国政协在北京开一年一度的大会，任彦申和我都是政协委员，于是预先约好，借此机会在北京详细商谈合作的可行性和多元性。政协一开十来天，时间比较多；两人少了校务会议，少了终日不停的电话，少了每晚的应酬，能够谈得特别专心。任彦申老马识途，指出开会期间往往有休息空隙，因此还可以借用会场（人民大会堂）周围的休息廊，找一个比较安静的角落坐下。

就这样，我们两人在十来天里，非常认真地开了三次会，做了极为详细的笔记，写下了五个合作领域，定下进程表。政协会满结束后，他回北大，我回科大，各自组织同事，紧锣密鼓地建立了“北大科大学术联盟”。

两校之间很快就互聘兼职教授，与深圳市政府合建了“北大科大深港产学研基地”，后来又合建“北大科大深圳医学中心”；并合办“MD-Ph.D 双学位课程”，不断共同培养兼有丰富临床知识和严格科研训练的医学—哲学双博士。

深圳市的几任书记和市长、北大校长陈佳洱和他的接班人许智宏、任彦申的接班人王德炳（北京医科大学原校长）、他们的同事们和我的科大同事们（特别是张立纲、孔宪铎、雷明德、郑国汉、沈宁耀、沈翼谋等多位）都为这个珍贵的学术联盟做了大量工作。

深圳市的书记和市长们是极有远见的政府领导，认为北大与科大联手进入深圳，会为这个发展奇速的新兴城市带来教研上的突破。从深港两市合作的角度来看，也是一宗十分及时的创举。作为深圳市政府的高级顾问，我有机会参加决策层官员的咨询会议，对十多年来多届市领导的魄力和干劲佩服不已。

我认为深圳在发展上有一个缺陷，就是大学太少。真的说起来，只有一所深圳大学。其实深圳大学由清华大学启动，办学思维甚好，学校本身也办得不错，不过市领导们对它总不很满意。公众场合上说话，经常把重点放在从外地吸引来的人才。

深圳从外地吸引人才的本事的确很大，但是我总担心：除非来者有强烈的意志作为后盾（例如科大教师的回国效劳意志），今天来的人明天可走，极端重要的是要靠自己培养人才。再说，总要给土生土长的当地青年有个“奔头”。那么，北大和科大联手进入深圳，是否可以为本地的高等教育打气？

特别要提当时的常务副市长李德成（后任市政协主席）、科技局副局长刘应力（后任副市长、常务副市长）、处长张克科（后来当了副局长），及兼北大科大深圳医学中心主任的王德炳及负责北大事务的教授史守旭。这几位能力特强的领导们在不同岗位、不同层次，为“北大科大深港产学研基地”和“北大科大深圳医学中心”投下了好像是取之不尽的心血。我心目中的他们，永远是科大最忠诚的朋友。

你看，世界上很多事物就是这么产生的。志同道合的有心人走在一起就会擦出火花。而星星之火，真的可以燎原。

四、深港跨界科技合作不可忽视的推动力量

1999 年后，香港面对金融风暴的挑战，加之国际上诸多力量在香港布局，挑战“一国两制”制度，香港发展进入新的形势。中国进入 WTO 后，国家在多个层面对接、调整与香港特别行政区的经贸关系，自 2003 年起每年推出一版 CEPA[①] 协议，从贸易、投资和服务等多方面尝试率先开放的项目，为国家的全面开放提供经验。这一阶段，香港将对标和注意力放到上海，对于紧邻的深圳没有更多的合作行动。在同样的国际国内形势变化下，由于政策红利的弱化，深圳也面临着特区还“特不特”的诘问以及新阶段发展路径的选择。记得有一次，在外经贸部安然副部长于香港推广 CEPA 的公开活动后，我有机会当面向他请教。我说：“CEPA 给了深圳更多的机会与香港做更多的合作，是不是可以为深港合作做一些特别的安排？”安部长很干脆地答复我，“这个安排是针对 WTO 过渡期的国家层面的策略，不是针对深圳的”。的确，进入 WTO 后，整个国家的对外开放面临着一系列的机遇和挑战，市场开放、外资进入、农产品进出口压力，国家非常希望通过香港做一些走出去的试验，更希望通过香港让内地在 WTO 经贸关系上取得一些经验和磨合。

这期间，深圳政府仍然十分积极地推动深港合作，但想从政策和制度上实现大步突破是比较困难的。因此，这一阶段，我们换了一种思路，通过专业机构和市场衔接双边合作，充分地调用民间力量，推动深港两地科技合作能够打下基础，遍地开花。

---

① 内地与香港关于建立更紧密经贸关系的安排。

我在2000年后兼任市科技局副局长，负责联系高新区，落实国家集成电路设计深圳产业化基地项目的重任便落到了我的肩上。我受命出任国家集成电路设计深圳产业化基地领导小组办公室常务副主任，直接担任基地管理中心的首任主任，直到2005年重回高新办。其间，我见证和参与了国家集成电路设计产业化基地的创建，也布局和推进了深圳与香港集成电路产业合作，充分利用香港科技园的资源促进深圳集成电路产业发展。之后，在“1＋6”的协议[①]平台上，推动深圳科技园与香港数码港的合作，对接华为、中兴通讯和深圳IC服务企业与香港相关大学、公共资源的技术研发及人才培养的合作，见证着香港与深圳在专业的民间的科技合作蒸蒸日上。

（一）深港合作布局集成电路新版图

1. 深圳国家集成电路设计产业化基地应运而生

深圳高新区于1996年经国家科技部批准设立。市政府刘应力副秘书长兼任高新办主任，他对新技术的动态非常敏感，并且在高新区的平台上做了一系列的突破和创新，两三年下来成绩斐然，深圳高新区跻身国家54个高新区的前五。深圳高新区布局引入了清华大学、北京大学、香港科技大学、哈尔滨工业大学等市校共建的新型研发机构，与中国工程院等建立了合作基地，引入了中兴通讯、联想、创维、TCL、IBM、惠普、住友、UT斯达康等一批头部企业，还有原来就在园区内的华为、长城电子、海王等一些本地龙头企业。园区内某企业参与了重大国防项目的芯片研发，总参领导过来指导

① 所谓“1”，就是香港特区政府与深圳市政府签署的《关于近期开展重要基础设施合作项目协议书》；“6”是指《加强深港环保合作协议》《深港加强城市规划合作协议》《深港加强和促进服务贸易合作备忘录》《双方旅游合作协议》《深港创新圈互动基地合作备忘录》《医疗护理交流合作安排》等。这些协议的签署，为加强双方优势互补，进一步推动和深化深港合作，奠定了重要的基石。

并嘉奖的时候，我作为地方代表参与陪同，才见识到深圳高新区科技实力的庐山真面目。一些企业家也是国家级专项计划的专家组成员，带来一些不同层面的信息和资源。

1998 年台湾发生了大地震，当地半导体产业和集成电路的生产遇到了大问题，台湾方希望有一个稳定的地方进行生产，但集成电路在大陆这边涉及禁运、技术保密以及台湾居民入境的问题。香港科技大学工学院的高秉强院长特地向我询问了深圳的发展机会。我介绍说，深圳计划局专门有一个超大规模集成电路工作班子，也在争取国家“九五”规划期间的布局，落地深圳半导体基地。据了解，当时内地也有机构投资香港在大埔工业区的晶圆加工厂。

此时，对岸的香港也在布局集成电路。根据田长霖领衔提交的香港创新科技发展策略报告，香港整合了原来的香港工业中心、香港大埔工业园、元朗工业园、将军澳工业园和准备填海建立的白石角工业园，合并在一起成立了香港科学园。香港科学园非常重视集成电路产业，拿出 2 亿资金建立了整体测试和失效分析的平台。香港科技园总裁谭宗定在任时再一次提出来，配合香港发展半导体产业，一定要拓展香港科技园的国际基地。当时香港提出规划发展东平洲生态旅游，国际化必须要有通达的交通，要有直升机场、便利通关的游艇，方便海外来往，所以他们把河套和香港的吐露港及东平洲大鹏湾旅游基地统筹在一起做规划。针对集成电路建设，谭总命人特意找我了解两个问题：一是河套地区是滩涂填起来的，土地是否抗震，能否承载集成电路工业厂房；二是河套地区填海的地方，土地是否有污染。据我所知，在第一期深圳河治理清理土地的时候，河套地区土地表层的淤泥全部运到珠江口以外的地方填埋了，剩下干净的新土才盖在上面，是不存在污染的。由于这些考虑在各方面的条件尚不成熟，该方案也暂时搁置了。

实际上，国家层面也在构思怎样在高新技术卡脖子和涉及领域布局，如何更好地发挥香港国际化平台的作用，引进国际顶尖团队并在联合创新上有战略上的布局。1998 年 10 月，我们在澳大利亚参加国际科技园协会年会之后，又安排了几天在当地大学园区进行考察。行程刚过一半，突然接到刘应力副秘书长通知，让我连夜中断行程。第三天上午务必赶到北京，和他一起参加国家计委曾培炎主任安排的一个座谈会。我们急忙改签机票，让深业集团准备车辆，赶在晚上 10 点海关边检关闸前回到深圳。那天，海关边检人员专门在口岸等候了 10 分钟，直到我们过境后才下班。

1998 年夏季遭遇特大洪灾，各方告急，中央领导还要在百忙中抽出时间在北戴河会见海外华人科学家代表团。曾培炎主任授命对国际上科技新动态和重大项目布局做了深度调研工作。因为我们前期向国家科委高新司马德秀司长做过几次关于在河套发展高新技术产业国际平台，争取将该项目纳入国家“十五”规划的建议，马司长便向主任汇报后，邀我们赴京参加了这次汇报会和工作布局会。会上，地方代表只有深圳一家，目标就是面向国际市场研究河套的利用以及与香港的合作。

2000 年伊始，国家开始全面布局支持软件和集成电路发展，发布了国务院 18 号文、确定了 35 所软件学院建设、布局国产 CPU 等重大项目攻关等一系列大动作。国家 863 集成电路专家组批准了上海、杭州、无锡、北京、西安、成都几个地方建设国家集成电路设计产业化基地。深圳国微电子的黄学良董事长是专家组成员之一，极力主张深圳向国家申请批准建设集成电路设计产业化基地。高新办委托黄学良董事长组织、安排公司的团队起草了深圳成立 IC 基地的可行性报告。黄董事长直接安排时任国微电子总经理的周斌以及祝昌华等几员精兵强将出马，给出了非常专业的申请报告。报告后来递交给了国家科技部和 863 专家组。

黄学良董事长多次在专家组工作会议上请大家对深圳的工作提出建设性意见。集成电路设计是北京大学、香港科技大学的强项，市领导在深港产学研基地的活动中征询了两校专家的建议。北京大学的王阳元院士答应出任集成电路设计基地的总顾问，杨芙清院士答应出任深圳软件园建设的总顾问，香港科技大学高秉强院长直接参与深圳集成电路设计的技术框架指导。高交会期间，于幼军市长向科技部领导当面做了汇报。科技部领导看到深圳拿出去的报告专业性强，特色突出，有政府的担当，也有企业的责任，还有专家的指导，因此在后来的批文中也表示看好深圳在体制机制创新和国际合作的优势。2001 年 12 月，科技部正式批准成立国家集成电路设计深圳产业化基地（简称“深圳 IC 基地”）。

2．集成电路的不解之缘

2002 年春节后上班的第二天，于幼军市长到科技局现场办公，一是拜年，二是督战，三是支持。郭荣俊副市长、刘应力副秘书长一起参加。李连和局长代表科技局领导班子向市领导汇报了科技局 2002 年的工作思路。交流时，刘应力副秘书长提出，科技部批准的国家集成电路设计产业化基地项目应由科技局接过去落实。之前的申请是根据市领导的意见由高新办拿下来的，建设的归口还应该在科技局。这个看似突如其来的提议其实是刘应力副秘书长有备而来的，科技局是没有一点准备的。李连和局长回复，这个项目由刘应力副秘书长直接在抓，高新区可以做好，科技局全力以赴配合支持。这时，刘应力副秘书长停顿下来，看着郭荣俊副市长。郭荣俊副市长接上话说：“看看科技部有什么要求，科技局应该抓起来。”刘应力副秘书长还侧耳跟我说，“你来抓这个就可以”。李连和局长仍然没有松口，认为这个事情在高新区做可以突出重点抓好。于幼军市长见状，就出来圆场：“这是一个大事，荣俊，你下来协调一下。”之后，科技局局长办公会在研究落实市领导工作会议精神的时候，李连和局长留下一句话：“今年的重点工作安排的定稿等市里的会议纪要。”

过了几天，李连和局长给我电话，让我到他办公室一趟。一进去就看到他手里拿着一份文件，说道：“克科，这个事还是你来做吧，一来你熟悉高新区，二来这边分工你负责联系高新区。”我说：“这么大的事情，几个市领导都在过问，你得挂帅才行。”连和局长倒也干脆：“你向我负责，我要你负责，怎么样？需要怎么做，你拿方案，大事可以直接请示市领导。”

刘应力副秘书长也抓得很紧。没几天就通知市领导召开交接工作会议，高新办将科技部批准后的资料一次性全部移交给科技局。会议由郭荣俊副市长主持。高新办刘应力主任带着办理此事的专职干部曾国中来了。科技局这边接到会议通知，李连和局长就说要我全权代表去参加。我说："我也不能光杆司令啊，看看今后哪个处负责，让处里去一位同志一起，公事公办啊！"于是，高新技术产业处的侯世涛跟我一起到会了。会议开始，郭荣俊副市长先说明了市长现场办公的情况，表扬了高新办申请拿下这个项目的努力，要求科技局按照科技部的要求和市里的期待将这件事抓紧做好。同时，他也明确，这件事市政府还是由刘应力副秘书长牵头负责，只是工作部门调整了，是为了更好地聚集资源，从全局的视野推进和发展集成电路设计产业。这中间还有一个小插曲。因为软件园的项目同时也批下来了，高新办在高新区现有的空间拿出一栋挂牌，给予入住的软件企业房租补贴力度很大。这本来是一件好事，却引发了其他区的软件企业不少搬迁至高新区。郭市长明确提出，建设高新区的软件园是要提升品质、培育新企业、扩大增量，不能因为一个房价补贴就全市大搬家。软件园也要立足全市发展制订政策。这个精神后来也成为我们布局在深圳发展集成电路设计产业，为深圳 IC 设计基地定位的一个基本原则。

交接会议非常简单，前后耗时不到半小时，但颇有仪式感。专职干部曾国中将科技部批文原件和一枚领导小组的印章带到会上。听完市长的讲话，刘应力副秘书长就对他说："现在就移交吧！"曾国中非常留恋地把批文和印章拿出来放到桌上，刘应力副秘书长望着我似乎是示意我接过去。我觉得应该还有一个环节，马上说："得市长交接吧？""好啊，"郭荣俊副市长哈哈一笑，一边接过印章和批文递给我，一边说，"克科，你回去给连和局长说，这可是一件大事，一定要办好"。我站起身接过市长递来的重任，一刻也没有停留，就交给了同来的侯世涛。我给市长报告，李连和局长专门安排了高新处负责这个项目，并当着几位领导的面交代侯世涛，下面还有好多具体的工作细节和专家关系要协调，让他多请教高新办，和曾国中保持密切联系。

回到局里，我和侯世涛一起向李连和局长做了汇报。我说，文件复印后正本归档，印章就放处里方便使用。李连和局长是管大事的，二话没说，甩给我一个很大的压力——尽快拿方案，马上开展工作。

市政府向科技部申请时承诺深圳将安排建设国家集成电路设计产业化基地的专项资金 1.5 亿元。基地建设赶上了 2002 年的班车，被政府工作报告列入当年的重点项目，明确 1.5 亿资金将分 3 年每年 5000 万由财政予以安排。我以为这钱就在科技局的科技三项经费中安排了，谁知科技局的年度计划表中没有这一笔。是衔接工作没有到位吗？工作交接的过程中，我问郭荣俊副市长这钱由哪个口子出？他说会去过问一下。之后才协调好，这笔钱列入新成立的信息办，在每年划给他们的 2 个亿的软件发展专项经费中分 3 年安排。财政下达计划时，对我们这个每年的 5000 万做了备注：科技三项经费 2000 万、软件专项 3000 万。市长告诉我们这个安排后，李连和局长很高兴，要我做好年度计划，按计划预算尽早开展工作。

既然钱的来源已经明晰，我们根据 IC 基地建设的当务之急，在前期调研的工作基础上，通过专家咨询，提出了第一年 5000 万的具体安排，其中 2000 万做软件工具平台建设，1000 万为支持企业项目提供服务，预留 2000 万做硬件测试和服务链急需的安排，到中期再确定和调整。资金到位差不多就到了 10 月，这前半年的筹备工作几乎就是白手起家。

在没有钱的情况下，深港产学研基地友情支持，垫资为我们装修了近 4500 平方米的两层平台和孵化器用房；北京大学做背书，通过招标为我们预定了四大 EDA 工具商的软件和试用平台；科技局提供专业专家大平台为我们评估和入选了一批项目；华为、中兴通讯、比亚迪、同洲电子、TCL、康佳、创维，当然还有国微电子等重点企业，向我们推荐了由专家团队组成的市一级咨询团队，等等。这些都为深圳基地的起步奠定了很好的基础。

等到真正要核拨资金的时候，问题来了。财政局行财处袁处长和信息办软件处张月光及小温三人组来对接，对我们提出的项目一项一项地会审。提出最多的问题就是，有没有必要、受益人是谁、合不合程序，甚至有一些问题是在暗示要砍掉，理由是以往财政没有这样做过云云。我索性把专家推到第一线，说道："我也不懂专业，但我相信专家，而且专家来自不同领域，没有小圈子利益，都希望深圳发展得好。有些是在外地做过的，有些是外地没有要在深圳做突破的，有些连中国都不知道怎么做，但国际上有案例和行业规范。"我举例说，"在国内，软件是由政府花大价钱一次性购买，因为钱不花就没有了。但在海外是根据需要租赁的，细水长流，随时更新，可以用到最好最新的服务。这笔服务费财政怎么出？所以，我们采取协同发展的方式，以适合产业行业特色的模式来安排平台的建设"。每次，他们约了过来核查调研，我就要办公室约请几个专家过来。这样的交流于我也是学习的过程。一来二往，大家也达成了共识。在最后的协调会上，财政局及聚声局长（任市政府副秘书长期间，我们一起筹备过第一届高交会，因此比较熟悉）笑着对我说："克科，你好大的胆子啊，一分钱都没有到你就花了这么多。"我也笑道："反正你会认账的，我这个活干不出来，市长不好向人大会议交代啊！"信息办提出，下不为例，以后的经费使用计划要提前报批信息办。还是郭荣俊副市长高明，最后拍板："这笔钱就是从软件基金过一下，按额度预留。科技局对项目计划把关负责，直接汇总到财政。"李连和局长也表态，"我们管好用好这笔钱，项目支持可以列入科技三项经费统筹安排，1.5亿专项经费一定用到刀刃上"。2004年机构改革，信息办划入科技局，成立了科技信息局，这些问题就不成为问题了。

大部分新机构的建立就是"要地盖房设庙"。当时的深圳高新区连自己的楼都没有。深港产学研基地为北京大学、香港科技大学和深圳市合作的新型研发机构，非常高效地在10个月之内就拔地而起一栋36000平方米的新楼，正好2002年2月交付。集成电路设计专家组是依托北大、香港科大的专家起步，在刘应力副秘书长的支持下，协调出深港产学研基地西座的三楼、四楼两层，将北京大学深圳SOC重点实验室也纳入统筹建设。三楼作为公共服务平台，四楼作为创业孵化基地。租金比照北大、香港科大，以深圳市为三方之一，同等待遇入住的项目优惠签约3年。毛坯房按集成电路服务的要求装修，加上3年的租金，由深港产学研基地垫资先办，预算和方案由科技局把关。同时，将北大SOC实验室列入科技局重大项目，按国家级实验室标准给予800万支持。原来市里给过清华集成电路重点实验室的标准是500万，这次在此基础上又新增300万，希望能调动两校的积极性。北京大学还专门为实验室开通了中国教育专线网，深圳基地和北大校园的实验室远程同网共IP，实现了软件工具和实验室的协同共享。这些措施和布局一下子在全国7个布局基地中脱颖而出，以最快的时效、最专业的设备和最完备的服务平台，始终走在前列。

3．香港集成电路优势：国际化、市场化和精准的专业服务

集成电路设计产业化基地不同于其他孵化器，光有房子是不行的，软件才是基础。全国其他集成电路设计产业化基地也都遇到过同样的问题。科技部专家组提出来通过科技部863项目集采的方式，为7个基地解决基础软件的问题。深圳的专家委员会提出，统一配置的软件不能解决深圳全流程和特色的需要，还需要地方再选购增添一批。集成电路产业化基地公司总经理周斌牵头，华为的李贞，中兴通讯的李美云老师，海外回来的艾科微电子的石岭、叶军等，加上香港科技大学的陈正豪院长、北大的王新安、清华与香港中文大学合作的李辉、TCL的焦健等人，分别从不同的流程、环节、经验等方面给予了建议和需求清单。几家供应商，包括Cadence、Synopsys、Magma以及最新崛起的Mentor等海外四大厂商和国内的华大电子都在盯着深圳。他们不清楚我们的策略和布局，也打听到科技部基本上确定了选用Synopsys的软件，很担心深圳排斥其他同行。我和他们轮番接触，提出的思路是，他们向总部汇报，想进入中国市场对深圳就要更加开放，采取和国际市场一样的模式，拿出更符合企业需求、促进产业发展的办法。我们走访了香港科技大学，联系了Cadence的香港亚太区总部，见到了Mentor的居龙先生，听他讲解EDA工具的各家特色和Mentor的特点。在此基础上，我们集思广益，提出了一个深圳IC基地EDA工具配置方案。

我们先是约见了 Synopsys 的负责人，了解了科技部的集采方案。当时，北京对此事保密。我们说，深圳有经费，只要对方的方案符合我们的需求，不一定等北京统一采购。这样便知道了他们的配置系列和合同限定，要点包括软件只可以在科技部认定的基地场所范围内使用、支持的企业投资总额不得超过 2000 万、软件合同周期为 3 年等。我觉得这些对深圳非常不利，一是使用场地和 2000 万企业投资总额限制了一些企业的使用，二是合同期太短，3 年后重签代价太高。所以，我们提出了几个合作的基本条件：服务对象就是和深圳 IC 基地签有服务协议的企业或研发新项目，不受空间和企业规模限制；合同是永久 Licence，确保软件能实时升级，如有新软件替代，我方可以按优惠方式购买；参照北京大学和香港科技大学的教学计划提供服务，给予不少于一定数额的学习 licence。同时，根据这些原则加快了和其他几家谈判的进度。最终，我们和 Cadence 签下了第一笔业务的合同。

在这个技术服务为先的模式影响下，其他几家 EDA 工具厂商都调整了各自的策略。Mentor 是新工具，直接配备了专门的技术助理提供服务；Synopsys 在科技部采集的平台上给深圳基地取消了 3 年的限制，并特别向我们介绍了当时他们独特的 IP 技术。Cadence 提出，可以向我们开放他们在海外做技术服务且与晶圆厂协作的远程软件平台。我们还在这几家工具厂商的支持下，面向全国 18 家软件学院集成电路专业举办了夏令营，让那些即将进入工作岗位的专业学生可以在进入职业生涯前获得更全面的技术背景支持。这一模式也受到中兴通讯的关注，他们以前新入职的员工是在自己的生产线上进行培训，熟悉常用的一种工具。他们将那一年的新员工交到我们基地，我们约请了三四家工具厂商参与，一起进行培训，让技术人员有了更多可以参照、选择、创新的新思路，助力了企业创新价值的提升，训练很受欢迎。

学习和借鉴香港的经验、充分借力和挖掘香港资源是我们的基本方向。香港是国际一流的大都市，其国际化环境和具有的技术、人才、金融、物流、知识产权保护、服务等优势是深圳急需借鉴和学习的。在集成电路领域，香港拥有众多先进的高端 IC 测试、分析设备及设施，国际知名的院校和专业机构，经验丰富的工程师以及国际最先进的测试技术和方法，若能与深圳合作，能够为企业节省大量的人力和财力，缩短深圳企业新产品的上市时间，完善深港两地集成电路产业链，提高区域性产品的竞争力。因此，我们在构想深港合作项目时充分考虑到两地资源共享，将工作重点放在与香港科技园和周边地区的协同服务及设施互补上。当时，我们准备跟在新加坡的奕力公司合作在深圳做集成电路测试平台，预计投入 7000 万。香港方面提供了他们 IC 测试开发中心的设备清单，包括多台高端自动测试设备（ATE），支持模拟、混合信号、RF 和数字电路的测试与验证，香港科技园还拥有完善的产品实效分析设备及设施，当时达到最高可支持 65 纳米的 IC 产品技术。我们决定加强与香港在设备、技术、人才支持等方面的合作，根据香港的资源条件调整了深圳的投入计划，决定尽量不重复布置香港已有的资源，原本计划投资 7000 万的测试不做了，改做服务，给企业发放过境服务费，鼓励深圳的企业过境使用港方的设备和技术服务。

深港各自利用所长，开展分工合作，共同建立起集成电路的产业发展基础。深圳 IC 基地与香港方面签署的协议有：2003 年 9 月 15 日，与香港科技大学签署《合作备忘录》，建立“深港集成电路技术联合实验室”；2004 年 2 月 12 日，与香港科技园公司签署《合作协议书》；2004 年 5 月 18 日，与香港职业训练局科技培训发展中心就合作在深圳开设“集成电路设计专业文凭”课程班签署了协议书；2006 年 1 月，与香港科技园公司签署《合作协议书补充协议》，旨在进一步加强双方的合作。

深港双方在集成电路领域有效借助香港的资源平台以及深圳的产业和市场优势，本着优势互补、资源共享、互惠互利的原则，引进、利用国际资源，为构建区域支撑服务体系的建设，迈出了坚实的一步。

4．以深圳为枢纽、香港为平台，推动全国集成电路基地快速发展

我们一直在对接与香港科学园的合作。香港政府也一直希望香港科学园

作为香港本地服务机构，可以吸引更多的外来机构。2004 年 2 月 12 日，深圳集成电路设计产业化基地与香港科技园签署了第一个有关集成电路设计的合作协议书（图 4—1）。在这个平台上，我们帮华为、中兴通讯和香港的大学和科研平台建立了比较密切的合作关系。华为原本的测试合作商在新加坡，往来距离遥远，工程师过去不方便，测试设备也不齐全，而香港科技大学有一套完整的 4 英寸的生产线，从分析到测试全流程设备一应俱全，因此华为希望能够通过深圳市政府与香港方面进行技术对接。我们通过深港产学研基地和深圳高新区做了延伸技术服务。另一个是中兴通讯和香港科技园的协议，香港科技园测试设备先进，技术人员经验丰富，解决了深圳的 IC 设计公司本地测试难、SOC 芯片测试程序开发难的两大难题，缩短了企业新产品的上市时间，提升了技术水平。李鸿忠市长亲自见证了这两个协议的签署，考察了香港科技大学和华为合作的平台。我们通过这些方法把他们两家的集成电路所需要的支撑点，包括一些测试和中间服务集合起来，把原本需要从台湾、新加坡购买的服务转移到了香港，加强了深港之间的合作。深港双方在 IC 领域的合作取得了一系列的突破和进展。

图 4—1　见证香港科技园、香港科技大学与深圳集成电路基地及华为、中兴通讯的战略合作

我们向科技部汇报和介绍了深港双方在集成电路领域的合作模式，以深圳探索的做法建议科技部加强内地与香港的科技合作，在“一国两制”的原则下，引进、利用国际资源，构建区域支撑服务体系的建设。这一路径得到了科技部 863 专家组的重视。2004 年 6 月，科技部的马颂德副部长带着全国 7 个基地代表参观深圳的集成电路产业化基地，觉得深圳做得不错，要求把这个模式扩大至香港和内地的 7 个集成电路基地的对接。

2004 年 6 月 21 日，由国家科技部全力主导的“7 + 1”合作协议在香港签署，标志着由科技部集合北京、上海、成都、无锡、深圳、西安、杭州 7 个国家级集成电路设计国家产业化设计基地，与香港科技园公司跨区域全面合作的开始。香港科技园的职责包括提供基建及支持设施，以促进电子、生物科技、精密工程、信息科技及电讯业的创新及科技发展，并且提升制造及服务业的技术水平。除了负责芯片早期设计外，香港科技园更会推行多项芯片的探测、测试以至产品分析实验等，同时为 7 个基地的客户提供各项共享的低成本计算机设施、电子设计自动化工具、知识产权服务、自动化测试设备及实验室等；而 7 个基地则主要负责芯片的后期设计及生产工作。深圳 IC 基地和香港科技园在 2004 年 2 月 12 日签订合作协议也纳入了“7 + 1”的示范项目，在科技部和其他兄弟基地的见证下，我们再一次仪式般地隆重“出街”。

香港科技园至今还把“7 + 1”合作协议作为他们对外开放、与内地合作、提高内部资源效率的样本进行宣传。

随着深港合作的日益紧密，为了便于双方合作，及时准确地为两地区集成电路设计公司提供服务，深圳 IC 基地和香港科技园互相设立办事机构，为对方提供了一个免费的独立办公室。双方成立由专职人员负责的工作小组，不定期举行会议，互派人员交流学习。科技部也通过深圳建立的渠道，为其他区域的 IC 企业提供技术服务，支援资金通过深圳基地转移支付。

在科技部 863 计划的统一部署下，深圳 IC 基地还协助国内其他 6 家 IC 基地的多家公司在香港科技园完成多个测试项目，其中有北京中星微电子映像处理器的小批量测试及成测、成都南山之桥网络处理器的小批量测试及成测、北京思比的 CMOS 图像传感器测试程序开发。另外，深圳 IC 基地还组织了 7 家基地的数十家企业赴香港科技园进行技术考察和合作交流。

不难看出，在这个合作过程中，深圳当时的产业发展理念在全国确属先进，无论是从产业界需求的调研，还是从提出单独的个性化采购服务的魄力，以及在两地集成电路创新合作领域率先突破的要素流通障碍等，这种务实的理念与香港的做事风格较为契合。因此，两地合作能够顺利、共赢地开展下去，并且为全国集成电路产业的发展做出了贡献。

5. 深港合作孕育了深圳的科技生态和技术精英

深圳 IC 基地和香港科技园加强了双方的技术交流，共同走访深圳及周边地区的封装测试厂，并建立了广泛的业务联系。香港的 IC 设计公司通过深圳 IC 基地进行 MPW 流片，例如谱讯科技和景泰科技已成功流片。深圳 IC 基地协助香港卓荣集成电路科技公司、香港 ENW 公司等香港科技园的孵化企业在内地寻找具有竞争力的封测厂。这些基于两地技术市场的合作，促使香港科技园以更优惠价格、更周到的服务为国内设计企业提供高品质的测试和产品分析服务，同时也为深圳 IC 设计公司培养了高端设计实用技能人才。根据更多的企业需求，香港科技园集成电路设计服务平台还拟定了增添设备计划，增强了科技园针对国内 IC 设计企业需求的针对性测试能力，提高了国内企业 IC 产品及测试的技术水平，也节省了后续企业的测试成本。

深圳 IC 基地申请加入由香港科大和科技园主导的“大中华半导体知识产权交易中心（GCSIPTC）”服务联盟，力求利用香港的 IP 保护信誉，促进深圳企业 SIP 的开发和复用。通过深圳集成电路设计产业化公司和北京大学深圳 SOC 重点实验室，在深圳龙岗天安数码城设立 IP 技术转化服务站，积极开拓广阔应用和发展的空间。深港双方在多领域开展学术与技术交流活动，与香港科技大学技术转移中心建立了科技成果转移和产业化的合作关系，有效引进香港科大的先进技术成果和资源，相互支持参加双方主办的大型展览会及研讨会等。

在人才培训方面，深圳引进了香港科技大学集成电路设计理学硕士学位课程，2003 年起连续招生四期，共计培训学员 101 人；香港职业训练局集成电路工程专业证书班二期，招收学员 43 人。以上两个项目的学习和培训，较内地具有明显的实用性，且为英文授课，国际知名度高，总体反响和效果非常好，在企业和学习人员中获得了越来越多的认可。截至目前，在前几届香港科技大学集成电路设计理学硕士学位课程的毕业生中，大部分学员已经是各企业的技术骨干和技术管理精英，成为深圳市 IC 设计企业发展壮大的中坚力量。通过深圳 IC 基地与香港科技大学的共同努力，正有越来越多的技术人员将目光投向这些培训项目。随着时间的积累，深圳 IC 基地与香港科技大学谋划共同为深圳培育出更多的高起点、高素质、具有先进技术水平和国际化眼光的行业精英。这个合作项目还成就了今日的南方科技大学微电子学院，成为深圳集成电路设计生态圈高技术人才的“黄埔军校”。

（二）点线面结合，推动深港科技创新资源全方位对接

深圳作为改革开放最早的窗口城市，虽然从“三来一补”的工业起步，但内在动力一直就有现代化工业体系的元素，享有“世界工厂”之美誉。再加上更加宽松的创业环境和科技政策，成为 20 世纪 80 年代中后期内资、港资和外资的投资热土。80 年代中后期，内地不少高等院校和科技机构陆续将一些成熟的技术转移到深圳，利用深圳的高科技产品制造优势和香港的资金优势进行产业化尝试，这些技术客观上也成为促成深港科技产业合作的纽带和桥梁。在这方面，“快译通”是一个较有代表性的案例。我国 863 计划支持的重点攻关项目“智能型英汉机器翻译技术”具有翻译速度快、扩充性能好、准确性高等特点，在当时被认为是国际同类系统水平最高之一。1992 年，承担这个项目的深圳桑夏计算机与人工智能开发公司将该技术带到香港

参加国际软件展览，引起轰动。该技术被香港一家名为“权智”的公司看中，想运用这项技术革新他们的产品“快译通”。最后，两家公司分别以技术和现金入股合资成立了公司，深圳桑夏公司以技术作价 370 万美元入股，香港权智公司以 370 万美元现金入股。1992 年，权智与桑夏合作开发中英全句翻译技术，应用 863 计划的成果，研制及推出全球首部全句翻译电子字典，成功将全句翻译功能应用于电子科技产品。通过合作开发“快译通”，利用香港的资金、营销渠道和深圳良好的市场环境、产业环境成功地将内地科研成果产业化，也使桑夏公司成为深港高科技产业中的佼佼者。

该项目通过技术入股吸引外资合作属全国首创，其成功对于两地科研成果合作的方式具有一定的示范效应。此后，国内的众多高校、科研机构开始通过各种形式到深圳落户发展，寻找和香港合作的机缘。这个项目的港方代表谭伟豪先生，后也成为香港立法会资讯科技界的议员，现仍在香港产学研合作促进会和天使投资的领域不懈耕耘着。

尽管早期的深港科技产业合作有“快译通”这样较为成功的案例，但基本上都属于技术应用层面的合作，缺少在创新链的前沿及中端——基础研究和应用研究方面合作的平台和经验，而香港科技园的建立为持续发展高新技术奠定了新的基础。

2004 年 6 月，李鸿忠市长访问香港，深港双方签署了历史性的“1 + 8”合作协议①，希望深港双方能有多方面的对接。我们高新办的主要任务就是对接香港科技园、香港数码港及香港各大学的资源，深港科技方面的合作已经跳出了单一的企业和单一的园区对接，开始全方位进行对接合作，包括科技共同研发、成果转化、科技服务以及知识产权保护，形成点线面对接、多方资源聚集在高新区平台的新局面。

“香港数码港”是在 1998 年提出来的。当时，香港想发展创新科技，政

① 《关于加强深港合作的备忘录》为总则的 9 项合作计划（简称“1 + 8”协议），涉及法律服务、经贸合作和投资推广、旅游、科技等多方面。

府就以划拨的方式将土地批给李泽楷的电讯盈科，由电讯盈科负责兴建。香港数码港在香港各界一直存有非议，认为它是一个房地产项目。由于我们一直从不同角度了解香港科技资源方面的工作，我个人认为香港数码港有三个优势：一是拥有超前的信息网络基础设施建设和环境配套。当时，内地这边的网络还很卡顿，他们就已经拥有号称最畅通的网络——“千兆到桌面”。二是与时俱进，根据不同发展阶段调整产业发展，根据产业发展基础设施优势需求选择合适的产业。数码港第一轮主要是做文化创意产业的公共平台，还设立了一个香港游戏的知识产权登记中心；第二轮是建立香港全球无线电 3G 卡测试中心；第三轮是发展创新服务，文化创意产业后期的音频制作。因为游戏开始拍摄成动漫后，小企业就做不了，那么就要帮助这个行业提供一整套的制作课程和服务。后来就以软件服务为主，发展金融科技，逐步发展数字安全、数字金融科技，现在开始发展全港电竞大赛平台。三是功能结构齐全，数码港拥有四期写字楼，其中第四期是专门给大学以及大学教授进行集训活动的。

当时，中国电信正在深港推广“全球通”视频网络项目，在 3G 的条件下，高新区通过区内跟中国电信合作的网络服务公司——惠特普信息网有限公司（现称“深圳高新区信息网有限公司”），与香港数码港通过视频做现场对接，开始发展全球通网络。有了这个条件，在香港数码港可以直接看到我们深圳高新区的所有视频，深圳高新区也可以看到香港数码港的视频会议，各种交流活动通过视频都可以实现。李泽楷的电讯盈科早期就设在香港数码港，那里的信息网络硬件设施过硬，所以“全球通”使用起来非常流畅。因为有很强大的网络和全球通平台，香港的无线电协会在数码港布置了一个全球 3G 通讯 SIM 卡测试平台，为从全球各地搜集到的各种规格的 3G 卡做测试，手机出厂前也在这里做测试。之后，香港数码港开始做金融服务和科技创业，与深圳的合作愈加密切。整个合作得到了时任香港数码港行政总裁杨伟雄先生的支持。在此基础上，2010 年我和香港中文大学的黄锦辉教授、数码港的钟伟强博士在深港科技社团联盟的平台上协商，大家一致同意通过香港数码港微型基金启动了“深港青年创业计划”。香港数码港每年拿出100万，支持深港青年创新创业计划，在众多参与的创新计划中，每年给予10个项目各10万元港币的资助。这个合作应该是最早的跨地区的青年创业计划，并一直坚持到现在。

在集成电路领域和香港合作的基础上，我们进一步扩大了在生物、无线通信、新能源等多领域的全面合作。深圳IC基地和香港科技园都为双方提供了一间专门的办公室，这样两边需要用到对方资源和服务的时候就可以去办事处，两地的企业也可以流动工作。后来做软件服务的时候，香港方面请香港科技大学工学院院长陈正豪教授（后来任香港理工大学常务副校长）领衔，做了一个“大中华半导体知识产权交易中心”，主要利用香港作为国际化城市的特殊地位和良好的知识产权保护环境，为亚太区域集成电路设计与制造企业的研发成果提供成果转化及专利转让方面的服务。基于国内知识产权等法律环境的评估，并没有邀请内地机构参与，但是非常需要深圳作为这项服务走入内地企业的窗口和桥梁。在陈正豪教授的指导下，我出面与时任香港科技园行政总裁的杨德斌博士商议，请负责集成电路的杨天宠先生和北京大学深圳SOC重点实验室主任何进教授一起，拿出了技术服务的合作计划，打通了跨境开展专业服务的新通道。这个项目得到龙岗区政府的大力支持，在龙岗天安数码城设立了服务中心。

时任香港科技园董事会主席的罗仲荣太平绅士在惠州有投资，和李鸿忠市长是老朋友。我们邀请罗仲荣主席访问深圳时，李鸿忠市长亲自作陪。席间，香港科技园CTO张树荣和我商议，提出开通两地工作对接的交通服务。李鸿忠市长对此非常支持，要在场的刘应力副市长牵头落实。大家根据实际情况，在餐桌上就提出开通深圳高新区和香港科技园每天早中晚三趟专家工作专线的计划。市长说，挂上深港创新圈科技园专线的指示标，在两地道路上运行起来，这就是向大众传递了一个非常积极的信号。2006年4月，专线正式开通，之后深圳方面把路线进一步延伸到大学城，两地科研工作者交流、学习、工作也因此更为便利。

根据深港两地签署的合作协议，我们共同参与对方的联合招商和宣传推广，一起向全球介绍深港跨境科技资源和两地科技园的姊妹关系。深港两地科技园签订协议的前一天，我们正好接待来自西安高新区的景俊海主任。刘应力副市长在介绍情况的时候提到深圳与香港科技园的一揽子合作计划。景主任非常敏锐地抓住机会，提出西安高新区也是国际科技园协会的成员之一，是不是可以借深圳搭的台，明天一起和香港科技园签一个协议。刘应力副市长要我与香港对接落实，景主任也要求随行的西安高新区软件园的主任参与协议沟通。香港方面提出单独和西安签约条件不成熟，没有互访和前期交流，还要报董事会备案。我说，深圳和西安之间已有联合推进与香港合作的计划，如果将之作为深圳方的伙伴关系，是否可行？我们工作班子按这个做准备，请香港科技园理解沟通。第二天，在香港代表团访问深圳的活动上，刘应力副市长向罗仲荣主席介绍了西安的景俊海主任。办法总比困难多，三方就共同协议模式达成共识，香港科技园、深圳高新区及西安高新区三方在深圳签署了跨区域创新科技合作备忘录，决定推动三地在科技、人才与产业化方面的合作。

三方合作备忘录主要内容包括：建立香港科技园、深圳高新区、西安高新区的“紧密合作关系”，成立联合服务平台，以支持“深港创新圈”概念和跨区域的创新合作；建立互动的信息平台，通过信息技术及互联网的设立，加强三方在资讯上的交流，扩展三方的技术资源与服务的辐射；充分利用香港科技园在集成电路设计、材料测试、光电子、无线通信和生物医药等五个方面设备资源的优势和双方产业领域的互补，推动深圳高新区、西安高新区及周边企业的项目共享资源，争取列入国家863计划、粤港合作和深圳、西安的地方资助项目；商请深圳市有关部门在深圳高新区设立“绿色通道”，以方便三地园区交流中所需要协调处理的人员交流、工程样品出入境等相关事宜；三方各自提供平台促进三地的企业有选择地在异地落户，并给予优惠的支持和条件等。

深圳市常务副市长刘应力见证了三方合作备忘录的签署。他介绍，此次合作的目的是提升跨区域合作的创新服务能力，加强“深港创新圈”和西部大开发的互动，通过联合的服务平台来加强三地间的科技交流与资源共享。

第二天，各媒体报道了这个新的合作平台。中国高新技术产业导报报道指出，三方合作备忘录的签署，旨在推动“深港创新圈”和西部大开发的互动，探索“一国两制”架构下香港与深圳、西安三地跨区域创新科技合作新模式，促进科技、人才与产业化方面的技术支持、资源共享和市场开拓，也意味着“深港创新圈”进入实质性运转阶段。

这次活动的意义不仅仅在落实深港合作项目对接，也不仅仅是创造了新的区域合作模式，更重要的意义是借题发挥，将深港创新圈这个话题在更广泛的平台上推广。《中国高新技术产业导报》深圳记者站的李站长经过前期的选题，这次让“深港创新圈”在国家级科技领域的大报上亮了相，对“深港创新圈”做了深度解析，即“深港创新圈”主要是深港两地的科技合作，以达到“深港一体化”“同城化”“科技领先”，逐步实现深港两地的“三通”——信息通、人流通、业务通。“深港创新圈”构想的提出主要基于以下考虑：香港的科技园区、高校以及科研机构、公共技术平台大多集中在北部地区，而深圳的高新技术产业和教育科研机构主要集中在南部地区。深港西部通道建成通车以后，两地间的最短距离缩短为半小时车程，科技合作将更紧密，因此，“深港创新圈”又称“深港半小时创新圈”。

此前，深圳高新区与香港数码港已经有了较为具体的合作，但深港的科技合作还存在一些障碍，如人员交往、资金出入、科研设备进出和研发元器件保税出入境等问题未能解决，这些也正是“深港创新圈”所面临的障碍。此次合作备忘录中提出在深圳高新区设立“绿色通道”，以方便三地园区的人员交流、工程样品出入境等，将有望使这些问题得到逐一解决。我当时提出的应尽快启动“深港创新圈”的实际运作，双方可以首先确认“深港创新圈”中的一批骨干机构，并对这些机构的创新活动给予特殊政策支持。

（三）虚拟大学园的深港延伸合作模式

深圳与香港科技大学合作建立“深港集成电路技术联合实验室”之后，香港的其他几个大学也开始到深圳寻找合作项目，但由于双方理念、需求和发展层次的差异，香港这几所大学在刚进入深圳时也经历了“水土不服”的痛苦，不是每个都能复制港科大的成功。香港理工大学在深圳的第一个合作项目是工业设计，该课程在当时是很新颖的东西，还没有得到工业界的普遍认同，后来在深圳的第一届招生就中断了，香港理工大学后来只能借用他们学校的工业中心做了一系列工程培训；浸会大学觉得内地资源非常不错，他们有 MBA 教育、传理文化、社会教育、创意课程和中医药研发的课程，在华强北花 65 万租了片场地做远程社会教育，结果也赔了钱，两年后就撤了。他们想不明白，明明是用心地在深圳做事，为什么就损兵折将了呢？我们分析是因为它的国际课程是全英文授课，证书在内地不被认可，收费也比较高，导致了这样的结果。学历教育也面临诸多阻碍，其中一个影响较大的理念差异是深圳方面迫切希望“教育”能够立即转化为可以进入劳动市场的人才。香港校区用地比较紧张，香港大学希望能够在深圳办一个本科一、二年级的校园，看中了留仙洞片区，但市领导认为本科一、二年级无法直接转化为产业人才，还要占用一块地，就没同意。香港科技大学希望做研究生教育，起步“小而精”，只招 500 人，进行“精而专”的布局，市领导觉得人太少，缺乏规模和影响力，也没同意。当然，深圳是产业立市，对于教育的实用性考量在当时那个阶段也不能说有什么问题，只能说双方还没有找到准确的合作点，一切还在摸索中。

香港中文大学的合作点切入得很准确。徐扬生教授非常积极地撮合双方在技术成果转化方面的合作，港中文的刘遵义校长对此也很支持。徐扬生教授当时跟中国科学院合作研发适用于太空探测的机器人，技术非常先进。中国科学院也希望能够将这个技术在深圳实现产业化，于是两方联手在深圳建立了香港中文大学先进技术研究院，成立后正式命名为“中国科学院先进技术研究院”，下设“香港中文大学先进所”成为两院校所合作的平台。这种合作模式真正实现了人才互通，香港中文大学的硕士生可以选修中国科学院大学的课程，中国科学院大学的硕士也可以请香港中文大学的导师进行指导学习。只是委屈了香港中文大学“隐姓埋名”了。2002 年，香港城市大学在深圳成立了一个生物医药科技中心，2006 年获准组建深圳市药用生物芯片重点实验室。实验室致力于生物芯片技术、纳米生物技术及其应用产品的研究与开发，以及神经与脑科学相关研究，先后承担了国家 863 计划项目、国家重大科学研究计划项目、广东省省级科技计划项目以及国家自然科学基金项目、深圳市双百计划项目、深圳市科技计划项目等多项科研任务，同时为 20 余家企业和研究机构提供技术或产品开发服务。

2006 年，虚拟大学园想做一个“满堂红”，邀请香港中文大学入驻虚大（图 4—2）。徐扬生教授也希望借此机会，在新的平台寻求突破，让香港中文大学能够独立挂名。他说：“我在香港找了半天了也没有空地，我跟中国科学院在一起还是挂他的牌子，虽然有‘窝’，但是没独立门户。”时任虚拟大学园主任的邱宣表示非常欢迎，向香港中文大学表态：“你来就行了。”中文大学还是有顾虑：“我来了，又没名分怎么办？”当时，我正好回到高新办任副主任，分管大学合作事务，就约邱宣和徐扬生教授在高新办沟通这个事情。会谈上，我建议拨给香港中文大学土地、资金和名分。邱宣说：“要名分，虚拟大学园可以给，但是土地和资金得进来以后再向市政府报。权力不在我们这里啊！”会谈陷入僵局，徐扬生教授约请杨刚凯副校长亲自过来面谈。我非常理解香港中文大学的诉求，按章办事的同时也争取灵活处理。谈完以后，我和邱宣主任商量，觉得港中文的事情最好还是一次性解决为好。我让她带着问题在高新办的主任会议上做了专题报告。当时，高新办的主任还是由刘应力副市长兼任，他主持办公会议，高新办的林波、张恒春和我三位副主任共四人参加。我汇报了和杨刚凯副校长、徐扬生教授的会谈情况，说：“香港中文大学觉得憋屈你们都知道，他们希望这次能够做强一点，能给他们一块地。”张恒春是负责规划建设的，表示还没有未签入园协议就直接给地的先例。刘应力副市长倒是很开明："给！只要他们下决心入园来。"我趁热打铁说，"香港科技大学也想要块地，他们和北大合作没有独立权，也是希望做大做强"。因为我还兼任香港科技大学、北京大学与市政府合作的深港产学研基地的深圳代表副主任一职，所以他们都知道这个提议也是代表香港科技大学的诉求，代表深港合作的布局。刘应力副市长想了一下说："都给！一次性给！"就这样，香港中文大学、香港科技大学 IER2 的地块基本上明确了。刘应力副市长要求尽快整理会议纪要，同时以高新办的名义与两个学校高层沟通，让他们提报方案，并将协商情况同步报市政府。当时，深圳城市化建设正在进行大改革，全方位土地招标改革即将启动。高新区的土地马上就要全面进行招拍挂了，毕竟本地也有很多企业需要用地。会上决定将香港科技大学和香港中文大学的建设用地一起列入这次改革方案。

图 4—2　2006 年，张克科与香港中文大学副校长杨刚凯教授和校长助理徐扬生教授考察探讨香港中文大学入驻深圳虚拟大学园

香港中文大学落地安家深圳这边的障碍扫除之后，香港中文大学的积极性也被调动起来了。香港中文大学在校内就在深圳办分校一事公开征求意见。刘遵义校长指定徐扬生作为校长助理，专注跟进该项目。徐扬生教授多次约我单独商量“过河”发展后有可能遇到的各种问题该如何解决等。与此同时，香港中文大学的一些老朋友如黄锦辉教授、学校科研处的老师等，也通过不同渠道找我。他们提出的问题和徐扬生教授的关注点多有重合。我向黄锦辉教授请教这个工作大致是个什么流程。他说学校校董会要听取教职会、学生会、院系等方方面面的意见，他本人是积极主张来深圳的，所以要准备得更充分一些。香港中文大学到深圳办学的大事开始启动了。当时最大的障碍就是 2003 年国务院颁布的《中华人民共和国中外合作办学条例》第六十二条：“外国教育机构、其他组织或者个人不得在中国境内单独设立以中国公民为主要招生对象的学校及其他教育机构。香港特别行政区、澳门特别行政区和台湾地区的教育机构与内地教育机构合作办学的，参照本条例的规定执行。”即境外的组织和个人到中国境内办学时，要求采取中外合作办学的形式。我正在协商的香港科技大学，以及后来咨询香港大学、香港城市大学项目，包括与北大合作的集成电路硕士课程、光华管理学院推出的 E M B A 计划等，都遇到了同样的问题。香港中文大学深圳校区的项目由时任广东省委书记汪洋亲自挂帅，汪洋书记直接带他们到教育部去谈，教育部建议港中大跟深圳大学合作。因为涉及学校品牌和管理模式的差异，广东省高层开诚布公地表明，深圳大学什么都不用管，也不插手学校事务，只作为与港中大合作的深圳政府代表。这样最大限度地保留了香港中文大学治学的独立性。这个项目也比较顺利地拿下了，从此，港中文在深圳高新区有了一个“阵地”，这也为后来香港中文大学到深圳办校区奠定了过渡适应期，增强了教授和创新团队的认同和新选择。现在，以香港中文大学深圳校区为标志的深圳东部国际大学园，已成为湾区创新的新高地。

五、十年一剑，深港创新圈开启深港合作新篇章

经过政府间非正式的交流和民间力量的推动，深港两地资源逐步打通，科技合作越来越紧密，两地政府开始谋求合作新突破，持续拓展深港合作的广度和深度。

（一）两地政府谋求新合作，打破藩篱

1．CEPA让深港经贸关系紧密，拓宽合作广度

香港回归初期，深港合作基本是深圳方面在积极推动，香港响应甚少，都是“只听楼梯响，不见人下来”。有些香港政府官员仍留存着港英政府时代的思维，不愿与内地有太多合作。就算当时的特首希望能与内地更为紧密地合作，仍有人怀疑深圳提议合作的目的，始终持有与内地保持距离和“大香港”的心态，不愿意跨境融合，忧虑香港与内地关系过于密切，会令香港失去政治和社会的独特性，成为中国一个普通的城市。因此，即使深圳不断提出合作建议，香港政府都甚少积极响应，深港合作变成深圳一厢情愿的被动局面。

经历了1997年的亚洲金融风暴，香港整体经济出现低迷，制造业外迁、产业空心化，加剧了其经济的脆弱性，亟须进行经济转型。反观中国内地，即将加入世界贸易组织，北京又成功获得2008年奥运会的主办权，国际地位不断提高，社会大局安定，经济繁荣稳定。香港官员逐渐醒悟到必须搭上中国这艘“快艇”才能促进自身的经济转型发展。2001年10月，香港特区

政府在施政报告中提出："香港的定位就是'背靠内地，面向全球'，需要积极发展与内地的关系。"香港政府官员希望借助中国的巨大经济动力，发展成为外资进入内地的门户、内地企业"走出去"的桥头堡。

2001 年 12 月 11 日，中国正式加入世界贸易组织。香港中华总商会向行政长官提出一份报告，希望在香港与内地之间建立自由贸易区，以便香港能够充分利用中国"入世"后的过渡期，先行进入内地市场。2002 年 1 月，外经贸部安民副部长与香港特区政府财政司梁锦松司长，就董建华先生正式向中央提出建立内地、香港自由贸易区的建议，在北京进行了第一次磋商，中央将内地与香港的未来合作模式定名为"更紧密经贸关系安排"。较之传统的自由贸易区的区域经贸合作形式，更紧密经贸关系安排所涵盖的范围更广，更具灵活性。较之传统的自由贸易区主要涉及货物贸易及相关事项，更紧密经贸关系安排充分考虑到香港以服务业为主的经济结构特征，涵盖的合作内容包括货物贸易、服务贸易、贸易投资等诸多方面。

内地与香港经过一年半的 4 次高层磋商、15 轮高官磋商，《内地与香港关于建立更紧密经贸关系的安排》（CEPA）于 2003 年 6 月 29 日正式签署。CEPA 的总体目标：逐步减少或取消双方之间实质上所有货物贸易的关税和非关税壁垒；逐步实现服务贸易的自由化，减少或取消双方之间实质上所有歧视性措施；促进贸易投资便利化。CEPA 包括文本及 6 个附件的磋商纪要，主要内容有三大部分：货物贸易自由化，内地自 2004 年 1 月 1 日起对 273 个税目的香港产品实行零关税，2006 年 1 月 1 日起对全部香港产品实行零关税；扩大服务贸易市场准入，惠及香港 17 个服务行业；内地与香港贸易投资便利化。

CEPA 的最大价值，在于它是内地在 WTO 框架下，按照国际惯例实现香港与内地的更紧密经贸合作，既保证了中央继续给予内地从事经贸活动的港企以特殊待遇，同时又没有违反 WTO 规则，相对于过去由政府自行制订和给予的特殊政策来说是一个实质性的制度提升，同时为香港经济转型提供了巨大动力。CEPA 的实施不但在合作范围上极大地拓展了港深合作的范围和领域，而且在合作深度上也取得了更具实质意义的进展。CEPA 的国际规则和国际惯例的特质，从制度上确保了港深合作的顺利开展。特别是在经过十轮 CEPA 的安排之后，于 2015 年在广东省开展高端服务业全面开放的部署。随着 CEPA 的实施，香港服务业向深圳的延伸进度加快，为港深合作提供了一个开放式的合作空间，极大地拓宽了港深合作范围。直到 2021 年 9 月，在粤港澳大湾区重点片区开放政策连续出台，珠海澳门横琴合作、深圳前海深港合作、深圳河套规划布局的时刻，时任香港特区行政长官林郑月娥特别提出要在 CEPA 的框架下，更进一步和中央政府及相关主管部门深化开放策略，特别突出了香港作为“一国两制”下不同关税区的重要地位和不可替代的价值。

2.“1 + 8”协议确定合作方向，推动深港合作纵深发展

香港想要进入内地市场，最好的平台是深圳。深港双方认识到，在经济全球化的新形势下，充分发挥香港在大珠江三角洲乃至泛珠江三角洲的龙头作用，发挥香港高水准服务业和优越营商环境的优势，提升大珠三角作为全球重要制造业基地的地位，对于推动深圳与香港的长期共同繁荣，具有极为重要的意义。深圳在地缘、交通、经济环境及文化背景等方面具有衔接香港与内地的便利条件，在香港拓展经济腹地，扩大其国际贸易中心、金融中心和物流及航运中心的辐射范围等方面能够给予积极的支持和配合。基于上述共识，双方愿意加强两地间的合作，实现互惠互利、优势互补、共同繁荣。深港合作在这一时期也得到了进一步深化。

虽然深港两地民间商界经济市场互动频繁，但是深港官方合作却一直缺乏直接对接的沟通渠道。除延续以往的边境联络官对话渠道解决紧急事务外，当时深圳与香港两地在政府层面的直接沟通渠道，主要是由广州、深圳两地市长担任双副主席制参加的粤港联席会议。2004 年春节，深圳市政府主要领导想过河给相邻城市的香港特首拜年，都未得以成行。之后，在做了各方面沟通和准备，并报经国务院港澳办同意，2004 年 6 月 17 日，时任深

圳市市长李鸿忠首次率队访港，和时任香港特区政府政务司司长曾荫权会面。这次访问的成果为后续的深港合作打开了新的局面。这一天，双方签署了《加强深港合作的备忘录》及其他八份合作协议（简称“1＋8”协议①），部署了包括法律服务、经贸合作和投资推广、旅游、科技、会展等方面的全方位、多范畴的合作。更重要的意义是双方建立了深港合作会商机制，这是深港两地政府第一次建立直接沟通机制。

自此之后，深港两地政府建立了固定的沟通交流机制，两地全方位整合各方面资源，把来自民间、企业、研究机构等的各种动力形成合力。彼此亦加强了城市规划、产业规划等方面的沟通和讨论，很多事关港深两地的重大问题都提上了政府议事日程，推动港深合作更快更好地发展。至今，已有十几个专班日常工作小组，形成了互谅互商、共谋共建的新局面。

“1＋8”协议明确提出了港深合作的前提和基础，就是要维护和发挥香港在大珠三角和泛珠三角地区的龙头作用，实际上是希望把香港稳定和繁荣列为国家战略的同时，也把港深合作提升到国家战略的高度，虽然这种希望还要经中央政府的首肯。李鸿忠市长曾表示，双方签署《关于加强深港合作的备忘录》，确定了深港合作的大方向、大原则，这是深港合作史上一个里程碑式的文件，为深港合作奠定了坚实的基础。而“1＋8”协议的签署也标志着深港合作在泛珠三角区域合作和粤港合作的框架下迈出了一大步。“合作备忘录”模式成为深港两地政府间协同互商的崭新工作模式。

---

① “1＋8”协议：“1”指《关于加强深港合作的备忘录》，“8”指《法律服务合作协议书》《香港工业贸易署—深圳贸易工业局合作协议》《关于投资推广的合作协议》《关于加强经贸交流与合作的协议》《旅游合作协议》《关于加强港深旅游市场管理合作协议》《科技交流与服务合作协议》《深圳高新区—香港数码港管理有限公司战略合作协议书》。

（二）深港创新圈初现雏形，描绘深港科技合作蓝图

1．深港创新圈在深圳之“特”中应运而生

这一时期，国家提出了自主创新战略，科技被列为国家发展的重大领域。从2004年开始，国务院召集2000多位专家研究起草了2016—2020国家中长期科学技术发展规划纲要。2005年9月，温家宝总理在深圳召开的经济特区工作座谈会上提到，国家实施自主创新战略，将深圳特区建设成国家创新型城市，要求深圳特区积极发展与香港在基础设施、口岸管理、高新技术发展、服务贸易、科技教育文化等领域的全面合作。当时，深圳经过特区20多年快速发展逐渐进入瓶颈期，很多人在讨论深圳还“特”不“特”，有人认为深圳特区的“特”正在褪色。深圳市政府认为，深圳要继续保持“特”，关键是跟香港全面合作，从制度差异的合作中挖掘“特”的潜能。这时，市领导提出“学习香港、服务香港”的概念，谋求深港更全面的合作。

在这过程中，深圳承担了经济特区科技创新的专题研究。2005年7—8月，国务委员陈至立率国家有关部委领导亲临深圳调研。调研组在考察深港产学研基地时，我也参加了接待，特别向考察组一行介绍了深圳市和香港科技大学合作的成果。2001年起，深圳已经采用新型的考核办法推荐深圳的优秀应届毕业生入读香港科技大学，比国家统一安排早了4年。同时，深圳得到了香港科技大学的支持，后者在深圳集成电路产业化基地为深圳提供技术服务、IP共享和高层次硕士人才的培养服务（图5—1）。在参观李泽湘教授创立的固高自动化项目公司时，调研组一行饶有兴趣地观看了李泽湘教授研制的全套工科自动化专业的教学实验教具。李泽湘教授介绍，创业6年，从这套教具开始才转向盈利，收获到了产学研合作的市场机会。听到这里，陈至立国务委员将教育部和科技部的两位部领导叫到陈列的展位前，请李泽湘教授再讲了一次这个故事。科技创新、人才培育、香港模式、开放实验等话题，在几位领导和教授之间讨论起来。

图 5—1 深圳市李鸿忠市长、香港科技大学朱经武校长与在读的深圳选招的学生代表合影。这几批学生成为深港创新创业的生力军，出现了以大疆为代表的港科大学生创业群体。

2005 年 10 月，时任深圳市常务副市长刘应力在高交会期间，首次提出建设“深港创新圈”的概念。当时，深圳还处于对“1 + 8”的热议中，与香港合作的口号繁多，对什么是“深港创新圈”尚没有一个统一且清晰的认识。这一概念也被淹没在“深港旅游圈”“深港商务圈”“深港金融圈”“深港生活圈”等此起彼伏的口号以及高交会热点之中，并没有被媒体广泛重视。那时，我已经回到高新办担任副主任一职，刘应力副市长专门跟我说，“你关注一下深港创新圈，我们要在科技合作上面做一点实事，看看怎么去推动深港科技合作”。

根据刘应力副市长的意见，在深圳市科技局和高新办的支持下，2005 年 12 月，我们组织了一个民间的“建立深港创新圈专题研讨会”。这个研讨会专门邀请国务院发展研究中心隆国强部长做主题研究报告，同时也约请了国家有关部委、广东省科技厅、香港特别行政区及深圳市科技教育界的代表合计约 50 人参加。会议对建立“深港创新圈”的必要性、可行性、可操作性，以及“深港创新圈”的定位、目标、主体、模式做了较为广泛的开放式讨论。这个研讨会实际上有点“吹风会”的性质，投石问路，我们想看看这个概念能不能得到中央的支持以及明确的定位，也听听香港方面和民间的意见。

刘应力副市长到会全程听取了专家的意见，并提出了未来深港合作要实现的五个转变：一是由民间为主转变到以民间为基础、以政府为主导的模式；二是由以产业化为基础向应用基础研究甚至基础研究上游转变；三是从逻辑合作向物理的、有载体的合作转变；四是从科技的合作向围绕科技创新所有要素的合作转变；五是从单边对外合作向双边对外合作转变。而建立深港创新圈是实现这五个转变的重要载体与途径。现在看来，这个讨论会更大的意义在于，聚焦“深港创新圈”的新概念，动员和鼓励参与合作的支持机构主动推动，同时也为市委市政府 2006 年 1 号文件《关于实施自主创新战略建设国家创新型城市的决定》的出台奠定了理论基础和社会共识。

会后，我们整理了“建立深港创新圈专题研讨会”参会嘉宾的重要观点。

定位方面，深港创新圈的定位符合国家产业结构升级的要求，也反映了香港产业结构升级的内在要求。深港创新圈应该定位为一个世界级的研发地带，让全球的研发资源在此汇聚。它应当是一个国家战略，是一个真正可以引领香港和内地实现整体结构升级的创新圈。应当建立深港创新圈将成为中央政府、广东省政府、深圳市政府、香港特区政府共同努力的重要目标。20 年后，中国可能变成全球第二大甚至第一大经济体。其中，将会有一个或者几个以创新为特色、可以引领这个庞大经济体的核心地域，深港创新圈势必有一席之地。

通过对世界级的创新圈进行比较，我们提出了深港创新圈的模式。美国硅谷是以 IT 技术为核心的企业研究活动中心，是引领美国在整个信息技术革命中领先全球的重要基地，肩负着引领美国经济结构升级的重任。台湾地区的新竹模式是由政府建立工研院，通过工艺技术的研发建立衍生公司，在一系列高科技政策引领下变成本土的大企业，从 20 世纪 80 年代起引领了整个台湾产业结构的升级。美国的波士顿是全球一流大学密度最高的地区之一，依托大学基础研究和应用基础研究成果，发展出了一系列知识密集型产业，成为全球生物技术最发达的区域之一。印度的班加罗尔享受到了全球化的红利，通过承接全球产业转移的方式大力发展软件服务、电子研发服务等。而深港创新圈的建设模式，应该是一个以“研发+产业化”为基本特点的创新圈。既不像波士顿地区大量做基础研究，又高于班加罗尔对服务转移的研发，它将结合整个珠三角的产业基础探索独特路径。

根据深港合作的实践和经验，以及两地资源的对接，专家建议深港创新圈的主体一定是官、产、学、研相互结合和良性互动的创新圈，各自发挥不同的作用。政府首先要做一个规划，确定创新圈的定位、目标、模式，再在这个基础上适应创新的企业、科研机构、大学的需要，营造一个适合其运作的集法制、政策、融资于一体的环境和平台。创新圈真正的主体是企业。国际级的创新圈应该不仅包括香港或者深圳的企业、资金、产业，更应该涵盖全球的企业、资金、产业。如果简单以“是不是深圳的企业或者香港企业”为标准判定能否进行资助，是与世界级创新圈的要求不符的。其中，研发机构和大学将会起到非常重要的作用，但关键还在于我们营造的环境是否能让他们和各大企业真正地结合起来，把创新研发相关活动有序地组织起来，最终形成一个创新的沃土。

在落实深港创新圈建设方面，建议采取以下相关措施：在国家层面，比较便捷的路径是把建立深港创新圈规划纳入 CEPA，这样中央政府、特区政府都可以认同，而且马上就能予以实施。在两地操作层面，以重大项目为切入点，先进行一些合作，再逐步推进。在此基础上，再规划各方面序列推进，取得国家和香港的共识。同时，冀望香港有影响的团体、人物、机构向特区政府提出建议，而且是深港两地经过充分酝酿可以操作、实施，能实现两地共赢的建议。同时，在起步阶段，可以以民间机构的名义向各级政府提出议案。

建立深港创新圈专题研讨会召开之际，香港官方还没正式介入，也没有表态。有个很有意思的细节：时任香港特区政府工业贸易署署长的杨立门代表香港特区政府礼节性地出席了开场活动，但在之后的发言环节就离席了，我还特别起身送了送他。我们是老朋友，他在教育统筹局做局长时，我们一起做过香港科技大学及大学发展的交流，后来他任香港特区政府计划局局长，我们对河套发展也有过深度交流。我原以为他的中途离席是因为工作时间的冲突，后来他在春茗活动上遇到我，主动询问我有没有这次研讨会的会议纪要或者决议之类的文件，想了解大家都有什么想法，并表示那天他原本可以参加全程会议，但事前没有得到香港政府对“深港创新圈”这个概念的意见，所以不便在场听下去，担心不好做针对性表态。

之后，我陪同市科技局分管深港合作的副局长和工作小组一起拜访香港中央政策组，邀请他们出席来年 4 月在深圳召开的专题研讨会。大家都是老朋友了，中央政策组全职顾问曾德成先生很坦诚地告诉我，香港政府在这之前对“深港创新圈”没有研究，按照香港的体制，各方面都很难与深圳互动对接，但他答应参加会议。我和他商议是否可以通过两地首长间的私人通信进行前期沟通，并达成共识。若不与香港沟通，借助香港力量共同推进，深港创新圈是很难做成的。

由此可见，这一阶段，深港创新圈开始由以民间推动为主，尝试逐步转向民间与政府共同推动。

2. 深港创新圈在理论探索中走进香港视野

2006 年 1 月，深圳市委市政府出台了 1 号文件《关于实施自主创新战略建设国家创新型城市的决定》，明确指出要加快建设“深港创新圈”，并专门设置了一个章节讲述如何建设“深港创新圈”①，这是政府层面首次正式

① 《关于实施自主创新战略建设国家创新型城市的决定》（深发〔2006〕1 号）：加快建设“深港创新圈”。进一步完善深港科技合作机制，促进两地创新要素的合理流动，探索建立联合创新信息平台、联合培训基地、联合实验室、联合教育体系，实现信息互通、实验室共享、研究经费共担、研究成果共享。支持深圳企业采用委托研究、共同开发等形式，加强同香港高校和科研机构的研发合作，参与粤港关键领域重点突破联合攻关项目。积极引进香港中介服务机构，把香港发达的国际金融业、现代服务业与深圳的高科技产业生态和活跃的创新活动结合起来，使两地成为创新资源最集中、创新活动最活跃的创新圈。

提出"深港创新圈"的概念。"深港创新圈"的提出与我们之前实践的深港合作一脉相承。希望"深港创新圈"的定位能上升到国家层面，希望有重点地将之作为一个合作体，这样，"深港创新圈"就比我们早期提的河套地区有更大的扩展性：一是把这个平台建设和机构的合作作为重点项目，如高新区虚拟大学园、集成电路设计基地等，同时也加强在高校以外的公共平台合作，如香港创新署、生产力促进局这样的合作平台。二是把河套地区的重大项目、创新人才和各项资源都能够投入进去。因此，"深港创新圈"既加强了现有深港合作，又为未来深港合作描绘了蓝图。

文件出台后，激起了很大的社会反响，但对于这样一个涉及深港两地的合作蓝图，只有深圳的热衷和宣传是不够的，还需要得到香港方面的积极回应和有效参与。深港产学研基地决定 2006 年 2 月在香港科技大学召开理事会工作会议，刘应力副市长作为深港产学研基地理事长将出席这次会议。这是向港方宣传深港创新圈的好机会，我建议请刘应力副市长做一个公开演讲，专门讲一下深港创新圈。在征得同意后，我开始联络各方安排日程。香港科技大学的朱经武校长非常支持这个安排，但联络场地时出了问题，当时香港科技大学已经开学，符合演讲活动安排的教室基本满课没有空余。这时，朱经武校长就提议，可不可以把这个演讲安排在 5 月 15 日的建校十五周年纪念活动上（图 5—2）。我说，从场面方面考虑，这个安排是没有问题的，但从时机方面考虑，这个安排还是有点迟。我向朱校长说明自己的想法，希望能够在市政府文件出台后，立马把"深港创新圈"推广出去。同时，我们希望能够由刘应力副市长来演讲这个主题，他以出席深港产学研基地理事会的身份赴港的行程，已经通过报批同意了。如果调整到 5 月赴港进行公开演讲，担心会有更多的不确定性。所以，我坚持将演讲安排在这次理事会召开期间。经过几番调整，香港科技大学最后调出一个教室，演讲安排在下午 4 点半开始。

图 5—2　张克科参加香港科技大学校庆庆祝活动

临到开会前几天，刘应力副市长去北京参加科技部的一个重要会议，原本计划我们先到香港，刘应力副市长在科技部会议的第二天上午从北京飞来，争取下午 3 点前到，结果他那天午夜就从北京赶回深圳，一大早从深圳赴港，并主持了上午的理事会。

下午的演讲只安排了一个半小时，因为 6 点后教室还有课程安排。到会场后我们发现，虽然是下午 4 点了，但这个近 200 个座位的梯形大教室座无虚席。香港各高校的校长、副校长和一些科技团体机构的知名人士，济济一堂。老朋友一一寒暄后，演讲开始——深港创新圈全新亮相，会议气氛热烈。当时，我就觉得这次演讲一定非常成功。

会上，刘应力副市长做了以《深港创新圈的构思与展望》为题的演讲。演讲开门见山地抛出了深港创新圈的定位——“应将深港创新圈建设成为国际领域有影响、国家战略有地位、区域建设有贡献的创新圈，即深港创新圈在经济、科技、教育发展等领域要达到国际先进水平，要纳入实施自主创新战略、建设创新型国家的国家政策层面，要对区域未来产业提升、生产过程转移、经济协同发展做出重要贡献”。

这次演讲在香港得到了很好的反响。在以后多次的交往中，好多香港朋友都说是听了那次演讲后才对深港创新圈有了认识。当时，我们也通知了深港两地的媒体，希望能够通过这个机会发出一些声音。第二天，香港的报纸都刊登了这则信息，反响强烈。但不知什么原因，深圳这边对此事没有相关的报道。这里，我将应力副市长的演讲内容首次摘录，分享于此（见专栏5—1）。

专栏5—1：刘应力：深港创新圈的构思与展望

（根据刘应力常务副市长于2006年2月在香港科技大学公开演讲整理）

我很高兴在这里发表一个演说，但当我知道这是香港科技大学成立十五周年庆祝的第一篇演说时，觉得受宠若惊，因为我的资格无以拉开序幕，如果做个结尾或者中间的插曲还有可能，但是朱经武校长的命令我一定照办。

香港科技大学是我非常崇敬也是有非常多情结的大学。我到深圳已经二十三年了，也是看着香港科技大学这十五年的成长。香港科技大学十五年来已经成为中华民族教育的楷模。短短十五年，在学术领域里教授的造诣、学术的水平都名列亚洲之先，在国际上也具有相当重要的地位。商学院被美国、英国金融时报评估为亚洲第一。

大学不是简单金钱的积累，而是一个时间的堆积，大学没有几十年或者上百年很难成为国际上有地位的大学。北京大学有百年的历史，欧洲有几百年的历史，国内也讲有几百年的大学，那是私塾概念的大学。这样来看，我们更应该为今天的香港科技大学而骄傲。

昨天上午我在人民大会堂做了一个演讲，是中宣部、科技部组织的关于自主创新的报告会。在今年年初的全国科技大会上，深圳市委书记李鸿忠作为唯一的市级领导做了发言。昨天发言五个人中，我也是唯一的一个城市的代表。这一切都说明深圳25年间发生了很大的变化。各位教授、各位同学经常到深圳，虽然还有很多的意见，但不得不承认深圳已经成为很有魅力的城市。

今天的主题是深港创新圈的构思与展望，我想讲四个问题。

第一，深港创新圈的提出。

“深港创新圈”这几个字，大家可以把它分为三段来理解：第一个是“深港”，第二个是“创新”，第三个是“圈”。在这三个要点上，可以把“深港”看成是地

续表

理名词的概念，“创新”就是我们的目的，是做什么。为什么加个“圈”？我认为这里应该有个区域的概念。大家知道硅谷是一个圈，打开地图，深圳和香港之间有个湾，西边叫“深圳湾”，东边叫“大鹏湾”，我们处在同一个紧密的区域。为什么提出“深港创新圈”？首先是深圳和香港政府对这个区域的发展高度重视。去年 11 月 12 日，香港特别行政区行政长官曾荫权先生的施政报告中对深港合作明确提到的有三次，第一次讲到深港两地在食品安全、治安以及环保方面加强合作，第二次讲到深港两地跨境基础设施建设得到了发展，第三次讲到香港特别行政区将减少禁区面积。从施政报告中可以看出深港这个区域的问题越来越重要了。深圳市委书记李鸿忠到任后即访问了香港，特别到了香港科技大学，和朱校长有很好的会谈，也和香港特别行政区政府签署了“1 + 8”合作文件：“1”是总框架，“8”是分行业、分专业、分领域。其中，科技、教育是非常重要的一个内容。去年 6 月，新的一届深圳市政府成立，市长专门带领我们访问香港特别行政区政府，拜访了曾荫权特首和其他的官员。市长在就职招待会上，专门提到与香港的关系：向香港学习，为香港服务，携手共建美好的未来。我们与香港各级政府进行了会谈，还签署了备忘录。深圳市科技局与香港创新科技署进行合作，还专门派几位同志驻在香港进行学习。 　　深港已经开展了多项科技、教育的合作。广东省科技厅和香港创新科技署有一个粤港科技创新基金，去年有 5.3 亿，深圳市科技局对应的投入 3000 万。这个项目也得到香港很多大学的支持，和深圳的企业进行合作，其中香港科技大学居多。香港科学园和深圳市高新区、深圳市科技局都有很多的合作。在香港科学园有个 IC 的测试线，这个测试线的研发设备都是非常优良的，深圳的很多企业通过国家集成电路设计深圳基地的平台，在这里与他们有很好的合作，比如华为公司 3G 套片就是在香港科学园进行测试。香港生产力促进局已经在深圳设立了办公室，并且把他们的服务、培训、测试、平台带到内地，为在内地的港资企业包括深圳周边的企业服务。香港数码港与深圳市高新区能实时地进行全球通视频对接联系。当然，香港的各个大学在深圳进行了非常实在的工作。1999 年，香港科技大学、北京大学、深圳市人民政府共同出资 8000 万元建立深港产学研基地，经过多年的合作，已经有了一套完整的管理体系，有一个属于自己的研发大楼，面积 36000 平方米。另外，香港科技大学和北京大学的很多教授长期在深圳进行研发、

续表

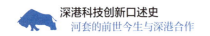

教育工作。香港理工大学投资 6000 万在深圳建立一个中药研究中心，而且已经被国家科技部确定为国家重点实验室。据科技部专家告诉我，说这是目前在内地水平最高的一家中药实验室。香港理工大学经过校董事会同意，再次投资 7000 万元在深圳建设自己的研发基地。香港城市大学已经投资 2000 万元在深圳设立医药研发中心和电子中心，香港城市大学经过校董事会同意再次投资 6000 万元在深圳建设自己的研发基地。其他的大学，比如香港大学、香港中文大学在深圳都有很多的合作项目。深圳的企业和机构在香港也有很多的活动，在香港主板和二板上市的深圳公司已经有超过 20 家，香港创投公司选择深圳的很多中小企业作为战略投资对象。在这方面，深港合作已经有很好的基础。 　　深港合作不是今天才提出的，深圳有今天的发展，香港的作用是非常大的，即使深圳现在在全国的 GDP 总量排在第四，香港的要素不是弱化而是强化。为什么不叫“深港合作”，而叫“深港创新圈”呢？我想从两个方面来理解“创新圈”。纵观全世界，任何一个有高科技产业的地方，都会有优良的大学、高水平的研究机构，在旧金山有硅谷、在波士顿有 128 号公路等，在新竹有清华和交大。从地球上来看我们所在的区域，深圳与香港是一个区域，不是两个区域，尽管有边界线，我们这个区是一个国家的两个区，是“一国两制”，但经济下的一体化已经融合得非常强烈。深港两地平均车辆每天 4.6 万辆，去年通过深圳口岸进出香港的旅客达 1.4 亿。初步统计去年香港的大学一年去深圳做科研有近 1300 多人次，所以说我们具备了这些要素交互、流动的基础。纵观全球，没有哪个地区在不到半小时、一小时的路程里，成本的梯度是这么陡峭，是这么的突变。伦敦、纽约等任何一个地方开车一小时，成本、物价指数是线性的变化，而不是突变。只有香港、深圳成本的梯度是陡峭的变化，是拐点的变化，是非线性的变化。这个陡峭的成本为两地创新圈的合作提供了内在的动力，只是经济的动力、市场的推动才是内在的动力，而不是官方的号召和理论家的学说。为什么我们这个区域的人们不充分利用这个成本梯度，来创造我们最佳的成本优势、最佳的竞争优势呢？如果我们不充分利用这些优势，可能会错失经济的竞争力。在中国，深圳和香港是市场化程度最高的区域，深圳是内地市场化最高的区域，香港是完全和国际接轨，我们从这个区域整体来看，市场化程度及与国际接轨是最好的。当然，很多的省市都在与香港合作，有粤港合作、京港合作，还有我的老家——吉港合作。

续表

我们深港 1 小时的车程，是相当方便的最有利的条件。两个月内，我与朱经武校长见了三次面。今天早上 8 点从我家出来，不到 9 点就到了科大。虽然我们全球信息网络这么发达，地球变成村，我们可以通过网络进行联络，但是我们毕竟是人，是感情的动物，需要四目相对，需要感情交流，而不是屏幕对屏幕，具有这个条件的可能只有深圳。你到任何一个地区，哪怕是坐飞机，也不可能当天回来，到深圳当天就可回来，这样经常的沟通可以形成人与人之间的信任感，容易使我们的潜能在合作中得到发挥，所以“深港创新圈”的提出是有需求和可能的，并不是人为杜撰出来的，我们在今年提出这个问题更有其现实意义。如果在 20 年前、10 年前提出这个问题，我们都只是理论家，只是我们的想法、我们的意愿，但是在今天是非常非常之现实的，有非常实在的效果。

第二，深港创新圈的定位。

经过上面的分析，我们对“深港创新圈”应该有了一定的认识。这个定位是：国际领域有影响、国家战略有地位、区域发展有贡献。

国际领域有影响，包括经济领域、科技领域、教育领域，都要有影响。香港科技大学的商学院亚洲第一，也应该是深圳的商学院，深港区域的商学院，它也已经有国际影响。国家战略有地位，最近国家科技大会刚刚召开，我也有幸参加了科技大会，刚刚公布的国家中长期科技规划以及配套的政策，可以说开启了中国科技发展的新纪元，特别提出了用 15 年的时间建设创新型国家，中国十几亿人的国家，R & D 占 GDP 的比重只达到 1.6%，要达到像芬兰、以色列、韩国和美国等创新型国家的水平，最少达到 2.5% 以上，以色列已达到 3.5%。我们还有很多的困难，但是我们国家如果不确立创新型国家这个目标，会遇到很多很多的问题，所以“深港创新圈”要研究的第一个大背景就是国际大背景。

在研究国际大背景的时候，首先要研究产业转移的规律。从 80 年代以来的产业转移规律，我归纳为四个阶段：80 年代称之为“产品转移”，80 年代很多的企业把产品拿到东南亚、中国的东南沿海，拿到深圳来；90 年代称之为“产业转移”，一方面为降低成本把产品拿到这些地区，另一方面要把配套的科技拿到这些地区。过去，产品转移的时候只是利用那个地区的廉价劳动力，那么 90 年代要考虑这些产品要进入这些国家和地区，所以搞产业转移；到了 21 世纪，称之为“结构转移”，最明显的特征是制造集中化、研发分散化、采购全球化。也就

续表

是说，大家经常听到的世界工厂的概念，制造集中化不是简单的成本低，西藏、青海成本低，哪有一个跨国公司愿意去呢？深圳好像成本高了，但为什么还有那么多的企业愿意去呢？所以在研究产业转移的时候，要研究一个综合成本的概念。成本分显性成本和隐性成本，显性成本就是可以量化的，人工、水电、土地等这些是可以直接量化的成本，隐性成本就是配套条件，如物流条件、政府服务、社会安定，只有隐性成本加上显性成本形成综合成本的优势，才是最佳时机，才是转移的目标。现在，我们手上拿的手机，可以说是“霸王别‘机’”。霸王不生产手机了，你们打开手机看看，已经不是在韩国、芬兰，更不是在美国生产的——为什么？因为从生产的利润曲线来看，是 U 型的，左边是研发，右边高端是服务，中间的底层是制造，一定要把低成本的产业和过程转移走；到了今天，出现一个新的转移，可称之为“过程转移”。什么叫过程转移？欧美大公司的人事部、采购部都不是自己来做，荷兰银行的财务部门是委托其他公司去做的，在美国你打 800 的时候听到一个纯正的美式英语口音，但是这个人并不在美国，可能在印度、菲律宾、中国。IBM 在深圳高新区就有 200 多人，这是个过程转移。换句话说，前面两个转移都是第二产业的转移，现在已经出现了第三产业转移，这样一个服务业的新型产业转移的机会出现了。深港区域应该充分利用产业转移的机遇来使我们得到增长，我们不能错失这种产业转移的机会。 　　刚刚在瑞士召开的财富论坛上，大家关注中国和印度的经济发展为什么如此之快。去年 12 月，我专门到了印度，和比尔·盖茨、原信息产业部部长吴基传三人私下有个小小的会谈。中国很多城市和部委的领导也去参会了。当时，我也不知道为什么会选择我去参加单独会谈，应该是因为“深圳”吧。我们谈了很多微软的问题，得到一个很重要的信息，就是微软决定在印度投资 10 亿美元。为什么在印度投资这么多？很多朋友到过印度，印度的朋友跟我说：“你们中国发展真快啊！”听了心里很高兴，第二句话是：“快赶上我们了。”印度去年 GDP 增长 8%，中国 9.3%，我们眼中的印度苍蝇满天飞，住的五星级酒店前垃圾成堆，头等车厢拿到的面包包装纸都是黑色的，实在难以吃下。他们整体可能不如我们，但是很多情况下，我们并没有赶上他们。万人大学生的人数我们没有赶上，软件出口也有很大的差距，他们去年出口 100 亿美元，中国不到 30 亿美元。印度的发展应该引起我们的关注。我专门去了他们的一所大学，与香港科技大学相比那就

续表

是贫民区。我特意去了教授、学生的宿舍，那学生宿舍就像工棚一样，但很多教育，学生是不用花钱的，教育水平相当高。 我们要充分认识到产业转移不只是到中国来，而是到全世界去。因为工作关系，我经常会和跨国公司谈判，不是谈华东地区、华南地区，而是谈菲律宾、泰国等，是全世界衡量综合成本哪里最好。深港创新圈是国际大背景，我们应该深刻认识到产业转移对我们这个区域有挑战也有机遇。 第二个大背景是国家的大背景。中国的经济发展是全世界瞩目的，任何一个跨国大公司如果不在中国有投资，它的效益也会受到影响。中国 GDP 去年是 9.3%，今年预计也会在 8%—9%；香港的 GDP 去年增长 7%，预计今年 5.5%。中国经济高速的增长已经面临一些问题，如 SARS、禽流感，还出现了煤矿事故等。中央政府提出科学发展观，发展要讲经济总量，更要讲经济环境、社会环境。国家在科技大会上为科技中长期规划提出了一些科技政策。我知道很多政策是以前没有出现过的，中央政府下决心要建设创新型国家，这个时候，深港地区应该做更多的贡献。 第三个背景是区域大背景。香港经济去年增长 7%，昨天报纸说经过 7 年的徘徊香港经济已经走出低谷，已经战胜了亚洲金融风暴遗留下来的问题。在去年 10 月曾荫权特首的施政报告中，特别强调全方位发展经济，而且香港政府对科技、教育也高度重视。 董建华特首在 1998 年就布局投资 50 亿进行科技创新的工作，包括建立应用技术研究院、大学的科研机构等。同样，深圳也取得了很好的成绩。去年深圳的 GDP 总量达 4927 亿，全中国大中城市排第四位，和第三位的广州只差 170 多亿，GDP 增速为 15%，出口 1015 亿美元，成为全中国年出口超千亿美元的城市，连续 13 年全国第一，占全中国出口量的 14%。深圳全口径的财政收入为 1360 亿，去年为中央财政提供了 900 亿的资金，相当中央政府对西部 3 个省的财政支付。去年，深圳港集装箱 1600 万标箱，居世界第四大集装箱港口；香港 2400 万标箱，全世界第一。我们的机场 1600 万旅客吞吐量，全中国第四；香港机场接近 5000 万吞吐量。深圳去年每平方公里 1.75 亿 GDP，中国最高，能耗（水、电、煤等）是全中国平均水平的 1/3。深圳的工业总产值中，高科技占一半，在高科技中又有一半是有自主知识产权的技术。当然，深圳在经济发展中也遇到很多困难，

续表

主要有四大问题：第一是结构性的问题，深圳的工业结构还有一定问题，IT 业独大，其他产业规模不是很大，这是很危险的。第二是资源问题，深圳占地 1953 平方公里，经过 20 多年的开发，756 平方公里的可建设用地用去了 500 多平方公里，只剩下还有 200 多平方公里。香港经过百余年的开发才用到可建设用地的 23%，现在深圳的土地资源十分紧张，如果按照传统的开发方式，1 年如果开发 20 平方公里，10 年就没有土地了，就没有办法维持可持续发展了。深圳每年用水 13 亿吨，2/3 要从外地引进。去年用电量为 421 亿度，比贵州省、陕西省一个省的还要多，能源的来源有很大问题。我们的油主要依靠进口，由于含硫低，价格就很高。煤的问题更大，广东基本没有煤，我们要靠山西等其他地方的煤，一旦出现台风，我们都要半夜研究如何把船从秦皇岛开到深圳，如果煤的存量仅够 5 天使用，就要报警了。全中国第一个 LNG 正在深圳修建，气源也是从西澳大利亚运过来的，价格和运输都成问题。再说人口问题，深圳户籍人口 165 万，超过半年以上在深圳的管理人口超过 1000 万，大量的非户籍人口在深圳生活，社会管理压力非常之大。第三个问题是发展阶段的问题。深圳去年人均 GDP 为 7100 多美元，香港是 24000 美元。如果按购买力计算，深圳已经超过 10000 美元，全世界如果人均超过 10000 美元的时候，刚好是个转型期，搞好了发展下去，搞不好就停滞不前、就萎缩。最明显的就是拉美国家，墨西哥 9000 万人口，人均 GDP 为 6000 美元，贫富差距很大，贫民区很多，R & D 占 GDP 比重仅 0.62%。墨西哥的 GDP 是通过加工区来实现的，没有自主知识产权。阿根廷，去过的人都知道那里非常欧洲化，对外国人不屑一顾。2001 年，我去过阿根廷，当时美元与阿根廷币的汇率是 1 ：1，拉美经济危机的时候一下子降了 1/3。拉美模式和拉美的陷阱提醒我们，如果没有自主知识产权，没有自己的工业体系，就会造成很严重的后果。再来看看韩国和台湾地区。韩国在 20 年前汽车业、电子业都不如中国，中国大陆建立第一条半导体生产线的时候，韩国没有，我们的汽车工业是 1955 年开始，韩国比我们晚，但现在很多路上跑的都是韩国汽车，而且韩国的动漫产业产量已经超过汽车产业。所以说，深圳现在处在一个十字路口：走得好，有出路；走不好，资源也没有了——这个城市有很多危机。第四个问题是原创性问题。去年深圳的专利申请量位列全国第三、国际专利全国第一。就算是这样，我们的基础专利、组合专利、原创专利还不在自己手上。如电信手机不管我们采用什么制式，国外的

续表

高通都会找你要钱，因为 CDMA 的核心专利在他们手里。高通公司的大楼里，两面墙都是专利牌，他们不是靠产品来挣钱，而是靠非产品来挣钱，靠专利来挣钱。

上面提到这四个问题，不光是深圳，我相信其他地区也要面对。如果没有意识到问题的严重性，而是简单地看待，没有危机感，就会迷失方向，如果没有冷静的头脑，就不会立于不败之地。

第三，深港创新圈的功能。

第一是资源共享。什么资源？硬件、软件都是资源。硬件资源主要是香港的大学、研究机构的设备，还有一些香港的其他硬件设备条件，可以说是内地不具备的。我到过香港的所有大学，那些生物和材料技术的实验设备都是用钱堆出来的，相当先进。香港想充分发挥这些硬件的效用，提高使用率，单在香港这个区可能利用率也不是很高，深圳及周边地区没必要都买这些设备，可以共同使用。香港创新科技署成立了 5 个创新中心，其中有纳米技术。深圳经过这么些年的发展，我也没看出可以有产业化的成果。香港的纳米中心是香港科技大学等几所大学合建的，可以为深圳及周边地区的企业及研究机构提供科研支持与服务。至于软件资源，我觉得香港更为重要。中国科学院、中国工程院两院院士有 1300 多名，其中来自香港的院士占到 87 名。就是说，香港在国家最高层面的专家越来越多，大多是 2000 年以后评上的，这也说明香港的科技水平在 2000 年以后发展越来越快。再看香港各大学的教师资源，特别是香港科技大学的教师都是在美国等发达国家工作过的，如 IBM、INTEL 等，这样的教授团队在国际上也是不多见的。现在香港各大学研究生以上 50% 的生源来自内地，香港的高技术人力资源具备国际要素、国家要素、香港要素的集成，这样的人才全世界也是少见的。他们熟悉国际先进技术，熟悉国际交往的规范，熟悉国家的技术资源，也了解内地的情况、香港的实际，这样的人才就是国际型人才，这么好的人才为什么不和深圳一起合作去发挥作用呢？

说到资源共享，深圳也有优势。深圳是最早改革开放的城市，吸引了大量的人才。深圳也是移民城市。什么叫“移民城市”？就是隐藏着创新潜能的城市，来到这里的人肯定是想做点事的。而内地很多青年人来到深圳，是因为这座城市想干事、能干事，还能干成大事。很多深圳的企业都是白手起家，经过几年十几年的成长发展得很好。华为 1987 年创业的时候，只有 7 个人，去年的产值超过

续表

80亿美元，一半以上是出口，不是出口到一般地区，而是欧美、日本等发达国家。中兴通信公司也是一家成立不到20年的公司，是一家上市公司。这两个公司是中华民族通信产业的代表，在全世界超过150个国家有销售网点，实现国际通信领域的“8国9制”。更重要的是，他们在3G方面的技术已经接近欧美国家。在内地非常出名的一个软件叫QQ，是腾讯公司的产品。该公司1998年成立，现在已经是一个上市公司，过去的纯利润3亿元，5名创始人有4位是深圳大学毕业的。与深圳合作的优势是产业的优势和内地人才的优势。今天在座的各大学在深圳都设了研究院和合作的点，除了派出本校的专家以外，大多数还可以招聘内地大学、研究所的人才。 第二是教育同构。目前深圳只有一所综合性大学——深圳大学，也有几所专门性大学，和深圳现代化城市地位、高科技发展地位极不相称，但是香港的大学可以说是对深圳最好的补充。5年前，通过深港产学研基地推送深圳的应届高中毕业生进入香港科技大学只有8个人，现在是50人。如何使我们这个区域的教育同“构”？构，是“结构”的“构”、“构成”的“构”。是不是可以互认学分？一些课程是否可以用相同的教材？有些论文可以是联合署名合作发论文，课题是不是可以合作？我想这些都是可以探索研究的，尤其教育，是深圳发展的软肋和短板，特别是高等教育。深圳的中小学教育和职业教育水平在全国还是比较靠前的，但高等教育确实不敢恭维，如果深港在教育方面有同步的设计，可能对大家都有好处。去年，香港几所大学在深圳招了1300多人，其中硕士和博士130多人。当然，这距离深圳的需要还远远不够，深圳的年轻人从全国各地来到这里，也急需充电。充电需要充电器，香港几所大学可能是最好的充电器：早上过来充充电，下午充好了就回去了，很方便。 第三是交流便利。很多香港朋友向我投诉过关太慢，深港政府决定在深圳湾西部通道口岸实行一地两检，已经正式上报中央政府。当然，一地两检还得检，将来能不能实现一地一检，只管进不管出，交流便利才利于发展，不要有别的想法。有些人想，以后交流便利了，香港人在深圳买房会不会不回来住了？不要有这种担心。今天早晨，我在过关的时候看到深圳的小朋友在排队进关到香港读书，我觉得这没什么。实现交流便利，需要和中央政府、广东省政府沟通。现在来看，交流越来越便利，深港西部通道在春节前正式合拢，准备在今年年底正式投入使用。

续表

现在，深港两地正在研究一个“隧道法律”，就是因为深圳湾大桥跨境管理，有一个法律适用问题比较复杂，这个突破也是一个非常有意思的问题。深圳的地铁四号线由香港地铁公司承建，30 年后交给深圳，建设和运行统统由香港地铁公司负责。未来多少年后，就有可能由香港中环开到深圳市民中心。再说火车，广深港快速干线已经开工，这也是一个相当大的工程，时速达到 250—300 公里 / 小时。再看机场，香港机场有个快船，这个快船是跟香港特区政府、香港保安局、香港海关沟通，能够很快地对接从深圳机场到香港机场。我们正在与香港特区政府沟通能不能在沙头角附近再开一个通道，使交流更方便。交流的便利可能使我们实现深港创新圈变得更容易。我今天是抛砖引玉，深港创新圈还有什么功能，希望大家各抒己见。 　　第四，深港创新圈的实施。 　　在现有的基础上，理念和合作模式要有三个转变：一要从单纯的技术开发合作向应用研究甚至基础研究突破，深港需要一个创新的源、技术的源，这就是基础研究。深圳的应用研究还不够，基础研究就没有，而香港就具备这个优势。二是从民间自发到以民间组织为主体，过去的活动都是大学、企业单体提出的，我们政府是支持这个的。从概念合作向载体合作转变，过去我们讲深港合作、粤港合作，我认为都是讲概念，还没到载体合作，刚刚与香港科技大学的教授交谈的时候，很多教授都谈到载体的问题，没有载体是不可能的。具体的载体，比如说香港的各个大学，香港科技园，深圳的高新区、产业带，香港的一些研究中心，深圳的一些大学的重点实验室、工程中心，企业的研究中心，都是很好的载体。三是构建合作服务生态。我们不能泛泛地谈合作，不能理论谈合作，我们还有许多困难要克服，比如外汇管理、税收政策，很多教授到内地的工资支付会有规定，这不利于交流，还有教育资质的问题等，都需要我们来探讨。 　　不管怎么说，我们应该看到在不久的将来深港的合作会产生巨大的影响，在国家的战略布局中占据举足轻重的地位，特别是对区域的贡献，会使我们在全世界经济一体化的过程中更加突出，对我们中华民族的贡献会更大。 　　谢谢大家！

（三）深港创新圈在聚势共谋中起飞

1．全国政协提案建议发挥深港创新优势，为深港创新圈破局

“深港创新圈”在内地反响不太理想。刘应力副市长从2005年下半年首次提出建设“深港创新圈”的概念，到2006年2月在香港科大发表《深港创新圈的建设与未来展望》公开演讲解释这个概念目标定位，都没有得到内地较好的反馈。我们觉得这个局面要突破，必须找机会重新把“深港创新圈”提出来。

2006年3月，原香港科技大学吴家玮校长作为全国政协委员赴北京参加全国两会，他问我：“我想在全国政协提个提案，有什么提案可以帮到深圳？”我建议可以提一下“深港创新圈”。他说：“好，你帮我准备点资料，草拟一下提案，再帮我找几个有影响力的人一起联合提名。”吴校长当即和我商量好提案稿的大纲，我觉得还需要到深圳市科技信息局找最新的资料。当天下午4点，我就赶到办公室找到分管深港科技合作的副局长，跟他说明了这个情况。他非常支持，表示：“合作处的林肇武你也熟悉，我已经和他说好，他会全力配合你。”我和林肇武当面商量查阅了一些资料文档，他将我们需要的所有资料都整理出来，说下班前一定给到我。我在深圳市政协工作多年，自己也担任市政协委员，清楚提案怎么撰写，结合这半年来参与“深港创新圈”的具体工作和科信局提供的资料，当晚就加班加点完成了提案初稿。

晚上，我把草稿电邮给吴家玮校长，没想到那么晚了他还给我打来电话，说提案他再仔细看看，现在要邀请联名提案的其他委员。他说这些人一是要他熟悉的，二是要熟悉深港合作的，最好还要有一定影响力，更要征得本人同意。依据他提出的几个条件，我提议他可以与时任深圳市政协主席李德成和时任全国政协港澳台侨委副主任厉有为三位委员一起联名。李德成主席一直把握深港河套和科技合作研究的方向，很熟悉这方面的情况，也颇具威望。

厉有为主任在1995年任深圳市委书记主持工作的时候，首先提出“深圳河一河两岸沿河经济带”，对深圳和河套地区也很熟悉。我们一拍即合。吴家玮校长说他联系厉有为主任，让我联系李德成主席。几番电话往来，这件事很快就落实了。两位领导都同意一起提案。那天晚上，提案初稿基本出来了，联名人也确定了，我把稿子再次修改后传给了吴家玮校长。很快，就收到了对方回复的邮件（见专栏5—2）。

专栏5—2：吴家玮校长邮件回复内容

克科兄：

现在已是深夜3点多，我若能打得起精神，会好好地看稿；若有需要，提些意见。不过，一切还是需要像我前信所说，请让李德成的班子去进行提交。我连打印机都没有，周围熟悉软件的人也没有，帮手一个也没有，时间又十分紧迫，实在不能主持此事。深圳市政协一定有人能帮李德成完成任务。还有，今天是小组讨论，没有大会。明天政协只是列席，也没有大会。大家住的酒店又都不同，我不可能看到李德成或厉有为。因此必须李德成的人员出马，一手包办此事，以免失时误事。请见谅。

需提几个意见：

（1）稿里对香港和香港政府的科技政策和作为，写得太多，赞得太好；这不是香港人写报告的一般作风，会令港人看了不舒服。内地人看了一定也会不舒服。建议大量删减，并应写得尽量平实。

（2）对深圳的力量和优势则着笔很少，相对来说，对深圳很不公平。内地委员看了会不高兴，香港委员（尤其是些香港官员）看了会自满自豪，以为深圳“又”在向香港“求助”。建议把两地写得平衡。

（3）千万请用“内地”两字，不用“国内”。“九七”之后，香港也属“国内”，不能搞分裂。

（4）稿里没提文化。这些年来，我们都过分忽略了文化。殊不知文化氛围是教育、科技、经济发展所不可缺的土壤。甚至于单用现实眼光来看，自然语言、文艺、音乐、表演、设计、建筑、表达……都是开辟创意产业的基础，而创意产业在先进地区的经济发展上占了很大一块。建议大量增写有关“文化合作”的环节。

续表

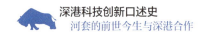

（5）好像提案完全是为了推出“圈”的构思，并没有怎么涉及（引导两地的咨询研究机构，开展对深港创新圈的发展研究）“深港发展研究院”。假如这确是您的目标，我毫无异议。否则好像可以借机为“研究院”开个头，或至少暗示一下？就这些。 谢谢！家玮

吴家玮校长在回信中特别提到“深港发展研究院”，这是他对港深湾区建设的初衷和情怀。在深港产学研基地第二次理事会上，他特别提议要发挥专家智库的作用，批准设立了他自己出任院长的新平台——深港发展研究院。他亲力亲为物色、推荐和约请了16位专家，分为4个专题参与，包括深圳建立新型大学、提升文化交流活动、提升高新区品质建设、建立国际化三区融合示范区、开展环境大气和海洋科技平台建设、为两地中小企业利用深港市场资源建立服务机制等建议，都一一送达深圳市委市政府，提供了很多决策参考建议。现在看到这些旧时邮件，吴家玮校长那颗炽热的敬业之心的确值得钦佩。

我和吴家玮校长通过电子邮件反复沟通，讨论修改意见。初稿初步成形后，需要征求其他两位委员的意见，同时要将三位委员的意见再综合整理，联合签署上报提案。但当时三位委员远在北京，两会管理非常严格，三位委员又分到不同代表团，住在三个不同地方，厉有为主任住西直门外的国务院二招[①]，李德成主席住深圳大厦，吴家玮校长住北京饭店，都有点距离，这要怎么办呢？我还是借助前几年在深圳市政协当大会新闻组联络员时建立的思维和经验，感觉只有找到深圳两会新闻采访团才可能完成这个任务。通过《深圳商报》记者洪宾的引荐，我连夜联络《深圳特区报》驻京记者站首席代表罗勤，她答应全程协助。

① 即国务院机关事务管理局第二招待所，现更名为北京国二招宾馆。

2006 年 3 月 4 日一早，我将材料发到深圳驻北京办事处，请秘书送李德成主席审阅。罗勤联系好厉有为主任，当天晚上当面去等厉有为主任修改。罗勤告诉我，厉有为主任很认真地看，提笔亲自斟酌着改，还和罗勤聊了他的想法，花了将近 2 个小时。罗勤将厉有为主任修改和强调的要点先致电我，又电邮给了我。当天晚上，李德成主席的意见也出来了，除了提出一些修改意见，还给我提了两条意见：第一，给“在家”的市政府领导看一下，不要给他们添乱；第二，让吴家玮校长牵头，他们不牵头，只做联合提案人。我将两位联合提案人的意见和建议反馈给了吴家玮校长。他欣然接受李德成主席的建议，说：“我来牵头，那我要再仔细想想了。”然后，他从香港委员的角度对一些文字和提法做了调整。如增加了对香港缺陷的表达和对深圳发展的肯定；将开放教育合作放在建议优先发展的第一条；将部分“深港”改为“港深”；特别强调了他的一贯观点“区域创新必须建立文化氛围，文艺、音乐、美术、表演艺术、自然语言、设计、建筑等又是开辟创意产业的基础，而创意产业在全球经济中已占有极重要的地位。”

当时，厉有为主任在稿子开头加了一句话：“中共中央提出建设创新型国家发展战略非常必要。”吴家玮校长纠结于此句，给我打电话说，“香港这边是从来没有‘中共中央’这个说法的，这个怎么办呢？要怎么改呢？也不好说‘党中央’。”他想了半天，把“中共中央”改成“中央政府”。在开篇提出了这样一个大的背景，对香港的特性、深圳的特色以及深港合作的必要性、过往的优势都做了非常清晰的说明，同时提出在文艺、艺术、美术与表演等领域发展创意产业。

根据三方最后的修改意见，我及时整理好提案，连夜通过邮件发给刘应力副市长，汇报了提案起草过程和李德成主席的意见。当时是星期六晚上，因怕打扰刘应力副市长，又怕耽误出稿，只好再补发了一条短信，提请刘应力副市长及时查信并回复。刘应力副市长立即回短信：“在外公务，回去看。”凌晨一点，他来短信：“已复查信。”刘应力副市长对提案文稿个别字眼进行了修改，同意提交。

2006年3月6日，《积极发挥香港、深圳的创新优势，建立有特色的区域创新体系》这份联名提案正式向全国政协提交。罗勤在北京帮助委员们完成最后提交手续的同时，也安排了对提案人的系列专访。之后连续三天的报道从多个层面传达了政协委员、人大代表和在京专家学者对深港科技合作的声音。委员们在提案中请求中央政府支持，研究在两地交界区域建立共同运作区域的可能性与可行性，建议中央批准深港两地政府就建立两地的创新圈进行接触协商；提出“深港创新圈”的第一步运作，将深港两地的大学、科研机构等作为创新圈的信息平台、培训基地，共享实验室，共同合作项目，希望中央能将其上升为国家战略，等等。

专栏5—3:《积极发挥香港深圳的创新优势 建立有特色的区域创新体系》提案

全国政协委员　吴家玮（香港）　李德成　厉有为

2006年3月6日

中央政府提出建设创新型国家发展战略，非常必要。

国家“十一五”规划和科技中长期规划都明确提出要加强区域创新体系建设。国家一直鼓励内地与香港加强沟通与交流，联手建立新的科技合作机制。

香港具有高度自由的经济体系，及独有的国际视野和环球网络。特区政府提出在科技发展上会留意市场的变化、吸引人才、提升综合竞争力、确保现行制度与时并进、履行“市场主导，政府促进”的理念。近年来在科技发展方面采取了一系列的措施，支持创新发展的基础和环境，企求逐步向知识型社会过渡，并鼓励参与区域创新合作。

历史原因令香港的创新资源与优势不能完全与内地进行有效整合，香港也没有被纳入国家的创新体系中去发挥辐射作用。这些缺陷一方面影响了香港的技术转移与产业升级，另一方面使内地人才与技术难在区域发挥更大的作用。在建设创新型的国家战略中，应当让香港与邻近城市积极合作，与深圳尝试建立有特色的港深创新体系。

多年来，深圳的高新技术产业进展迅速，已经成为内地最具创新能力和发展潜力的地区之一。深圳在打造高新技术氛围方面不断创建适合科技人员工作和居住的环境，建立了高新技术产业园，与43所国内外大学合作，创办了“虚拟大学园”；与北京大学和香港科技大学合办了“深港产学研基地”和医学中心；

续表

并引来好几所著名国内学府在深圳办研究生院。 深圳在实行自主创新策略、建设创新型城市的决策中，提出加快建设“深港创新圈”。提出要完善深港科技合作机制，促进两地创新要素的合理流动，使深港区域成为创新资源最集中、创新活动最活跃的“创新圈”。不少深圳和香港的有识之士正在大力推动联手发展，反映了两地在自主技术与科技创新合作方面的迫切需求及共同心愿。希望未来的“深港创新圈”能在经济、科技、教育、文化、创意、医疗等领域里达到国际先进水平，为提高区域人民的生活素质做出贡献。 深圳与香港有地缘优势，可以成为创建有特色的区域创新体系、增强创新能力建设的试验窗口。“深港创新圈”是发挥要素之间互动、实现彼此资源互补、提高深港两地科技创新能力的新主体，将为我国建设区域创新体系探索有效的途径。它对内可以辐射到泛珠江三角洲，对外可以利用国际都会的优势，在国际合作（特别是东盟“10＋1”）上发挥深港两地的潜力。这需要两地政府建立工作层面的渠道，争取列入粤港合作和泛珠江三角洲“9＋2”合作的框架，并在CEPA中给予国家政策。 建立“深港创新圈”要创造适应两地科技发展的新机制，在“一国两制”的原则下促进两地创新要素的合理流动。在人员流动、物流通关、资金进出、教育协同发展等方面，目前施行的一些政策规定仍然阻碍了香港与内地的沟通与交流，很不适应两地的市场变化与社会需求；特别对深圳河两岸的深圳与香港的连接带，建成两岸合作的高新科技创新圈，必须寻求突破。要更新科技资源配置和社会资源投入的理念，也要改革政府管理体制，为深圳与香港创造一套配合区域创新发展的新机制。 建立“深港创新圈”需大力推进两地的实质交流。可以优先确认一些公共服务和创新源头的核心机构，并给予这些机构独立活动的灵活政策。要增加香港的大学参与国家科技发展重大专项和领域的机会，让深圳充分发挥桥梁和窗口作用，推动两市间的产学研紧密结合。要把握改革体制的关键，聚合自主创新的动力，着眼区域需求的实际。要对深港合作时遇到的诸多问题做出系统性的研究，铺平香港与内地创新合作的道路。 建议： 一、在CEPA的发展过程中，开放香港与深圳在教育、科技、文化领域里的项目，并给予优先。

续表

1. 开放香港的大学在深圳独立办学。 2. 组织两地高等院校的科研团队，共同申请在国家战略中有定位、对区域发展有影响、能够提高区域竞争力、推进产业化、占领国际市场的重大项目。 3. 允许香港的大学科研团队直接申请国家重大专项；允许根据项目和团队的需要，定向招收研究生。 4. 科学研究设备仪器在香港、深圳两地使用及流动时，准予保税、免税。 5. 区域创新必须建立文化氛围。文艺、音乐、美术、表演艺术、自然语言、设计、建筑等又是开辟创意产业的基础，而创意产业在全球经济里已经占有极重要的地位。 二、完善“创新圈”的体制建设和环境建设。有重点、分阶段地建立以公共服务、联合项目、合作合约为依托的合作基础。 1. 整合当前深港科技合作项目，将自主产品与科技创新合作项目纳入“深港创新圈”范畴，赋予实质支持。 2. 探索联合建立信息平台、培训基地、实验中心、教育与文化体系的需求和条件，付诸实施。 3. 争取双方政府、民间建立深港创新基金，对深港创新人才及合作项目给予实质支持。 三、拓宽“深港创新圈”合作范畴，进一步推动深港经济多方位结合。 1. 发挥香港及国际知名企业在区域中的重要作用，扩大中介服务机构、金融业、现代服务业的发展与交流，吸引海内外的创新资源。 2. 引导两地的咨询研究机构开展对“深港创新圈”的发展研究。调动如深港发展研究院、综合开发研究院等的民间社会咨询组织，让它们发挥智囊作用。 3.“深港创新圈”符合两市的长远发展目标。希望这个构想能走进香港特区策略发展委员会、深圳市决策咨询委员会等政府咨询组织的议程，获取社会认同和民意支持。 四、请求中央政府支持，研究在两地交界区域建立共同运作区域的可能性与可行性。香港已经决定缩减两地接壤处的禁区范围，研究如何适当利用释出的土地。即将开展的专项规划研究和深圳 2030 规划都将积极推荐“深港创新圈”的有序发展、不断创新及按时检讨，为完善“深港创新圈”做出共同努力。 五、请求中央批准深港两地政府委托有关咨询机构对“深港创新圈”的可行

续表

性及其内涵进行前期研究，并提出方案，报中央批准。建议中央批准深港两地政府对建立两地的创新圈进行接触协商，协商结果报中央批准。提出并确定深港的大学、科研机构等为创新圈建立信息平台、培训基地、实验室和合作项目，作为“深港创新圈”的第一步启动运作。

现在看来这个提案内容是非常超前的。现在的粤港澳大湾区规划里很多东西都有来自这个提案的经验和落实。同时对于河套地区也做了说明，建议的第四条就是根据厉有为主任的提法：“请求中央政府支持，研究在两地交界区域建立共同运作区域的可能性与可行性。香港已经决定缩减两地接壤处的禁区范围，研究如何适当利用释出的土地。即将开展的专项规划研究和深圳 2030 规划都将积极推荐‘深港创新圈’的有序发展、不断创新及按时检讨，为完善‘深港创新圈’做出共同努力。”随后也提出搭建平台，把深港创新圈的起步工作更多地放在了深港边境的合作区来做。我们认为在推动河套地区整体建设的过程中，这份全国政协提案是具有里程碑意义的。这份联名提案也得到了中央有关方面的重视，科技部、教育部、文化部对提案的内容也进行了研究。同年 8 月，科技部对该份提案提出的开放香港高校在深圳独立办学、两地科技合作、建设“深港创新圈”三大问题进行了答复。若干年后，香港委员到京向中央报告工作、协商参政，仍然提出“深港创新圈”的价值和推动抓手，刘延东副总理批示要深圳研判跟进。

各大媒体也都在捕捉这些重大提案，采访了当事人和有关专家，为持久的战略发展带来积极意义。

专栏 5—4：媒体有关全国深港政协委员联名提案报道情况

1.《深圳商报》：建立“深港创新圈”

【本报北京 3 月 6 日电】今天，来自香港和深圳的全国政协委员联名向大会提交了一份题为《积极发挥香港深圳的创新优势建立有特色的区域创新体系》的提案。提案明确提出：建立“深港创新圈”。

续表

这份由全国政协委员、原香港科技大学校长吴家玮为第一提案人，全国政协委员、深圳市政协主席李德成和全国政协常委、原深圳市委书记厉有为联名提交的提案中提出，深圳与香港有地缘优势，可以成为创建有特色的区域创新体系、增强创新能力建设的试验窗口。“深港创新圈”是发挥要素之间互动、实现彼此资源互补、提高深港两地科技创新能力的新主体，将为我国建设区域创新体系探索新的途径。它对内可以辐射到泛珠江三角洲，对外可以利用香港国际大都会的优势，在国际合作上发挥两地的潜力。未来的“深港创新圈”要在经济、科技、教育、文化、创意、医疗等领域里达到国际先进水平，为提高区域人民的生活素质作出贡献。 他们为此建议—— 在 CEPA 框架内，开放香港与深圳在教育、科技、文化领域的合作项目，并给予优先。主要包括开放香港的大学在深圳独立办学。组织两地高等院校的科研团队，共同申请在国家战略中有定位、对区域发展有影响、能够提高区域竞争力、推进产业化、占领国际市场的重大项目。允许香港的大学科研团队直接申请国家重大专项；允许根据项目和团队的需要，定向招收研究生。科学研究设备仪器在香港深圳两地使用及流动时，准予保税、免税。 完善“深港创新圈”的体制建设和环境建设。有重点、分阶段地建立以公共服务、联合项目、合作合约为依托的合作基础。包括整合当前深港科技合作项目，将自主产品与科技创新合作项目纳入“深港创新圈”范畴，赋予实质支持；探索联合建立信息平台、培训基地、实验中心、教育与文化体系的需求和条件并付诸实施；争取双方政府、民间建立深港创新基金，对深港创新人才及合作项目给予实质性支持。 拓宽“深港创新圈”的合作范畴，进一步推动深港经济的多方位结合。包括发挥香港及国际知名企业在区域中的重要作用，扩大中介服务机构、金融业、现代服务业的发展与交流，吸引海内外的创新资源；引导两地的咨询研究机构开展对“深港创新圈”的发展研究，调动如深港发展研究院、综合开发研究院等民间社会咨询组织的积极性，让它们发挥智囊作用。 提案还请求中央批准深港两地政府委托有关咨询机构对“深港创新圈”的可行性及其内涵进行前期研究，并提出方案，报中央批准。

续表

2.《香港商报》：提案人大谈“深港创新圈”，香港可增加两大支柱产业

可为港创造新产业　吴家玮（原香港科技大学校长）

深港合作建立“深港创新圈”，可以为香港创造新的产业。

香港经济怎么转型？就是走向以知识为本的经济结构，这里面一定要有新经济，包括高科技，也包括以文化为基础的创意产业。香港现有的产业主要是四个，即金融业、物流业、旅游业和服务业，虽然短期内在内地城市还无可替代这四大支柱的龙头地位，但可以分流一部分。如果香港没有新的支柱产业，其经济发展后劲就会受到影响。所以，一定要搞科技工业和创意产业。但目前单凭香港现在的情况、政策和社会心态，一下子是搞不起来的。若现在与深圳优势互补合作建立“深港创新圈”，香港能够增加两大支柱产业，即科技工业和创意产业。

深圳看重科技合作　李德成（深圳市政协主席）

目前，深港区域发展正处在历史上的关键时期，深港合作面临着新的机遇与挑战。一方面，深圳在发展的过程中遇到的土地、资源、缺少原创性等问题，驱使深圳寻求新的发展模式；另一方面，香港在新时期进行产业转移与产业提升的过程中，同样在思考区域战略纵深发展的因素。如何更加有效地整合两地资源，发挥两地优势，增强区域未来整体竞争力，已成为深港两地政府共同关注的焦点。深圳市高度重视深港之间的科技合作，并把与香港的科技合作作为深港经济合作的一个重要内容。在中央提出建设创新型国家的进程中，深圳市提出发挥深港两地的优势，共同建设“深港创新圈”来推动两地的经济发展。

应定位成国家战略　厉有为（原深圳市委书记）

区域科技生产要素经过整合以后，可形成新的生产力，对香港的繁荣稳定非常有利；同时，可以充分发挥香港大专院校科研机构和信息高科技走在前面的优势。深圳的创新市场体系比较完备，与香港的优势结合起来，就会形成新的生产力。“深港创新圈”形成后，可以向珠三角、广东乃至全国辐射，形成国家在南部的高新技术创新的平台。

“深港创新圈”定位应该是世界级的，可以吸引全球研发资源到这里汇聚，变成一个举世瞩目的研发地带。它是一个国家战略，是一个可以真正实现引领香港、内地整体结构升级重任的创新圈。建立“深港创新圈”应成为中央政府、广东省政府、深圳市政府、香港特区政府共同努力的一个重要目标。

续表

3.《香港商报》：深圳成香港科技合作首选 深港创新圈驶上快车道 备受港深科技界、经济界人士瞩目的"深港创新圈"建设近期"动作"频频，开始"提速"，深港科技合作正驶入一段"快车道"。这是全国两会召开之际，记者采访各有关深港科技合作部门、机构获得的信息。 1998年8月，有政界、学界资源支撑的深港产学研基地的创建，实现了深圳科技合作的一个突破。近年来，由深圳市政府、北京大学和香港科技大学三方共同搭建的深圳合作构架和机制，取得了斐然成绩。短短几年中，深港产学研基地立足深港湾区，建设成为高层次、综合性、开放式的官、产、学、研、资相结合的有示范性的"新型创新基地、平台"，并逐渐发展成为五大重要基地：在深港湾畔区具有竞争力的科技成果孵化与产业化基地、风险基金聚散基地、科技体制创新基地、高新技术人才培养引进基地、北京大学和香港科技大学除本校所在地以外最重要的合作基地。 近期在香港召开的深港产学研基地第二届理事会发展专题研讨会上，深圳市政府、北京大学和香港科技大学三方透露将做出的一个"大动作"：各方均同意加快深港产学研基地的发展改革，并尽快筹建、运作一个全新的深港发展研究院，目标是建成深港合作和深圳政府部门决策的重量级智囊机构，可望大力推动深港区域合作和深港创新圈建设。这一"大动作"更将有力助推深港科技合作由此迈入"加速度期"。

在这个大趋势的带动下，2006年3月召开的深圳市政协四届三次会议上，按照市政协主席会议的要求，我也以关于《加快建设"深港创新圈"的建议》为题做大会发言。发言内容分享如下：

建设深港创新圈要构建适应两地科技合作新机制，促进两地创新要素的合理流动，必须有所突破，在此提出以下七点建议：

一、首先要改革和创新政府管理体制、科技资源配置和社会资源投入的理念和机制。结合深圳的实际，借鉴香港的成功经验，创建公共资源服务体系，市场引导的资源配置机制，与香港构建的合作体系形成点对点、线对线、面对面的渠道。在形成双方共识的战略目标下规划深港创新圈。实现“一国两制”下的互惠互利、共享共进的局面。深圳应改革政府管理体系，改变科技资源山头林立、资源分散、组织无序、政出多门的局面，加大事业单位改革和科技创新服务平台的整合。

二、尽快启动深港创新圈的实际运转。双方可以首先确认一批圈中的骨干机构，并给予这些机构创新活动的特殊政策支持，鼓励和推进两地科技教育项目的实质性交流。深圳方面可以先行做到的应落到实处，消除现阶段阻碍创新活动交流的障碍，如目前合作中反复提出尚未得到很好解决的人员交往、交通便利、资金出入、科研设备进出和研发元器件保税出入境等问题，可以采取合理的方式提出明确的解决办法。

以深圳高新区为启动对接区，设立深港创新服务协调办事窗口，集中办理上述具体事宜，增进沟通与交往，让香港方面可以便捷地通过深圳方面的一个窗口得到优良服务。设立深圳高新区和香港科技园之间的光纤专用信息通道，通过良好的信息平台，为两地的创新要素提供全面服务。建立深港两地公共服务机构的仪器设备、网络服务和技术支撑服务平台、知识产权交易和保护平台。在深圳国际商务平台有针对性的引进香港服务业机构，为两地的科技服务提供全面服务。

三、实行优势优先的策略，加强人才的交流和项目合作，提升创新源头的资源合作。建立以企业为主导，市场为导向，产学研紧密合作的运行机制。制定与香港应用研究院和5个研究中心合作的区域产业创新策略，结合粤港合作资金、联合攻关项目对接和深圳资金有针对性的配套。落实深圳与香港生产力促进局、香港科技园、香港数码港、香港职业训练局的合作计划，推动香港的大学与深圳的全面合作。

组织两地高等院校的科研团队共同申请在国家战略中有定位、对区域发展有关联和影响、能提高区域竞争力、推进产业化、占领国际市场的重大项目。鼓励深圳的企业向深港两地的大学提出研究项目，并给予特别的项目补贴。为大学城和深圳大学各研究生团队参与深港合作项目提供人力资源资助。可以根据项目和团队的需要，列入深圳市的计划，定向招收联合培养的研究生。

四、加强可持续发展的科技研究与投入。建立支持区域可持续发展的长期稳定的科技合作渠道和公共研发平台。深港两地在生态环境、能源、海洋资源、食品安全、公共防疫、资讯基础建设、人居环境与健康等领域的合作，是建设深港创新圈中两地政府的根本责任。

五、要尽快在两地政府层面就深港创新圈合作达成共识，建立固定的协商工作渠道。引导两地的咨询研究机构开展对深港创新圈的发展研究。深港创新圈具有广泛的社会基础，符合两地长远发展的目标。但要得到社会全面的认同尚须不懈地努力。

要充分利用香港策略发展委员会和影响政府决策的数百个咨询和法定组织，让香港社会参与和认同。深圳市政协以及市决策咨询委员会和深港发展研究院等各民间社会咨询组织，深港合作的民间社团等都可以发挥智囊团的作用，为深港创新圈提供咨询意见。有序发展，及时检讨，不断创新，为深港创新圈的完善共同努力。

六、争取中央支持，纳入国家创新战略。充分利用地域优势和亚洲国际都市的影响，不失时机地列入粤港合作计划的框架，泛珠江三角洲“9＋2”创新合作的核心计划，并争取在CEPA计划中予以政策的保障，在国际区域合作中特别是在东盟“10＋1”的合作中展示它的发展前景。

七、研究两地交界区域建立深港创新圈共同合作区域的可能性与可行性。香港已经决定对两地接壤地区的禁区范围缩减，释出的土地可以研究适当利用。在即将开展的专项规划研究和深圳2030规划中都要积极推荐深港创新圈。

根据大会发言修改的提案《加快建设深港创新圈的几点建议》（市政协四届二次会议20060176号提案）被列为主席会议督办案，由政协组织香港委员等进行深入考察。深圳市政协港澳委员与承办单位深圳市科技信息局就深港创新圈的定位、目标与功能、主体与模式、可行性与操作性、基本原则、创新合作要素、主要内容与途径等进行了充分探讨。香港委员还结合在香港进行的“国家‘十一五’规划和香港经济发展”的研究交换了意见，将深圳方面的建议与香港发展的建议一并考虑，为两地政府制定推动“深港创新圈”的策略提供了有益的参考。

吴家玮校长提交提案后意犹未尽，2006年4月在“深港发展研究院”的一次公开论坛上，又做了一次即席的“主题演讲”（参见专栏5—5），将他的湾区情结和深港先锋的思想，痛痛快快地发表出来，与深圳的青年朋友做了沟通。在这场演讲会上，吴家玮校长有针对性地发挥，介绍深港发展研究院的做法，还回答了来自香港和深圳的青年朋友的提问，一如既往地体现了大师的胸怀和远见。

专栏5—5：吴家玮校长关于深港湾区的发言（节录）

2006年4月20日（根据演讲录音整理）

各位朋友、各位同学：

今天做一个很随意的简单报告。没有想到今天的听众好像都是学生，请举手，看多少位是在校的学生，多少位是研究生？多少位是北大、清华、哈工大的研究生？看来挺多的。

十多年前，我提出一个深港湾区的概念。我17岁从香港去美国，50岁回来，在美国的最后一站是旧金山。旧金山湾区大家应该都听说过。其实，旧金山是一个很小的城市，只有几十万人，附近却有许多市镇，部分被合称为“硅谷”，整体构成了著名的旧金山湾区。

我们这儿的地域也有点这样的形式。香港人说起广东省和华南，就提珠江三角洲。珠江三角洲本身有台湾省那么大，人口也差不多，但发展空间很大。那个时候，香港是“亚洲四小龙”之一，没有能力照顾到整个珠江三角洲，不如单看珠江三角洲的南部、围住珠江口这一带吧！

在座有多少位是深圳人？啊，一个都没有？这怎么行！在这儿念书，可不能忘了深圳，将来都是深圳人。

续表

十几年前深圳还是一个渔村，所以我那个时候把提出的地域只称为“香港湾区”。从香港向北走，先是深圳、宝安，到东莞的虎门；接着向西，跨入南沙，然后南下，到中山、珠海、澳门，最后回到香港。我所说的“香港湾区”就是这个地域，包括围绕珠江口的这些城市。我认为这应该是一个大都会——将来一定构成大都会。我那个时候就说：50 年以后人家不讲香港，不讲深圳，只讲“深港”。深港双子城是两个城市逐渐形成的必然趋向。

当然，深圳发展得非常之快，所以没多久之后我改称之为“港深湾区”。深圳这头大家却把它叫作“深港湾区”。香港不争气，要是争气的话，还是会叫作“港深湾区”的（笑）。

那时候，我在香港的舆论上写过几篇报道，把我们这个新湾区与旧金山湾区作对比，指出在文化、教育、社会等各方面，旧金山湾区做到的，我们也完全可以做到。不仅如此，我们这个湾区的北面有大广州，广州是一个很重要的城市，周围有顺德、中山等，东面有惠州、惠阳、潮汕。珠江三角洲可以说分成几块，最主要的是我们的深港湾区和大广州，两个大都会构成一个轴，像是哑铃那样连在一起，将是整个华南的龙头。

今天上午，有人说珠江三角洲是一个区域经济，是我国改革开放以后最早出现的。但是你看，这些年来长江三角洲发展得比珠江三角洲快多了。我们固然需要担心，但是也要善用机遇。我们这个“龙头”所做的事不单是为深圳，也不单是为香港，而是担当起龙头的责任，打造整个华南的区域经济。

我想中央对回归后的香港相当失望，因为香港没有尽到自己的责任。深圳发展得非常快，站得高，看得远，“深港创新圈”的提法很好，对很多关心深圳和香港的人来说是一支强心针。“十一五”规划里有很多事需要我们去做。香港的“9 + 2”说法也讲了很多，可是讲得多做得少。昨天我在香港主持一个会议，这几天跟几百位来自台湾的工商界人士见面，讨论台港两地如何合作。他们叫我主持那场讨论时，我说：“你所说的‘港’，对我来说就是包括深圳在里面的‘深港湾区’。”这是大势所趋。

大概 8 年前，我还是香港科技大学校长的时候，跟北京大学讨论怎么能够在深圳一起做些事情。于是，科大与北大搞了一个学术联盟，说将在 5 个方向合作，重点之一是要在深圳做的。很快，我们两校的“深港产学研基地”在深圳市政府

续表

的支持下成立了。 这个基地有很多事要做。基地的理事会同意搞一个“深港发展研究院”，为此建立了一个专家委员会，主要目标是让这个民间非营利、非政府组织持客观态度来研究深港合作发展有些什么契机，希望能够充当一个小小的职能作用。我们资源不多，但是专家非常强，并且每一位都是干将。我们要做的发展研究的范围蛮大，一般社会人士爱讲经济合作，但是深港之间的合作必须包括社会、文化、科技、教育、法律等方面，于是我们为每一方面成立一个专家组。 当时写下了一个菜单，包括很多值得研究的课题。但是我们很“饿”，要找一些上菜快的，先吃了再说。所以在那张很大的菜单里选了6个课题，先组织起来做研究。至于哪个先、哪个后，要请每一个专家组自行定下指标。我们要求题目不要出得太大，专家组每选一个课题，就要为它搞一个专项小组，做完研究后写一个很简明的报告，摘要不超过两页纸。内容要做得深入，无须写成长篇大论。若有什么确实的数据，一定要放进去，但要让人一看就明白。人家已经做过这些研究的，我们可以从他们的报告里面抽出最精微的一部分，加以推广。最终，希望两地的政府和社会都更进一步进行研究如何实施。 这是深港发展研究院的运作方式：从大处着眼，小处着手。在这儿我想借机离题跟我们的青年同学说几句话：我们中国人老是讲志气，志气是一件很“高”的事情，我们固然一定要站得高看得远，要有很清楚的远景，可是能做的事太多，应该先从小处着手，能够做的说做就做。还有，不要认为做少了就是不成功，10件事能做出两三件就很不错了。这不是消极的说法，不要怕可能做不成功就不去试，因为不去做的话怎么知道哪个会有成就？做事要投入，要肯拼。 我们每个专家组就是这样，选中一个恰当的专题，就让专项小组专心去做。小组不会很大，我很怕看到一来三十几人众说纷纭，到真要发力时，大家都说忙，你推我，我推你。所以我们的专项小组最好维持在四到六人。真的缺乏专业知识时，可以从外边找专家来协助。研究必须深入，要正确，要尖锐，言之有物，但是报告要精简。 从全球化经济和区域经济的角度来考虑，深港一定还要有合作伙伴。两个城市的合作关系并不排除别的地区参与。我们非常需要别人参与，包括整个“湾区”，包括北方、华东、长江三角洲，加强全球化和区域化。最好还要引进别的

续表

学校和别的科研机构。所以，今天在场的诸位——不论是北大的、清华的、哈工大的，不要说“不关我事”。我们都会请，说不定在研究某些题目时会找到你头上来。 这需要从多方面着手，尤其在科技的研发提升、知识产权、创意产业等方面，我们除了内地这些区域，还可以引进台湾的科技企业、大学、文化机构，推动两岸三地的共同发展。我们还可以找国际伙伴，甚至包括一些不是很先进的，或者已经很先进而尚未被外界认可的伙伴。我们的任务蛮多，所做的建议应该客观中肯。向政府提出的，政府能用就用，不能用就不用；我们凭自己的能力，尽到了责任。 主持人（史守旭）：吴教授请留步。每个演讲嘉宾讲完了之后要回答两个问题。今天这四位来自不同的领域，很难凑到一块儿。现在谁有问题，可以提一下。 问：吴校长，一日为师终生为师，一日为校长终生为校长。深港经济圈的话题前几年大家都很关注，我本人一直是非常关注的，我是从外地赶过来的，刚刚坐下。我简单介绍一下自己。我是香港城市研究院的一位负责人，是搞城市研究的。听到这个消息以后，我非常高兴，因为深港两座城市一体化、经济一体化，包括经济圈的一体化这种趋势越来越明显。深港发展研究院应该说是应运而生，不仅是香港跟深圳市政府关心的问题，也是民间志士关心的问题。我的问题是，深圳年龄很轻，大学也有，但是相对来讲大学比较少，但是深圳对于人才的需求量特别大，这就留下一个空间，就是我们的人才从持续发展的角度来看，从哪里来？另外，香港大学比较多，而且都是实力比较强的，特别是跟国外的大学交流比较多。深圳和香港之间在互补性方面，怎么能达到一种直通车效果？就是在一体化的背景下，香港的科技和大学怎样支持深圳的人才需求？深圳的发展空间怎么为香港的繁荣做出自己的贡献？谢谢。 吴家玮：你是香港贸发局的吗？香港的贸发局是老大哥，这次我们把深港发展研究院的旗号打出来了，其实很低调，只是希望能够在大事情上帮小忙。很多事情都是你们做过实际工作的，或者你们发表过报告的，我们能做的只是学习做一些书面研究，因为我们只是个资源有限的民间单位。 至于你提的那个问题，就是人才与科技方面怎么合作、怎么互补，我想您提的问题本身就是答案，换言之，你已经给了答案。我们这几年一直在提深圳需要

续表

开办自己的大学。深圳有很好的职业学院，但是大学就只有一所。有人说香港的大学太多了，其实香港的大学还是很少的。能在香港念上大学的适龄青年只有16.5%，上海前两年已经达到43%了。上海1000多万人口有16所大学，台湾2000多万人口是香港人口的3倍，却有百余所大学。香港700多万人口只有8所公立大学，所以说实在太少，深圳则更少。 人才不能单靠引进。深圳有个时期说要搞芯片，后来不了了之，假如真的办起来了，能完全依靠引进人才吗？从外面一时能请来人，但今天来的人明天就能走，除非带了全家到这儿来扎根。再说，你看，今天这儿这么多位，没有一个是深圳人。深圳的青年要上大学的话，除了深圳大学，都考到别的地方去了，将来是否一定还会回来？年轻人有奔头，走了未必会回来。 其实，香港也是如此。很多大学毕业生到别的地方去了，原因却与深圳不同，他们是为了就业和创业。香港科技大学在硅谷、洛杉矶都有校友会，有很多成功的例子；在北京也有校友会。香港不是不出科技人才，但是社会的就业和创业机会不多，人才缺乏留港之心。深圳有就业和创业的机会，只要看高新区，好像就比台湾的那个高科技区大。这样说来，香港和深圳的确可以互补。所以说，你刚才提的问题，本身已经是答案。 问：你好，我是北京大学的。刚才你举了一个例子，就是“菜单”，挑选了其中的6项。你能否具体介绍一下，里面是否包括了知识产权方面的合作项目，如果包括的话，合作的方向属于什么形式？谢谢。 吴家玮：问得很好。深港发展研究院需要有一个法制专家组，选择急需要做的专题项目。法律方面急需要做的正包括知识产权。珠江三角洲有很多来自台湾的工厂，他们也关心知识产权，也可以引进台湾的经验。什么法律都好，都不容易磨合。中国的基础是大陆法，香港用的是英联邦的普通法，两方面就有差距。磨合深港两者之间的法律并不简单。你说的知识产权法急需讨论，急需深入研究。

2．深港创新圈在官方互动中点燃深港合作火花

1998年，田长霖教授主持的香港特别行政区特许创新发展策略委员会提出了50亿港币的专项预算，投入建设了香港科技园一、二期工程。2006

年，香港创新科技署也是从这个50亿专项中拿出22亿港币推行香港研发中心计划。经过18个月的咨询和论证，香港政府决定筹建依托香港生产力促进局的汽车科技研发中心、资讯及通讯技术研发中心（由香港应用科技研究院承办）、几个大学共同参与的香港纺织及成衣研发中心、物流及供应链多元技术研发中心、纳米及先进材料研发院等5个研发中心，希望以此把握香港的应用科研能力、知识产权保护、有利经商的环境及邻近珠江三角洲生产基地的优势，成为地区的科技服务中心，推动和统筹有关选定重点范畴的应用研发工作，推动研发成果商品化及技术转移。

当时，香港创新科技署署长为推广这5个研发中心，专程访问深圳，希望深圳政府和民间能够支持和响应。之前了解到香港政府方面对“深港创新圈”还没有思路与认同，我们觉得这次正好是加强“深港创新圈”合作的机会。刘应力副市长在接待会晤中，主动介绍深港创新圈，并建议将推广香港研发中心项目纳入双方共同推进深港创新圈范畴，充分发挥两地政府的引导资源优势，共享共建公共服务平台。刘应力副市长走后，记者们就围着署长和我做采访。我按照领导的交代，把这次协同合作的活动作为深港创新圈的互动做了一番说明，并特别给香港代表团成员讲了深港创新圈的来龙去脉。

2006年4月21日，刘应力副市长专程带领深圳百余家企业的有关人员到香港参加香港政府支持建立的5个研发中心的开幕式和交流活动。记者招待会上，刘应力副市长提出，“‘香港五大研发中心’这个项目非常好，我们全力支持，这个也是‘深港创新圈’合作互动的一个基础”。如此，就又把“深港创新圈”提了出来。署长这时才说：“‘深港创新圈’是深圳提出的，我们应该密切配合。”这是港方第一次对“深港创新圈”的概念给予了公开的积极回应，双方在同一个场合下用不同的方式表达了对“深港创新圈”的支持，双方就共同推进“深港创新圈”建设达成共识。

4月22日，香港活动的第二天，由深圳市政府主办，深圳市科技和信息局、香港创新科技署承办的“2006深港创新圈专题研讨会”在深圳召开。港深两个活动之所以连着进行，是因为都邀请了科技部领导出席，在时间上也是特别安排的。这一天，香港政府官员也一起来到深圳，两地政府首次公开研讨“深港创新圈”。研讨会进一步探讨建立“深港创新圈”的定位、功能和创新模式、操作等问题。因有关部委针对吴家玮等三位全国政协委员提出的《积极发挥香港、深圳的创新优势，建立有特色的区域创新体系》联名提案十分重视，国家科技部、教育部、商务部、中科院、国务院港澳办、国务院发展研究中心等中央部委的领导也专程赴深圳出席了此次专题研讨会，与专家学者、广东省科技厅、深港两地相关部门，以及近百家深圳、香港企业代表共同参与到研讨中。刘应力副市长在“深港创新圈”专题研讨会上以“深港创新圈的构思与展望”为题做了一次更进一步的专题报告。

针对“深港创新圈”的说法，刘应力副市长做了三点解释：第一，他希望能把“深港”作为地理名称的概念，而不是两个城市的概念。第二，“创新”是表明我们要做什么。第三，“圈”意味着深圳和香港之间，或者说深圳湾这片区域应该有个更高程度的合作与发展。这也是刘应力副市长第一次明确地在公开平台上提出“深港创新圈”这一战略设想的定位：在国际领域有影响，在国家战略有地位，对区域发展有贡献。其中，国际领域的影响是指在经济、教育、科技等方面都有影响力。在国家战略有地位是指深港地区应该在创新型国家战略中做出更多的贡献，来完成国家科技创新的中长期计划。对区域发展有贡献是指深圳和香港强强联手推动区域合作，通过破解合作过程中的挑战实现区域更好地融合发展。刘应力副市长还提到了“深港创新圈”的资源共享、教育同构和交流便利等问题，这一系列问题都列入了后来的粤港澳大湾区发展规划，在规划中设计了资源要素和配置畅通的方案。所以我们认为“深港创新圈”是两地科技合作的标志性事件，不仅推动了两地科技合作，还对区域发展产生了影响。深圳之所以今天在创新方面能够做强做大，都离不开在2006年的这些布局。

当时，科技部的尚勇副部长也来参加了这次专题研讨会。按照各部委的工作方式，我们觉得可以由科技部牵头，通过内地与港澳科技合作的联席会议去推动两地的科技合作。我们深圳特别希望借这个机会争取中央政府的支持，给“深港创新圈”一个明确的定位。所以借此机会，深圳科技和信息局向大会提交了《建立“深港创新圈”工作草案》(以下简称“《草案》”)，提出“深港创新圈”的基本定位是：以科技为核心，以政府为主导、以民间为基础、以市场为准则，以河套地区为纽带，以港北教育研发集群及深南产业集群为主轴，以珠三角为纵深，全面推动和加强深港在科技、经济、教育、商贸等领域的广泛合作，加快建设在国际上有较大影响、在国家战略中有重要地位、对区域发展有突出贡献、创新资源最为集中、创新活动最为活跃的“半小时深港创新圈”，改革创新“新坐标”和泛珠三角地区经济共同体。

为实现上述目标，《草案》提出了6项主要措施：一是组织工作班子，制定相应的政策法规；积极争取将“深港创新圈”纳入国家创新发展战略。二是尽快建立两地政府长效合作机制。三是大力支持已经开展和计划进行的深港创新合作。四是实施深港重大合作项目计划。五是筹建深港创新基地。六是规划和建设深港合作创新服务中心。

这份草案得到了与会代表的一致认同，尚勇副部长在大会发言，对建立“深港创新圈”表示支持。不同于2005年12月深圳单方面举办的建立“深港创新圈”专题研讨会，此次深港两地联合举办的专题研讨会，得到了深港两地的密切关注和中央政府的重视，让“深港创新圈”完全走入公众的视野。

（四）“深港创新圈”正式成为两地合作新着力点

1. 两地签署合作协议，“深港创新圈”正式成为合作新抓手

2007年3月，深圳市政府工作报告首次对“深港创新圈”做出明确的名词解释。“深港创新圈”是指深港两地政府与民间力量共同促成的，由两地城市创新系统、产业链以及创新资源互动、有机连接而形成的跨城市、高聚集、高密度的区域创新体系及产业聚集带。

表 5—1 “深港创新圈”内涵演变

时间	文件 / 事件	内涵
2005 年 10 月	刘应力副市长首次提出	/
2005 年 12 月	高级别民间座谈会，建立“深港创新圈”专题研讨会	获得科研机构与智库的理论与实践的论证
2006 年 1 月	1 号文件《关于实施自主创新战略建设国家创新型城市的决定》	设置“加快建设‘深港创新圈’”专门章节
2006 年 2 月	刘应力副市长在香港科大进行《深港创新圈的建设与未来展望》专题演讲	第一次公开全面阐述了基本观点，强调深港创新圈的目标定位：应将“深港创新圈”建设成为在国际领域有影响、在国家战略有地位、对区域建设有贡献的创新圈，即“深港创新圈”在经济、科技、教育发展等领域要达到国际先进水平，要纳入实施自主创新战略、建设创新型国家的国家政策层面，要对区域未来产业提升、生产过程转移、经济协同发展做出重要贡献
2006 年 3 月	吴家玮、李德成、厉有为委员全国政协提案	/
2006 年 3—5 月	深圳政协主席督办提案及调研	/
2006 年 4 月	建立“深港创新圈”工作草案	明确基本定位：以科技为核心，以政府为主导、民间为基础、市场为准则，以河套地区为纽带，以港北教育研发集群及深南产业集群为主轴，以珠三角为纵深，全面推动和加强深港在科技、经济、教育、商贸等领域的广泛合作，加快建设在国际上有较大影响、在国家战略中有重要地位、对区域发展有突出贡献、创新资源最为集中、创新活动最为活跃的“半小时深港创新圈”，改革创新“新坐标”和泛珠三角地区经济共同体。

续表

时间	文件 / 事件	内涵
2007 年 3 月	2007 年深圳市政府工作报告	正式提出名词解释：深港两地政府与民间力量共同促成的，由两地城市创新系统、产业链以及创新资源互动、有机连接而形成的跨城市、高聚集、高密度的区域创新体系及产业聚集带
2007 年 4 月	内地与香港科技合作委员会第三次会议	通过“深港创新圈”合作协议提议
2007 年 5 月	深港两地政府签署关于“深港创新圈”合作协议	明确：“深港创新圈”是以科技合作为核心，整合各类创新要素，全面推进和加强深港两地科技、经济、人才培训、商贸等领域的广泛合作，形成创新资源集中、创新活动活跃的区域

从 2006 年深圳市委市政府的 1 号文件《关于实施自主创新战略建设国家创新型城市的决定》，到深圳市科技和信息局关于《建立“深港创新圈”工作草案》，再到 2007 年深圳市政府工作报告中对“深港创新圈”的定义可以看出，通过广泛调研、多次研讨和反复概念研究，深港双方对“深港创新圈”的理解在不断扩展深化，从最初的“以科技合作为核心”，逐渐发展到以产业发展和创新体系建设为合作目标；从最初认为是研究机构、高校和企业的合作，逐渐认识到政府应当在其中发挥的作用；从以两地“建立与加强深港科技信息、教育、科研方面的交流与合作”为主要内容，发展到以“科技、经济、教育、商贸”，再到创新体系和产业聚集带的全面合作内容。

这时，深港两地提议签署关于深港创新圈合作方面的协议，两地开始针对合作内容进行协商。在 2004 年深港两地签署的《关于加强深港合作的备忘录》基础上，扩大了合作范围，将备忘录中一些没有涉及的比较重大及长远的内容，如艺术设计、公共技术平台、知识产权等都纳入了合作内容。

2007 年 5 月 21 日，深圳与香港经历 1 年的多层次不同场合的对话协商，报经 4 月 16 日召开的内地与香港科技合作委员会会议同意，终于正式签署

《关于“深港创新圈”合作协议》(参见专栏5—6)。协议明确了“深港创新圈”的定义和合作的领域，提出“深港创新圈”是以科技合作为核心，整合各类创新要素，全面推进和加强深港两地科技、经济、人才培训、商贸等领域的广泛合作，形成创新资源集中、创新活动活跃的区域。

为加快推进“深港创新圈”建设，双方经友好协商，在合作机制、战略研究、资源流通、高校合作、科普教育等合作方面，达成了17项共识。

专栏5—6：关于“深港创新圈”合作协议

“深港创新圈”是以科技合作为核心，整合各类创新要素，全面推进和加强深港两地科技、经济、人才培训、商贸等领域的广泛合作，形成创新资源集中、创新活动活跃的区域。

现时，两地政府、大学和科技支援机构已开展广泛的合作和交流。为加快推进“深港创新圈”建设，双方经友好协商，在已签署的《关于加强深港合作的备忘录》基础上，达成以下共识：

一、双方政府成立深港创新及科技合作督导会议，由香港工商及科技局局长和深圳市常务副市长共同担任主席，进行高层协商与沟通，成员包括两地政府各职能部门和科技支援机构代表，并根据需要成立若干个专职小组。双方高层每年定期举行两次会议，统筹及督导两地各有关机构在深港合作上的安排；根据需要，还可召开临时会议。深港两地机构现时已有多份合作协议及计划，督导会议会定期审议有关合作计划的进度。日常联络工作由香港创新科技署与深圳市科技和信息局负责。

二、双方加强“深港创新圈”战略研究的合作，尽快制订创新圈发展战略和实施步骤。

三、加强两地创新人才、设备、项目信息资源的交流与共用，双方合作建立统一的深港科技资源信息库。

四、鼓励相关科研机构积极开展科技管理及研究人员互派学习活动。

五、加强两地科研机构及高校间的合作。例如，鼓励双方科教人员的交流，鼓励双方建立联合实验室。

六、深圳市政府鼓励和支持香港各高校和香港职业训练局等来深圳依法开展在职学历、学位、专业资质证书培训和专业技能培训。

续表

七、双方共同组织开展全民科普教育活动以及青少年创意实践活动，培养创新科技文化。 八、整合创新资源，支持创新合作。在粤港科技合作的框架下，双方政府共同出资支持两地企业和科研机构合作开展创新研发项目，实行共同申报、共同评审，并共同促进其产业化。 九、充分利用双方现有公共技术平台，双方企业和单位可平等地共用这些公共技术平台资源。双方合作推动香港的研发中心成为深港创新平台，合作方式包括共同出资支持研发中心的项目及建立香港研发中心深圳分中心。 十、鼓励和支持双方机构建立联合实验室。双方合作，共同支持科研机构申报国家重大科技项目攻关计划、国家重点实验室等。 十一、加强双方科技园区的合作，实现合理布局、突出特色，努力构建完整的产业链和创新链。 十二、鼓励和支持双方科技中介服务机构的合作，并赴对方设立分支机构。 十三、加强双方在设计方面的交流与合作，推动两地企业善用设计、努力创新，为产品和服务增值。 十四、加强双方在知识产权管理、保护和使用方面的交流与合作，为自主创新提供有效保障。 十五、在香港贸易发展局与深圳市政府的合作基础上，双方加强合作向外推广深港两地的科技服务和成果，包括组织双方以整体的形象在国际、国内共同开展招商引资、市场推广和产业服务等活动；加强双方会展业的合作，培育各自有特色、有品牌的国际性科技展会。 十六、双方共同努力改善通关环境和跨境交通，为物流、资金、人才和信息等创新要素的流动提供更大的便利。 十七、加强双方在医疗卫生、环境保护、食品药品检验、出入境检验检疫等公共服务领域的科技合作与交流。

2．两地达成共识，以深港创新圈推动深港都市圈建设

两地加强科技创新合作的同时，香港特区行政长官在2007—2008年施政报告中提出了共建“深港都会圈”，拟建立全面战略伙伴关系。但由于各

种原因，“深港都市圈”“深港都会”当时没能推动下去，以科技为核心领域合作的“深港创新圈”则成为深港合作的主要抓手，得以持续落实。

其实，深圳是率先抛出橄榄枝的一方。2006 年 3 月，深圳人大在“十一五”规划中明确提出共建“深港都市圈”。2006 年 7 月，《深圳 2030 年城市发展策略》中又明确表示，深圳的定位是“与香港共同发展的国际大都会”，引发了深港两地公众和媒体的热烈讨论，主要成果得到了广泛的社会认可，也开始得到香港政府的积极回应。

2007 年 2 月，时任香港特区行政长官曾荫权在连任竞选提纲中，明确提出要与深圳建立战略伙伴关系，要在金融、科技和基础设施建设方面加强合作，联手打造世界级的国际大都会。我们都为之一振，认为这是香港政府开始认识到了自己的位置。

我经常打比方说，香港就像一个巨人，两只脚跨立在亚洲和国际舞台，两只手伸向国际市场和内地市场，两只眼睛看着北京和上海，而广东是张着的嘴，深圳是同呼吸的鼻孔。平时可能看不见鼻孔，但一旦憋住气，它就得用上鼻孔了。深圳和香港是同呼吸共命运，唇齿相依的兄弟，是双子城。对比以前内地研究者提出的“深港经济一体化”“深港双子城”这样没有可操作性又容易引起歧义的设想，大家都认为香港政府直接提出来“港深国际大都会”的设想应该是非常不错的方式，真正深入地涉及深港合作的发展方向与总体目标。

有了前面“深港创新圈”的共识基础，这次的“深港都会圈”启动非常迅速，香港方面也给予了及时的支持，深港两地在科技以外的基础设施等方面加速合作，进入到一个合作领域更广、更深入的新发展阶段。

2007 年 7 月 1 日，在香港回归十周年之际，港深两地开通了跨越深圳湾的西部通道深圳湾大桥，并在口岸首次实现了“一地两检”的通关模式，简化过关流程和手续。又于一个月后开放了香港一侧的边境管理禁区，开通新的福田口岸，这是自 2003 年深圳皇岗口岸实行 24 小时通关后，深港合作的一个新的里程碑。2007 年 3 月，曾荫权获得连任香港特区行政长官之后，港深之间融合的步伐骤然加快。

2007年8月，有香港特区行政长官曾荫权政府御用智囊之称的香港智经研究中心召集各路媒体，高调公布了《建构“港深都会”研究报告》(以下简称“研究报告”)，给世人描绘出了一个世界排名第三、充满竞争力的“港深都会”蓝图。该课题组历时8个月的研究，访谈了100位政府官员、专家学者、行业代表、50家香港企业、100家深圳企业、1000位深圳市民后形成了此报告。

研究报告围绕基础设施对接、边境合作开发、打造品牌、“深港创新圈”合作等方面，提出了极具建设意义的相关建议：

一是加强基础设施对接，形成“港深1小时都会生活圈”。通过港深机场铁路接驳，联手打造一个全球瞩目的港深超级空港。将港深机场接驳铁路与规划中的高速铁路接驳，增强“港深都会”作为华南地区高速铁路终端的战略地位。实现两地机场的小股权交叉持股。香港政府应在香港机场实行“一地两检”。

二是加强港深边境地区的合作开发。以建构“港深都会”的概念背景，规划大珠三角中极为罕见且极具开发潜力的香港边境禁区。积极推进河套地区开发，打造为“特区中的特区”，为建构“港深都会”破题。在香港成立“河套发展管理局”，在董事会中深圳和香港的股份各为50%。

三是从国家层面规划港深未来，打造中国第一个顶级的国际大都会，使港深成为“充分表现‘一国两制’成功落实的国际大都会”。同时，经营“港深都会”品牌，吸引跨国公司和内资企业地区总部进驻。

四是从具体项目入手，本着先小后大、先易后难、优势优先的原则开展项目合作，有效落实“深港创新圈”合作。

五是加强金融、教育、环保等领域合作。深化金融合作，强化香港国际金融中心功能。加强教育和文化合作，启动“港深人才培养计划”。共同解决环境保护问题，引领大珠三角可持续发展。

香港民间认为，这份由民间组织智经提出的研究报告，是为曾荫权政府的下一步政策投石问路，试探民间水温，为曾荫权将于10月发表连任后的首份施政报告进行民间探路。这也反映了香港政府在深港关系上由“被动”到“主动”的转变。

2007 年 8 月 13 日，香港特别行政区政府中央政策组以“共建国际大都会”为主题，联同深圳经济特区研究会和综合开发研究院（中国·深圳），在香港会议展览中心举行了第二次“港深合作论坛”，邀请了来自港深两地的 300 多名各界人士参会。会上，时任深圳市人大常委会副主任唐杰教授（兼综开院理事）以综开院的名义，特意邀请了纽约大学的知名教授从各项国际指标排名中以及深港两地各自优势，分析建设深港大都会的必要性和可行性，以及将产生的效益。这也让两地政府和专家学者从对标国际层面建设深港大都会有了更深入的了解。同时，时任香港特别行政区署理行政长官唐英年和深圳市市长分别到会作主旨发言，这也是两地政府高调对“共建国际大都会”表明了态度。

然而不久之后，国内、国际形势风云突变。当时，社会上有一些不好的言论，对“一国两制”体制进行攻击。有关方面提出要慎提“深港大都会”和“深港融合”，以免混淆“一国两制”，让国际社会抓到把柄。深圳市政协的港澳委员们联合议政，积极应对舆论，并针对如何进一步开展深港合作进行了探讨。

2008 年 2 月，深圳市政协组织港澳委员及专家学者，依深圳、香港两个城市的实际情况和基础要求，经广泛调研，提出“两制双城”的概念。调研组在这个概念上，延续了以往的研究成果，展望未来的发展趋势，分析两个城市的优势资源和融合协同的机遇，历时半年完成了《构筑具有全球竞争力和影响力的深港都会（两制双城）》调研报告。这份调研报告的主干部分由我牵头，组织深港发展研究院的核心团队承担。另外几个分报告，分别由社科界、经济界等委员单位承担，若干专题调研报告则有 60 多位政协港澳委员分小组参与。之后，这份调研报告作为政协主席督办的参政议政成果，直接与深圳市委市政府对话、交办。

这份调研报告在“深港都会”概念的基础上，提出了深港合作应着力构筑“两制双城”，体现“一国两制”的独有特色和地缘相连的两个城市相互融合、协同发展的城市体系。“两制”是它的内涵，亦是优势，“双城”是它的发展模式，两个城市各有特色，彼此互补，又能有效配置区域资源，可以携手向顶级世界都会的序列“冲刺”，成为亚太区域经济的重要节点，承担提升国家经济质量的功能。这份报告回答了一些理论界的模糊思路，正面积极地强调了“一国两制”是深港合作的优势所在，而不是障碍；同时放在“新一轮思想大解放”之中，将研究深港合作，突出“香港因素”和“特区因素”这一独有特色。

由于地缘和历史的关系，深港合作无论从主观还是客观都是存在和发展的。而由于“一国两制”政治制度的存在，特别是在深圳建立经济特区、实行改革开放之后，香港因素在国家大局和政治经济社会发展中的战略意义，使得两地的合作又具有了时代特征。因此，“两制双城”要最大限度的发挥“一国两制”的独特优势，通过协商和制度安排，切实采取有效措施，消除体制障碍，从社会经济发展的基础层面解决两城合作的机制、外部环境和内在动力等问题，构建面向世界、面向未来的深港“两制双城”。这里既有全球范围内其他边境区域“双城”具有的典型特征，更有“一国两制”的特定含义，这是两地合作带来的前所未有的时代课题，同时也孕育着充满希望的创新空间。

调研报告针对“两制双城”的客观问题，结合香港和深圳特色，提出从法治政治、要素流通、服务平台、跨境区域合作、产业合作、人才教育等9个方面打造“两制双城”的措施建议。

其中，第一条建议就非常有特色：“以法制基础和职业精神为支柱，构建‘两制双城’社会环境。”在香港回归10周年时，我参与组织了来自内地50所不同高校的百名大学生到香港访问，还邀请了香港特区立法会主席范徐丽泰做访谈。内地青年提问香港成功的因素是什么。范徐丽泰回答：“第一是法制精神，第二是职业精神。法制精神是整个社会的基础，而职业精神则是整个社会的诚信、专业合作、行业规范、公共准则，这些已经融入教育训练、就业发展的全过程。香港在专业服务领域和职业教育方面非常强，大家都十分注重职业操守和职业口碑，比如会计师绝对不能做假账，每一个签字都要对他的职业负责，这是这个行业的基本点，大家都很自觉地忠于职守、爱岗敬业。”给我的印象非常深刻。我认为，深圳和香港的对接，首先要实现在法制和职业精神上的对接，这也是香港的一个有特色的社会构建框架。

这份调研报告当年得到了政府的重视，被列为深圳市委市政府的重大报告。现在看来，这份调研报告教科书式地看待香港的社会构架。同时，报告跳出了一城一地的关系，从空间和未来发展上进行了探讨，是对深港两地合作的阶段性研究，也为2008年以后的合作发展，甚至是后来的粤港澳大湾区政策完善落地，提供了一个先行先试的基础和平台。

2008年3月，全国政协委员、深圳市政协主席李德成在全国政协十一届一次会议上提交了《全方位推进深港合作，共建“两制双城”世界级港深大都会》的提案，将这一构想传达至国家层面，建议国家将其列入中长期发展战略，提供必要的政策支持。

这个时期，虽然深港两地政府谋求建立更全面的合作，先后提出共建“深港都市圈”“深港都会”“两制双城”，但不管是在政治方面，还是经济和社会管理制度方面，都存在较大的阻力，两地合作的人流、资金流、信息流和物流等要素流通不畅，且没有政策支持，很难推动落实。而“深港创新圈”是两地以科技合作为抓手，并且科技领域的要素流通阻力相对较小，可以开展具体项目，容易落实推广。因此，两地以“深港创新圈”作为未来“港深都会”的先导工程，将合作领域聚焦到了科技创新方面，通过落实深港科技合作的具体项目和相关措施，在市场规则、法律制度、社会文化等系统层面进行有效接轨的一次尝试和探索，建立区域创新体系，从而推动深港区域更深层次的合作。

2008年，广东省委汪洋书记刚刚主政广东，经过调研提出了建设粤港澳特别合作区的设想，并着手推动珠江三角洲规划上升到国家层面。横琴、南沙、前海的脱颖而出就是这个布局的成果。我在2008年10月召开的沪深津三地综合配套改革和深港合作论坛上，以“综合配套改革中的区域效应——粤港澳合作区的希望”为题发表过一次演讲，对当下广东提出建设粤港澳合作区做了背景阐述和相关分析。以下为那次演讲的主要内容：

深圳一直应该在改革开放的前沿。但深圳当时并没有被纳入国家批准的“综合配套改革试验区”。所以，在三城论坛上，我开门见山呼吁：虽然在新一轮改革发展中，广东地区尚未被确认为“综合配套改革试验区”，但凭借毗邻港澳得天独厚的地缘和人缘优势，使大珠三角地区总能获得“先人一步”的发展先机。因此，我们认为，粤港澳合作仍然是国家综合配套改革中区域布局的关键点，具有重大的区域示范性和全球影响力，需要精心谋划，未雨绸缪。之后，我从 5 个方面列举事实并论证了粤港澳区域合作的意义和价值。

一是粤港澳合作的机遇。

广东的历届领导一直致力于推动粤港澳合作。自汪洋主政广东以来，力图能有更大的突破，旨在希望借助广东毗邻港澳的优势，在区域贸易自由化方面，国家能够允许广东省先行先试。几经努力，在经历了力争、协商、妥协后，最终在“CEPA 补充协议五”中有所体现，但“粤港澳特别合作区”的提法始终没能得到高层的认可，而且提法上也变为“粤港澳紧密合作区”。

2008 年 10 月 16 日，国家发展和改革委员会副主任杜鹰在国务院新闻发布会上回答记者有关长三角和珠三角定位问题时指出，长三角地区的经济总量占全国的 22.5%，珠三角占 12%—13%，它们都是中国重要的经济重心区，也可以说是中国经济发展的两大引擎。这两个地区各有各的优势，应该给予它们同样的关注。相较而言，长三角经济整体综合性更强一些，珠三角外向度更高一些，因此在未来的发展过程中将面临不同的问题，也会有不同的角色和定位。

他认为，珠三角有一个优势是长三角所不具备的，那就是珠三角毗邻港澳，改革开放 30 年来，珠三角的发展得益于粤港澳的密切合作。“今后一个时期，无论是加快珠三角的发展还是抗御国际风云变幻，这条肯定是少不了的，还要进一步加强粤港澳的合作。”今年9月，国家发展改革委曾会同有关部门和单位组成联合调研组赴广东省开展调研。杜鹰当时曾代表调研组指出，谋划好珠三角地区今后一段时期的改革发展工作，有利于增强其对泛珠地区发展的带动能力，有利于保持港澳的繁荣稳定和“一国两制”的实践。

在粤港澳地区实行新一轮综合配套改革试验的条件应该具备，在这一地区开展综合配套改革试验对全局的意义非常显著，特色十分鲜明，具有无法替代的功能和影响。

二是粤港澳合作的利器。

CEPA——《内地与香港关于建立更紧密经贸关系的安排》的英文缩写，于2003年6月签署，之后在澳门参照执行。CEPA是在中国入世和亚洲金融风暴以后，国家支持香港经济发展、促进两地经贸往来的一种制度安排，也是在过渡期内，中国通过香港逐步接触世界市场、熟悉世贸规则的一个重要途径和平台，截至今年已经陆续签署了5个补充协议。CEPA是一把双刃剑，在WTO框架和中国改革开放过程中，以及“一国两制”的大局下，面对全球经济一体化，有很多领域需要渐进式探索和逐步承担风险。与此同时，CEPA对于加强香港与珠三角及内地其他区域的交流合作、中国通过香港走向世界参与国际分工合作有着重要意义和深远影响。有人认为，CEPA有局限性，不应该成为“新特区”设计的主要依据。我们不能完全认同这种观点。几年来，CEPA这个平台并没有得到充分、主动、全面的利用，未来加强粤港澳合作应该突出该区域在国际环境的竞争与发展，所以，还是应该在CEPA上下足功夫，力争开拓新局面、打造新气象。

纵观CEPA实施的过程，可以发现这样一些现象：一是“见物不见人”。目前，CEPA协议中的主要条款针对物的放开了一些，而针对人与事的开放程度有限，不彻底。前几个补充协定关注的基本点是香港货品如何优惠进入内地市场的问题。专业人员就业市场的开放、社会服务开放以及涉及人员流动、专业服务、技术服务、教育及公共服务等，都还非常有限，在推动要素资源顺畅流动方面还缺少较为实质性的突破。二是对内和向外的拉动作用不充分，存在着“三多三少”的现象。CEPA 满足由香港方面提出要求的项目多，内地主动借 CEPA 开放给予机会促进和带动内地改革开放的少；以香港本地经济发展相关联的项目多，借香港国际商埠的角色主动进行过渡期试验的少；面向内地广泛市场的多，而为使珠三角与香港建立更紧密关系而在广东先行先试的政策和待遇少。而广东对于如何通过 CEPA 借助港澳的国际化平台优势实现改革开放的新局面，也缺乏必要的思想准备和积极稳妥的发展策略。

所以，在大珠江三角洲区域实施综合配套改革，特别是在国际化进程的试验和开放、吸引更多全球跨国公司的进驻和国际一流人才的关注方面，要充分挖掘 CEPA 的资源，用好、用活、用尽 CEPA，将其作为深化粤港澳合作、推进改革与开放的利器。

三是粤港澳合作的视野。

目前，粤港澳合作的范围仍限于珠江三角洲周边，珠江三角洲地区是否包括香港、澳门也还在争议中。香港特区行政长官曾荫权提出了一个“大珠三角”的概念来说明这样一个区域空间范围的内在联系。因此，我们觉得在粤港澳区域综合配套改革的实践中，要从更广阔的视野来审视区域发展问题。

放眼全球，有三个策略地区需要特别关注。

一是东盟。尽管从地缘经济的角度看，云南、广西与东盟各国保持着天然的联系和贸易往来，并且随着东盟博览会落户南宁和“北部湾经济区”上升为国家战略，广西实际上已经占据了对东盟开放的主动和先导。但在国际贸易地位和国内外市场影响力方面，香港、广州、深圳等城市群具有更为明显的优势，而这些恰恰也是东盟各国经济发展过程中最重要的资源条件。香港和东盟的经贸关系基础雄厚，“10 + 1”“10 + 3”的互动平台在香港更具国际背景的优势。深圳、广州的资源匹配的实力与辐射远远领先南方任何一个沿海城市。前不久，广东组织了一个庞大的经贸代表团随政府团旋风式的到访东盟，党政一把手亲自带队，相信也是看到了与东盟合作的巨大前景。

二是欧盟。在粤港澳三方合作中，澳门始终处于一个比较微妙的角色，但实际上澳门作为珠三角，乃至中国与欧盟中介桥梁的作用并没有得到充分发挥。澳门政府曾到深圳做过相关的推介活动，特别介绍凭借与葡萄牙及欧盟各国的历史联系，包括诸多商品贸易豁免权，通过澳门进入欧盟市场是相对容易和顺畅的，但在之前的合作和设计中，却都忽视了澳门及其背后整个欧盟的潜在力量。

三是台湾。随着国民党重新执政，两岸关系正朝着健康、稳定的方向发展。国家在某些具体领域甚至给予了台湾比港、澳更为优惠的条件和政策。实际上，改革开放30年来，在深圳及珠江三角洲地区投资的港商中，有相当一部分是来自台湾的资本。珠三角地区紧邻港、澳，可以同时环视国内外两个市场，台商来此发展可以较为从容地应对由政治、经济等因素引发的潜在问题，香港可以发挥祖国和平统一大业过程中的平台作用。在2008—2009年的施政报告中，香港已经做出了新的规划：为配合两岸关系提升及发挥香港可扮演的角色，特区政府正加强香港与台湾之间的交流与合作。香港贸易发展局将在台北设立办事处，亦正推动香港工商界的精英连同在港的台商，组成“香港—台湾商贸合作委员会”，通过民间互动促进两地工商企业直接交流，并加强两地经贸、投资、旅游及其他方面的合作。

提升粤港澳合作的层次和水平并不意味着与长三角、环渤海等地区形成潜在竞争，而是在综合考虑区域特点及优势的基础上，配合国家未来整体战略发展而做出的必要选择。在实施综合配套改革试验策略中，将粤港澳合作在全局中定位，进一步提升粤港澳合作的国际视野，增强中国在国际战略中的地位，使这个地区成为中国未来30年迈向国际化和融入全球一体化发展的新引擎。

四是粤港澳合作的空间。

目前，珠三角地区的各种规划，包括《珠三角地区改革发展规划纲要》主要还是延续多年的“政府主导，产业优先”的规划思维，未能在科学发展观的指导之下，有效挖掘和拓展在区域发展策略与社会性政策之间的综合配套改革试验空间。在粤港澳合作的定位选择上还是强调产业衔接，而没有按照现代规划理念和国际惯例进行策略调整和制度安排。缺乏在城市功能和城市群协调可持续发展上。国际上的研究表明，影响自由贸易区发展的恰恰是与社会公共服务相关的非贸易政策。

香港特区行政长官曾荫权在其题为《迎接新挑战》的2008—2009年施政报告中指出，香港要在激烈的竞争中脱颖而出，必须开阔视野，与珠三角地区高度整合，成为区域经济体系，参与全球化市场竞争，而港深共建国际大都会及粤港合作都需要由政府牵头。施政报告中还提出，需要重新思考政府的功能角色，以响应全球化带来的种种挑战。香港在经济发展中仍然是以“大市场、小政府”为原则，政府角色是提供有利市场竞争的政策环境，但面对市场失效时，政府在关键时刻可以做到强而有力的介入。香港有这样的认识，为“一国两制”下共同面向改革和发展提供了前所未有的思路。

香港特区与广东省政府已取得共识，共同打造以环保、可持续发展为基础的“绿色大珠三角地区优质生活圈”，提升珠三角地区的竞争力和吸引力。在现有珠三角的规划中并不涉及香港、澳门，这次提出“大珠三角地区”说明香港有较强的意愿参与国家事务和区域合作，也说明广东在借香港之力争取国家支持方面有了新的发展思路。

未来粤港澳合作的空间不仅在于产业合作和基础设施配套方面，还包括城市功能和公共服务的衔接方面。以建设“绿色大珠三角优质生活圈”为目标，要突出制度安排和机制运转、突出重点领域和基础建设，突出以人为本和全面协调。实现资源配置的均衡发展、要素流动的最大自由、协调发展的融合共进，具体安排区域内的产业规划、设施配套、社会服务、医疗教育、环境保护等相关政策及措施。

如在“绿色大珠三角地区优质生活圈”的概念框架下，2010年两地将在减排、优化发电燃料组合、开发及推广再生能源、减少汽车排放、加强自然保育及绿化，以及科研和宣传教育等多方面开展合作。大珠三角地区在合作的领域和目标上首次提到“绿色优质生活圈”，着实为珠三角地区下一步的规划提供了一个方向性的指引，也为争取在粤港澳地区开展有针对性和特色的综合配套改革提供了解决方案的新空间。

又如将金融业作为粤港澳经济发展的重要支柱。众所周知，香港法制健全、资金自由出入、信息流通、金融业人才荟萃、经济充满活力，这些都是香港发展为国际金融中心的基本条件。与此同时，国家的经济发展与改革开放，为加强香港金融业的深度和广度提供了新的机遇。国家的经济快速扩张和走向国际化，亦需要善用香港这个在我国唯一与伦敦、纽约鼎足而立的国际金融中心。

再如在重视“物质城市”建设的基础上，将“数字城市”规划列为粤港澳城市发展合作的基础战略。数字城市是一个包括基础设施、技术体系、政策体制多个层面，涉及政府、企业、公众方方面面的庞大复杂的系统工程。要统筹规划，制定政策，协调发展，充分结合GIS、遥感、网络、多媒体及虚拟仿真等关键技术，以地理空间为框架，进行信息共享与系统集成，以对城市的基础设施、功能机制进行信息自动采集、动态监测管理，实现对城市建设、资源开发、生态环境、人口、经济、社会等复杂系统的数字化、网络化、虚拟仿真，优化决策支持和可视化表现等强大功能。着手建设基于国际大都会支撑基础和运营发展的数字城市基建合作，惠及粤港澳合作区域支柱产业金融、物流、交通、通讯、商贸服务和无线都市发展，带动社会、教育、医疗、社区、民政等服务和生态环境建设，为都会群建设提供了全新的发展思路和广阔的领域。

总之，综合配套改革试验下的粤港澳合作要走可持续发展的道路，在发展经济的同时，需要保护环境和自然生态，更要与邻近区域并肩合作，为珠三角地区闯出一条低污染、低耗能的发展道路。

五是粤港澳合作的组织。

在国家推行“综合配套改革”的背景下，我们认为，粤港澳合作应该在“一国两制”和CEPA的基础和实践上，在更高的视野和更高的定位上进行谋划和设计。可借鉴国际间政府合作组织的成功经验和思路，有所突破。尽量避开名称和政府部门的体系，从什么层次、哪些人参加，可以解决什么问题、达到什么效率为出发点。设计好政府间协定协商统筹职能、专业专门机构组织监督实施、非政府组织非营利机构参与论证研究和执行。在进一步解放思想、政府体制改革、社会管理创新的大环境下，在粤港澳合作领域率先突破。

（五）深港创新圈在实践中创新发展

前面所讲到的“深港创新圈”是一个大概念，包括两地科技创新领域方方面面的合作内容。这一节所讲的“深港创新圈”是一个小概念，是深港科技合作大框架内具体的项目资助计划。这个资助计划是深港科技合作的具体抓手，在推动两地合作中发挥了积极作用，对于合作路径和机制的设计有参考价值，因此专门用一节的篇幅予以介绍。

2007 年 5 月《深港创新圈合作协议》签署后，深港两地共同设立深港创新圈专项资助计划。从 2007 年开始，深港双方每年从各自的科技研发资金中，各安排 3000 万专项资金用于支持“深港创新圈”的建设。希望能够通过 3 年合作计划，建设一批深港创新基地、创新平台，完成一批重大具体项目，以此作为抓手，一步一步地落实“深港创新圈”的全面合作，进一步完善深港科技合作机制，促进两地创新要素的合理流动，使两地成为创新资源集中、创新活动活跃的创新圈。

“深港创新圈”专项资助计划的资助对象为在深注册的三类单位：一是香港本地大学、科研机构等在深设立的分支机构；二是与香港本地大专院校、科研机构、产业界有合作的深圳企事业单位；三是参与深港创新圈建设，在整合深港两地创新资源，推进两地科技、经济、人才培养等领域的交流与合作中发挥积极推动作用的企业、机构和社会团体等。

2009 年起，两地开始面对两地政府部门、高校、科研院所、企业等，征集项目建议，从而确定“深港创新圈”合作的具体项目。

根据深港发展研究院统计，2009 年一共有 72 家单位申请了 148 个项目。

其中，学校和科研院所有 10 家，申请了 67 个项目；公司有 72 家，申请了 81 个项目。申请项目主要集中在电子领域、生物医疗、新材料、环保和新能源、先进装备制造、汽车电子、通信技术 7 个领域。在合作的形式上，主要体现在深圳的公司与香港的大学或研究所的合作，占总合作的 52%；其次为深圳的大学或研究所与香港的大学 / 研究所合作，占比 38%。深圳的大学或研究所与香港的公司合作的有 8 家，公司与公司之间的合作非常少，仅有 2 家。

深港双方针对这 148 个项目进行讨论。双方经过初审后进行项目会审，我们注意到香港方面对一些单一的技术项目和纯企业项目都给画圈剔除了，选择的主要是安全、卫生、环境等民生方面的公共项目，其中项目承担机构基本都是公益机构、大学或者科技园等，很少是纯企业。这体现了两地政府参与引导市场行为的不同理念：深圳是通过政府介入给予企业更多的资源配置，香港是政府退一步，不参与市场微观主体行为，只做好公共服务。通过第一轮的项目会审，留下了 22 个项目进入最后一轮评审。

《深港创新圈三年行动计划（2009—2011）》以深港科技及创新合作的重点项目为具体实施内容获批了 24 个项目。项目分为创新基地、服务平台、重大专项三部分。其中，创新基地重点建立全市各区创新基地及“深港创新圈互动基地”等公共服务载体。服务平台重点建设“深港创新圈”知识、人才与共性技术的一站式服务平台，核心技术的支持平台，对创新资源进行共享的深港公共信息服务平台。重大专项重点结合当前深港创新和应用的实际，逐步解决资源性和原创性缺乏的难题，逐步通过技术创新改善民生问题，包括食品安全、药物研发、重大疾病预防、无线射频等领域。双方对合作项目实行“半年一检查，一年一评估，三年一总结”，两地合作更加务实。

实际上，还有两个很有意义的项目由于筹划较晚错过了第一轮评审，在我们的积极争取下，在最后报入了三年行动计划。

我到科协工作后，与香港资讯科技联会开展了一系列紧密合作。2009 年初，我们到香港考察，与香港资讯科技联会及其他科技界团体，探讨深港两地的民间科技团体互动、交流等相关事宜时发现，两地对“深港创新圈”寄予的希望不仅仅是承担项目开展的功能，而是通过获取专业、民间、人脉的支持，成为深港合作新机制和支撑平台建立的依托。所以，我们希望能够从科协的角度去建立两个项目：一个是深港科技社团联盟，一个是全民科学素质教育之下的深港青少年科普行动计划。这两个项目是我在参加深圳审议项目协调会议上临时动议提出来的，因此不在深港创新圈三年行动计划第一轮 22 个项目的审批名单中。当时市领导说要纳入行动计划恐怕来不及了，这两个项目前期没有征求香港方面的意见，而且深港创新及科技合作（深港创新圈）第三次督导会议一周后就要召开了。为了能够把这两个项目纳入三年行动计划中，我就抓紧在一个星期内做了四件事。

第一，我找了我们的合作伙伴——香港资讯科技联会。香港资讯科技联会是香港资讯科技界功能界别的主持单位之一，他们有很强的人脉关系，也是香港跟深圳科技合作的平台。我联系了香港资讯科技联会黄锦辉主席，问他们能不能出面向香港政府资讯科技总监办公室汇报，深圳科协想和他们合作一起做这两个项目，希望可以得到支持。黄锦辉主席说他抓紧做报告，向我要了申请书的模板。我告诉他，因为错过了前期协商申报，香港政府可能会因为原则不接受，让他争取能不能建议在会议文件中列一个备用项目来讨论，并提示他们深圳方面届时也会把这个问题提出来的。

第二，我直接联系了香港政府资讯科技总监办负责深港创新圈项目的专员。因为以前打过交道，大家也比较客气。我说我们有一个项目当时错过了申报时间，现在时机成熟了，可以由民间来做，希望总监办能够予以支持和受理。对方表示，“深港创新圈”的项目已经通过讨论了，现在只有港方同意也是不行的，不知道深圳方面会不会同意。我表示深圳方面的工作我来推动。实际上，在这之前，我就去找了当时深圳市科技和信息局刘锦副局长，跟她说科协在会上跟市长报告了，需要加两个项目。她说我们都已经完成协商了，现在的 22 个项目都已通过两地三轮审核，就差最后的联合会议确定了，这两个临时提的项目怎么加？我表示，“市长要我们做工作，我就努力做好两边的工作。我们这边坚持，这两个项目先按规范文件要求报给你备案，如果香港政府提出协商要求加这两个项目，你就说好；如果香港政府没有提这两个项目，你就说我们深圳科协有这两个项目，希望他们能够考虑”。我告诉刘锦副局长，“香港资讯科技联会也在沟通，我相信他们的专业能力和影响力。香港方面一定会带来这两个项目的，到时候麻烦你动议一下”。她应允了，我也表示如果可以的话，就麻烦她主动问问港方能不能把这两个项目作为备选项目列进去。

第三，我陆续联系了当时的香港资讯科技联会的邱达根会长、京港交流中心的郭明华副总裁、香港青联科技协会的杨全胜会长、香港互联网专业协会会长邓淑明博士、香港工程师学会施礼华博士等香港合作伙伴，发动香港民间团体的力量，希望他们可以就“深港科技社团联盟”和“深港全民科学素质交流与合作行动计划”两个项目入围“深港创新圈”三年行动计划之事给予支持，说明所报项目因报送时间晚，未赶上第一批征求香港创新科技署的意见，现在补报是为了能在 3 月 31 日一起上两地合作会议上讨论，因此，这两个项目需在 25 日前反馈意见，希望他们可以一起推动，帮助加快审核，最好能够前往香港创新科技署表达深港合作意愿，请香港创新科技署同意纳入计划，若需深方共同前往，我们会安排人员在下周赴港。我同时将两个项目的方案征求意见稿发给黄锦辉主席和香港青联科技协会，请他们根据香港实际情况进行调整，再报香港创新科技署。

最后，我邮件联系了香港创新科技署洪良斌先生，表明这两个备选项目因为和香港承办社团一直在做更仔细的落实工作，所以没有及时报送，现在条件已经成熟，深圳方面在会议上也表示希望能和香港方面加紧联系，我们已与香港方面的承担机构沟通，共同推进，希望能在下周内落实香港方面的意见。同时，邮件附上了两个项目的计划大纲。

2009 年 3 月 31 日，深港创新及科技合作（深港创新圈）第三次督导会议上，我们双方协商并共同工作后提交关于这两个项目的正式材料，最终获得通过并确定为《深港创新圈三年行动计划（2009—2011）》服务平台专项的第 11、12 个合作项目，合作项目也从 22 个变成 24 个（见专栏 5—8）。加强港深科技团体交流和加强港深学生科学交流与合作计划，这两个由深圳市科协和香港科技团体主导策划和推动的合作项目，涉及社团和民间来往，拥有广泛群众基础，对于推进深港的深度合作是非常有益的。直到今天，十几年过去了，许多项目已经完成结题了，这两个项目一直还在持续发力和做大做强，成为深港科技合作的双轮驱动力。其中，“加强港深科技团体交流”这一项目更是推动了两地的科技交流和合作。2009 年 12 月，深港两地科技社团共同发起成立的深港科技社团联盟升级为深港澳科技联盟（图 5—3），已成为大湾区科技社团之间加深了解、增进友谊、扩大交流、促进合作、共同发展的桥梁和纽带，不断推动深港澳科技的合作。

专栏 5—8：深港创新圈三年行动计划（2009—2011）的 24 个合作项目

一、创新基地

1. 建深港传染病研究中心
2. 建深港创新圈互动基地，为两地企业提供支持服务
3. 建香港院校深圳产学研基地
4. 建毫米波国家重点实验室深圳基地
5. 为全自动晶圆检测机合作专案建开放性研发基地
6. 鼓励香港研发中心在深圳建立分部
7. 鼓励香港科技创业者在深圳大学城创业园
8. 建联合试验室，处理数字讯号（DSP）及集成电路（IC）技术研究

二、服务平台

1. 构建以运动控制技术为核心的公共技术平台
2. 设立深港 IC 设计创新服务平台
3. 推动光明新区产业转移和升级中心
4. 协助深港工业设计创新科技成果转化中心
5. 建立深港工业中心和培训中心
6. 建立深港设计中心创意产业园区
7. 建立深港基因组学个体化医学研究中心

续表

8．加强南山和香港合作为主体的深港知识服务业联盟

9．设立无线自组网技术服务平台

10．加强香港与深圳的科技人才培训与交流

11．加强港深科技团体交流

12．加强港深学生科学交流与合作计划

三、重大专项

1．电子产品编码（EPC）和射频识别（RFID）联合应用专项研究

2．食品安全及药品安全专项研究

3．艾滋病联治专项研究

4．太阳能电池生产技术专项研究

图 5—3　2009 年倡导成立并纳入深港创新圈重大项目的深港科技社团联盟在粤港澳大湾区的大潮中，于 2019 年 4 月 3 日升级为深港澳科技联盟。张克科（左六）聘为顾问，继续发挥余热。

2016 年在香港资讯科技界国庆活动 20 周年的专刊上，我特别应邀以深港科技合作促进会会长的名义，以《深化港深科技经济合作　共建港深湾区国际都会》为题发表了一篇署名文章，对深港科技社团在促进深港科技协同发展做了回顾和展望。文章分享如下：

深圳与香港一河相连、山水相依，产业相促进，城市相辉映。在“一国两制”的大框架下，紧密合作，通过科技创新，推动区域经济的繁荣和优质生活水平的提高，成为世人瞩目的“东方双明珠”。在全球经济视野下，面向未来，深化港深科技经济合作，实施创新驱动发展战略，共建深港湾区国际大都会，被两地越来越多专业人士视为共识，成为加深了解、推进合作的正能量。

深化深港经济科技合作是建设国家自主创新示范区的重要任务。深圳作为以城市为基本单元的国家自主创新示范区，必将关注和香港地缘相连的世界级大都会城市群的关系，其核心是构建完善的区域综合创新生态体系，打造成为具有世界影响力的国际创新中心。借鉴国际上湾区经济发展的成功案例，借力香港全球创新资源齐聚优势，建立港深湾区跨境合作共进的融合发展机制，发挥深圳科技产业集群的优势，使两地携手在地域优势的基础上，进一步构建谋划协同创新生态环境是深圳和香港的共同希望。建设国家自主创新示范区释放了新的资源，包括土地政策、制度改革和产业发展等，为在“一国两制”下合作联系最密切、资源共享最便利、产业互动最直接、人员交往最频繁的两个城市，提供了新机遇。把握“十三五”规划的有利时机，将两地的科技创新与经济发展密切结合起来，以产业链为核心配置创新链，进而带动都市群社会经济的整体可持续发展，成为南中国海湾区中最具有辐射力影响力的区域，成为“新海上丝绸之路”的航标。

——深港携手提升全球竞争力，要在创新创意、创业创富的资源能力上互动发力。香港具有享誉全球的投资环境。作为国际金融中心，可为发展创新科技筹集必要的资金；作为国际贸易中心，其全球营商优势的法治环境、现代化物流体系和完备的专业服务业，为电子商务的发展以及电讯业、与互联网有关的行业，与娱乐业有关的技术产业、电影业等的发展奠定了坚实的基础；香港对全世界最优秀的科技研发和管理人员极具吸引力，成为推动产业创新的力量。深圳经过 30 多年的发展，城市基础、产业基础、社会基础都有了巨大的变化。借鉴香港、依托内地、立足创新，建立了科技、金融、物流、文化等四大支柱产业。2009年以来，发力战略性新兴产业，在互联网、新材料、生物、新能源、文化创意、新一代信息技术等领域取得了长足的突破。同时也部署了面向未来新发展的航空航天、海洋科技和生命健康产业。加强深港之间的科技合作是合作共赢的事情。深圳科技业界需要更多地借力香港在创新科技、文化创意、知识产权保护、科技金融和青年创业等方面的优势资源，深港联手发展创新科技产业不仅具有良好的国际环境和内地的基础资源，而且有各自的互补优势。只要选择在优势方面发挥效应，共同开拓国际市场，一定可以用创新科技缔造深港的未来。

——深港联手加强国际科技合作和区域产业链匹配度，提升协同创新水平。加强国际与区域科技协同创新，构建以企业为主体，市场为导向，产学研用相结合的区域创新体系，提升核心技术自主创新能力，努力推动经济发展从要素驱动向创新驱动转变是深港科技合作的重心。香港提出成立创新及科技局的动议得到了广大业界的赞同。香港自1998年开始实施的创新策略计划取得了阶段性的成就。香港科技园、香港数码港、五大研发中心和生产力促进中心、设计中心等，不仅推动了香港的科技创新发展，而且都有在深圳开展一系列的多层次的深港协同创新，香港各大学在深圳设立产学研基地，促进了科技创新资源向产业企业倾斜，促进了产业高端转型。深港业界要更多的沟通，更广的互动，合力加快前海深港现代服务业合作区建设，积极推动各项先行先试政策落实，为香港金融业、科技服务业、青年创业等在前海集聚发展、加快将前海打造成为香港与内地紧密合作的先导区创造更好条件；借力香港科技园与深圳前海合作平台，促进科技金融及服务业融合，为香港科技园的新一轮发展提供内地资源的对接；谋划“数码21”在智慧城市建设上的双城互动，深港之间应规划智慧都市跨境基础设施建设和公共服务的对接，实现都市经济、科技、社会一体化；善用广深港高铁和口岸资源，谋划在深圳福田CBD实施深港创新融合计划，落实CEPA先行先试和全面对接，你中有我，我中有你，资源互补、借位发展。

——把握河套开发机遇，部署两地高端科技教育文化创意产业。河套地区是港深合作的重要区域，港深两地政府协议共同发展落马洲河套地区发展项目的规划及工程研究，以“共同研究、共同开发、共享成果”的原则发展河套地区，以期满足两地的长远发展需要。根据收集到的公众意见，深港两地政府同意河套地区发展以“三大土地用途”作为该区域土地规划的基础，在高等教育、高新科技研发、文化创意产业上，融合两地的竞争优势，打造成为珠三角重要的人才培养基地和创新科技发展中心，对深港两地乃至整个珠三角地区的发展均有重要意义。河套地区预计到2020年启用，其中涉及管理体制、周边发展、城市配套和投资模式等。这是在香港境内、以香港法律管理的一块合作宝地，两地科技、教育、创意界要为此协同合作，依据“一国两制”的特别制度设计，培育国际区域品牌，引入优质资源的参与，率先吸引人才、资本、产业落地，提升该区域的核心竞争力，以适应港深合作和国家快速发展的需要，否则会失去难得的战略机遇。近期可以分别在深圳和香港境内，各选择一个地块，协商合作建立市场化培育计划，提前为河套区及香港新界东北、深圳福田CBD等区域，从现在起到2020年及以后的发展，协商设计主题产业圈和优质生活圈，摸索经验、扩大资源辐射力、建立可持续发展的生态环境。

——依托深港优势，打造“两岸四地”青年创新创业平台。青年是地区的未来，也是国家的未来。深港地区拥有一大批有理想抱负的青少年，汇聚了中国最优秀的人力和科研资源，发掘青年资源优势，推动青年创新创业，激发创业激情和科技才能是深港持续发展的基础。深港科技合作促进会与香港数码港、香港资讯科技联会、深港产学研基地自2011年起携手共同举办了四届深港青年ICT创业计划大赛，大赛影响越来越大，已成为香港5月国际创业周的主题活动、中国创业之星大赛的对接计划。深圳和香港的大专院校全部派出有选手参加，同时还有一批已经毕业正在两地创业的青年创业者介入。从赛事到计划，从创业到培育，深圳科技企业以及香港中文大学、香港理工大学、香港科技大学和深圳大学以及在深圳大学城的北京大学、清华大学、哈尔滨工业大学的深圳研究生院都有导师参与。未来，我们将探索建立“两岸四地”青年科技友好合作交流的机制，建立青年创业营，开辟合作渠道，鼓励“两岸四地”青年互动交流，推动“两岸四地”科技发展及交流合作，为有志于创业的青年学生提供一个多元文化平台。融入培训、分享、互动、交流、孵化等活动，注重发掘青年的创业精神和创业项目，培育具有国际视野的未来青年企业家，拓展“两岸四地”的合作发展空间，推动“两岸四地”共同繁荣。

——发挥民间社团作用，巩固和扩大两地跨界科技交流。深港科技合作促进会是在贯彻《珠江三角洲地区改革发展规划纲要》，深化粤港澳科技合作，推进建设深港创新圈，构建开放型区域创新体系，深化创新联动机制，全面提升深港都市的国际竞争力的背景下，通过深港创新圈三年行动计划之“深港科技社团联盟”应运而生的一个全新社会团体。深港科技合作促进会是由关心和促进深港科技合作交流发展的相关团体、企业、专业人员等自愿组成，经深圳市民间组织管理局批准，2010 年筹备，2011 年正式成立的法人组织，是集学术性、联谊性、公益性的民间社会团体。深港科技合作促进会积极发挥民间交流作用，推进深港两地科技界实现深入广泛的交流与合作，面向深港两地公众和专业人士，合作开展学术活动、科技培训、科技咨询、科技评审、人才交流、科普活动、科技展示和推广等活动，有效有序地发挥两地优势，将科技创新领域的合作交流向社会延伸和发展。深港科技合作促进会将继续和香港科技界的同仁一起，推动两地更深层次的科技产业交流，整合官、产、学、研资源，建立深港青年创新创业交流平台，牵头或参与配合会员组织和同业社团一起，通过建立深港青少年科技教育联盟、深港大学生实习创业基地、深港海外智力服务联盟、深港工程师交流平台、深港信息及通讯科技奖联合专项以及与产业相关联的各类推广项目，积极参与深港科技社团联盟的平台活动，有序有效地推进深港两地的创新科技文化和素质提升建设。

面向发展、面向未来、面向全球，深圳和香港、科技和创新，这是永恒的主旋律。深港合作是我们走向明天的光明大道！

准备好，时刻在路上！

六、以河套开发为背景的深港合作再次提速

河套地区作为衔接深港两地的边境地区，是深港合作真正的空间连接；同时也是香港连接全球和向内地延伸的重要桥梁。香港做全球的价值链布局，特别面向内地做价值链的布局，离不开深圳，也绕不开深圳。深港两地还有着制度、法律、文化、关税等方面的差异，河套地区可作为一个先行试验的空间，让深港在此接合部进行制度创新，加强两地经济社会的对接。因此，河套地区的开发建设作为深化深港合作的重要一环，刻不容缓。

（一）官方与民间合力推动河套地区发展

1. 两地签订“1 + 6”协议，河套地区重新被提上议程

2003 年 10 月，广东省省长黄华华接受媒体联合采访时表示，河套介于香港和深圳之间，该地区的开放有利于粤港两地的经济发展，省政府会全力支持，关键是要有好方案，有较好的效益。时任香港特区政府财政司司长唐英年也在不同场合多次公开表示，支持建立边境免税工业区，主要构想在深港边境深圳河的河套地区兴建一个工业区（图 6—1）。其区位优势突出，可以为香港带来更多的就业率，可以作为一个开放的窗口。香港规划署在“2030：规划远景及策略”的研究中，提出发展该片区的设想。深港在加强科技合作的同时，也在积极推动河套地区的开发建设。2007 年 10 月，香港特区政府发布的 2007—2008 年的施政报告《香港新方向》提出，将致力推动 10 项重大基建工程上马，其中包括广深港高速铁路、港珠澳大桥、港深

空港合作、港深共同开发河套 4 项跨界基建。同年 12 月，深圳市市长率团访港，提议在 CEPA 的框架下实施新一轮的港深合作，得到了香港特区政府方面的热切回应。

黄华华接受媒体联合采访时表示，全力支持——

开发深港河套地区

全省开放个人港澳游可望提前到明年元旦

深港之间河套地区开发要有好的规划方案

广深港高速铁路将尽快上马

个人港澳游开放以来只有 17 人在港逗留

粤港加工区规划待国务院批

唐英年表示

港府支持建立边境免税工业区

【本报香港 10 月 27 日电】（记者王涨）自上月底香港“长实”集团主席李嘉诚访京期间，主动向传媒透露积极倡导港深边境免税工业区的主张后，一度引起外界对加工区发展的密切关注。昨天，香港政府明确表态支持建立边境免税工业区的构想。香港财政司司长唐英年表示，港府正在研究深圳与香港建立边境河套区的构想，并于稍后时间就此会晤深圳政府高层。

设立边境免税工业区的构想，主要是指在深港边境深圳河的河套地区 96 公顷土地上兴建一个工业区，令香港工业界在此区域内设厂，聘请港深两地的工人生产，产品或可免税进入内地。李嘉诚的言论一出立即在香港引发大规模的讨论，赞成者称此举可创造更多就业机会，有利香港经济复苏，部分学者更以一拖三（即聘请一个香港居民即可聘用三名内地居民的生产模式）推算，这个工业区可为香港带来 1 万个就业职位。香港财政司司长唐英年，昨天代表港府正式表示支持免税工业区的发展构想时指出，面积达 96 公顷的河套地区，区位优势突出，它不仅离深圳市中心很近，到达香港的商业中心交通也十分便捷。该地区可作为展览、内地企业商贸或香港企业的一个窗口，甚至可开办高增值的企业。

唐英年透露，工商及科技局局长曾俊华先前曾就河套区发展作出汇报，因此日后有关工作将再度由他负责作进一步研究。据了解，香港特区政府高层稍后将会就此会晤深圳政府高层，希望首先着手解决这片土地的业权问题。

图 6—1　原广东省省长黄华华、香港特区政府财政司司长唐英年对开发深港河套地区意向公开表态的媒体报道

2007 年 12 月 18 日，深港合作会议在香港会展中心举行，深港双方签署了《关于近期开展重要基础设施合作项目协议书》等“1 + 6”协议[①]。协议中明确成立“港深边界区发展联合专责小组”，负责统筹、督导和协调深港两地有关边界邻近地区土地规划发展的研究工作，提出了双方合作研究开发落马洲河套地区的建议。除基础设施合作外，还囊括了环保、城市规划、服务贸易、旅游、创新圈互动基地及医疗护理等方面的合作内容，推动深港进入“全方位合作”的新纪元。

---

① “1 + 6”协议：“1”指香港特区政府与深圳市政府签署的《关于近期开展重要基础设施合作项目协议书》。根据协议，深港双方统一成立深港机场合作联合专责小组及港深边界区发展联合专责小组。“6”指香港特区政府环境保护署与深圳市环保局签署的《加强深港环保合作协议》、香港规划署与深圳市规划局签署的《深港加强城市规划合作协议》、香港旅游发展局与深圳市旅游局签署的《双方旅游合作协议》、香港科技园与深圳市高新办签署的《深港创新圈互动基地合作备忘录》、香港医院管理局与深圳市卫生局签署的《医疗护理交流合作安排》、香港贸易发展局与深圳市贸工局签署的《深港加强和促进服务贸易合作备忘录》。

在此次深港合作会议后，时任香港发展局局长林郑月娥指出，港深两地开发河套地区，都是建立在互惠互利、促进两地共同发展的基础上。为了集思广益，双方会在近期聘请两地学术机构收集深港两地市民及有关专家对落马洲河套地区未来发展的意见，为下一步的综合研究提供基础。乘着“深港创新圈”的东风，落马洲河套地区的发展重新被提上两地政府议事日程。

2. 民间召开深港合作与河套开发集思会贡献智慧

2008 年 1 月，香港特区政府保安局宣布，决定在未来 4 年内分阶段将港深边境禁区覆盖范围由约 2800 公顷大幅减至约 400 公顷①，其中，沙头角边境禁区界线向北移至沙头角墟入口。这则消息释放了开发边境禁区的信号，为河套地区的率先开发和建设提供了有利的支撑。

同年的深圳“两会”上，深港合作与开发河套的呼声热烈。委员们以打造区域经济新优势、促进深港共同繁荣为前提，从不同角度、不同功能展开思考，积极为河套地区发展寻找最佳突破口。金融特区、新型大学、跨境免税工业区、“一河两岸”新市区等深思熟虑的建议，不断丰富着开发利用河套地区在深港合作中扮演的重要角色。委员们认为，河套地区是一片“富矿”，只有站在全球化高度找准功能定位，精心布局每一枚棋子，才能有力推动深港国际竞争力再上新台阶，才能真正将这片孕育生机的土地发展成为造福深港两地人民的“福地”。会上，文伙泰先生作为政协委员，提交了《香港与深圳“一河两岸”合作与发展的新思考》提案，再一次对“一河两岸”沿河发展和粤港澳合作的总体性和长远性规划提出了新的思考建议。这份提案实际上是把 1992 年以来深港合作中香港的动态和合作进行了梳理。这个规划更多的是着眼于一河两岸（延伸到南中国海的腹地三湾，即大鹏湾、大亚湾、红海湾），而不仅仅只是香港政府要咨询的河套地区 1 平方公里的

① 设于中国香港新界北的边境禁区，其中包括北区的沙头角市及乡郊、罗湖、文锦渡、打鼓岭及元朗区落马洲及支线范围；范围最广时期达约 2800 公顷。

范围内。建议提出了新河道福田口岸以东，沙头角片区、莲塘片区和福田片区三个片区的对接，还将内部开凿运河调整到香港一侧的方式等。现在看来，这个提案具有超前性，还涉及了南中国海域的区域合作、都市圈和粤港澳大湾区之后的沿海经济带（图 6—2）。

图 6—2　深港专业人士从来就没有停止过深港两地合作研究。香港工联会主席郑耀棠先生主持的中港关系策略发展研究基金等机构对通关、河套发展、中医药产业、大学合作、环境资源保护等事项进行研究，并形成多份研究报告。左图为 2002 年深圳特区促进深港经济发展基金会和中港关系策略发展研究基金举办的迎接 21 世纪新定位研讨会。时任环境运输及工务局廖秀冬局长（左三）、北京大学清华大学深圳河环境评估组组长倪晋仁教授（左二）和张克科（左一）共同主持研讨会。右图为民间参与研究并形成的多项研究报告及资料。

香港特区政府重提河套地区，香港资讯科技联会代表资讯界做一个建议反馈，希望听到民间的意见。香港立法会和深圳市政府也希望能对河套问题做一些公开咨询。同时，考虑到文伙泰先生做了多年河套地区的研究，想要借河套地区研究重启之机遇，使二者能够有所重叠。

经过我多方协调和沟通，2008 年 4 月 19 日，深港产学研基地深港发展研究院与香港资讯科技联会联合举办了深港合作与河套开发集思会，共同探讨有关深港合作和河套开发的问题。深圳市人大常委会副主任唐杰教授、香港立法会功能界别（信息科技界）谭伟豪议员、香港资讯科技联会主席黄锦辉教授及两地关注河套地区发展的专家出席并发言（图 6—3），让香港的机构了解深圳的诉求，也让深圳的机构了解香港的背景和它的意义。

图 6—3　深港合作与河套开发集思会现场

深港两地两百余名专家就深港合作以及河套地区开发问题开展专题讨论（图 6—4）。与会嘉宾就河套地区开发等相关问题发表意见。专家认为要积极推进河套地区的开发，将之打造成深港合作的示范区。该会议主要研究议题包括：河套地区开发的准则、开发规划方案和如何通过河套地区开发促进深港的全面合作等。

图 6—4　深港合作与河套开发集思会合影

集思会上提出的建议包括几个方面：一是河套地区的开发建设不仅局限于河套地区的1平方公里，而要将“一河两岸”的周边地区都纳入未来发展的视野和蓝图中，包括深圳一侧从盐田沙头角到深圳湾口岸的这段，香港一侧涉及周边的新田乡、十八乡、元朗和新界未来发展的一整片区域，包括古洞、平輋、洪水桥。二是河套地区的合作不仅是简单的科技合作，还涉及两个城市和社会方方面面的对接，包括医疗、教育、服务、人员往来等，可以把河套地区视为“一国两制”的新社区。鉴于社会上有河套地区要做科技创新、高等教育和文化创意的建议，可以考虑利用当地的特殊地位，建一所全新的大学的呼声。经过讨论，大家认为高等教育不是办一两所大学那么简单，而是要办若干所具有国际影响力、与大学相关联的独立研究院，如此才能把高校需要的资源带过来。科技也不是简单的产业，还包括人才与国际市场规则相结合。河套开发集思会的推动意义在于，已摆到两地政府议事日程的河套发展问题，通过民间讨论和专业论证，一步步走向成熟。

（二）搁置争议、共同开发

1．深港双方共同研究确定河套地区发展定位

河套地区的发展已成为港深两地政府紧密合作的一个研究项目，目的是充分利用河套地区的土地资源，应对两地未来发展的需要。2008 年 3 月，港深边界区发展联合专责小组召开第一次会议，会议同意港深双方共同开展综合研究，探讨开发河套地区的可行性及有利于港深双方的土地用途。

为了收集市民及专家对河套地区未来土地用途的意见，2008 年 6—7 月，深港两地开始针对河套地区未来土地用途开展了一系列公众咨询活动，深圳两轮，香港一轮。我参加了深圳的一次公开活动和香港的一次资讯科技界的内部分享会。吴家玮教授作为香港科技教育界的召集人，也参与和主持了在香港相关的咨询活动。他告诉我，针对建议在河套地区发展高等教育，他们

组别的意见是由于土地空间有限，不可能只建一所大学，而是要将大学和前沿科技相结合的研究院导入这个特殊地段，充分发挥国家资源和国际视野的结合。后来公布的结果让他出乎意外，他们这个小组的建议完全被采纳了。这在以往香港政府的咨询中是很难通过的。他说，深圳这次应该是给予了对预期很大的支撑。我们看到，收集到的意见中，发展高等教育、高新科技研发及文化创意产业的用途获得较广泛支持。公开咨询活动后，深港两地政府着手开展河套未来发展的综合研究。2008 年 11 月 13 日，深港双方政府签订了《落马洲河套地区综合研究合作协议书》，正式开展综合研究的筹备工作，协定河套地区规划研究的范围分为两个部分（图 6—5），其中河套地区（A 区）及香港境内连接地区（B 区）的研究由港方牵头进行，深方参与；而深圳境内临近地区（C 区）的研究由深方牵头进行，港方参与。

同时，深港两地政府结合 6—7 月的公众咨询结果，初步确定了河套地区主要的功能规划。2009 年 4 月 27 日，两地政府召开专责小组会议，签署了《深圳河治理后过境土地使用合作意向书》，初步认为河套地区可考虑以高等教育为主，辅以高新科技研发设施和文化创意产业用途。在此基础上制订了河套地区的发展建议，在深港两地互惠互利的基础上，将河套地区发展成为一个可持续、环保、节能及以人为本的地区。

经过前期的基础研究和概念规划后，两地形成了前期研究报告、概念规划方案及其对应的项目可行性研究和规划环境影响评价等阶段性成果。2010 年 11 月 23 日，落马洲河套地区发展规划及工程研究第一阶段公众参与活动在深港两地同时启动，主要方式包括媒体见面会，公众论坛和定点、巡回展览，以收集公众对河套地区的前期综合研究报告及周边土地的初步发展建议和意见，深港两地政府总共收集到 196 份书面意见。

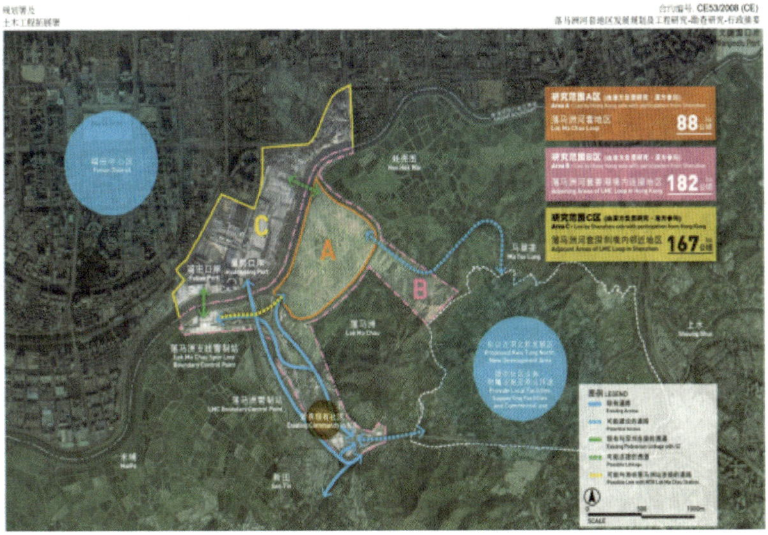

图 6—5 落马洲河套地区综合研究范围

在 23 日公布的落马洲河套地区发展规划及工程研究中，河套地区（A 区）功能划分包括教育区、创新区、交流区、生态区、滨河休憩区 5 个部分。河套地区适用的是香港的制度和法律，将教育区和创新区放在一起发挥产学研一体化的效应。河套地区强调低碳发展，绝不让会造成污染的企业进驻，同时尽量减少机动车进入该片区，在每 500 米半径内都会安排公交车站，并提供自行车停放点，鼓励区域内人群自行车出行或步行。

整理第一阶段公众参与活动收到的意见和建议后，两地联合进行详细规划、工程可行性研究及规划环境影响评价等方面的研究，形成了《建议发展大纲图》，并于 2012 年 5—7 月间在两地同步开展第二阶段公众咨询活动，旨在收集公众对河套地区《建议发展大纲图》的意见，以助推河套地区的发展。深港两地政府总共收集到 36 份书面意见。基于公众期望及河套地区发展机遇和关注事项，河套地区的发展愿景是在可持续发展的大原则下，把该地区定为“深港特别合作区域”，建设为跨界人才培育的知识科技交流枢纽。

经过前期的准备和两个阶段的公众咨询活动，两地逐步完善详细规划方案、规划环境评价报告及工程可行性研究报告等规划研究成果，在 2015 年形成最终报告及行政摘要，完成了对河套开发的综合研究。

与此同时，原深圳市规划和国土资源委员会和福田区人民政府联合开展了深圳一方空间规划的对接和深度研究。以面积 167 公顷的河套 C 区为核心区，346 公顷的福田保税区作为扩展区，并将包括福田 CBD 在内更大范围作为影响区的推进河套及周边地区开发的规划研究，于 2015 年 3 月形成以《滨河硅谷，创新璞城——启动深圳新千亿产业的动力引擎，河套周边地区发展规划研究》为题的研究报告。

该调研报告提出河套及周边片区定位为自由开放的深港第一口岸门户、深港自贸经济创新合作区、深港共赢的创新科技文化园区、中国的南硅谷；同时提出通过自贸经济与创新经济，启动新千亿产业的双引擎计划，推动河套及周边地区发展。

两地聚焦河套地区开发建设开展多次研究，立足深港城市一体化的发展趋势，遵循共同发展高等教育、高新科技研发和文化创意产业的共识，积极推动河套地区开发建设，创造深港双方互利共赢的发展局面。

2. 民间智库提出一揽子解决河套土地问题建议

虽然两地对河套发展规划的综合研究征求了民间意见通过了专业论证，但是河套开发建设工作依然受到体制机制、管理理念和运作模式等因素的影响，有些障碍是当下不可逾越的，有些则是出于香港反对派的无端阻挠。反对派打着影响环境、给大陆输送利益、解决不了民生问题等幌子加以阻挠，使两地政府协商一致的许多措施迟迟不能推进。除此之外，最主要的原因依然是绕不开的河套地区的土地业权问题。

关于河套地区的土地业权问题，两地政府早在 2013 年 11 月的港深边界区发展联合专责小组第十一次会议上，就达成“两个尊重、两个同意”的共识，即港方尊重落马洲河套地区长久以来属于深圳的事实，深方亦尊重落马洲河套地区自深圳河裁弯取直后位于香港范围内的现状，并同意该区域土地今后由香港特区进行管理，即河套地区土地业权属于深圳，香港只有管理权。

然而，香港立法会认为若河套地区土地业权不属于香港，香港政府投入经费进行开发建设则名不正言不顺，因此立法会否决了特区政府关于河套地区开发建设的预算方案。因此，2014—2016 年，香港政府没有关于河套地区开发建设这方面的财政预算，开发建设工作因此而停滞不前。

在这一背景下，时任香港特区政府行政长官梁振英专门在政府的经济发展咨询委员会中设立了河套发展专责小组，寄希望于民间智慧提出一些解决河套地区土地问题的建议，突破两地联合开发的困境，林立方、方舟等老朋友都在这个小组里。当时，“一国两制”研究中心的方舟担任香港与内地经贸合作咨询委员会①小组召集人。他找到我，希望我们各自从深港两方的治理视角提提意见，探讨解决河套地区土地问题的路径及其合理性和可行性，为两地政府开发建设河套地区做贡献。

我和方舟一起梳理了河套地区的历史背景，结合当地发展规划的公众咨询结果以及开发建设进展情况，草拟了河套地区土地问题的 A、B、C 三个方案，形成了《关于深港边境落马洲河套开发建设的建议》。

A 方案是确认土地业权，完善规划立案。尊重历史现状，经过粤港边境勘测工作小组，对河道裁弯取直后双方划入对方的土地采取等量互换的解决方式，以确定土地权属。双方政府及主管部门协助办理分别划入对方管理范围的土地登记事宜，完成法律手续。在此基础上，将地块纳入管辖当地的规划范畴。由于划入对方的土地不均衡，该项工作的预期结果是香港在深圳一方的土地基本可以置换出来，不用管理跨境产权；同时，香港还可以获得在河套范围内的等量土地。

B 方案是采用租赁模式，交由港方建设。河套地区管理权归为香港，为确保河套地区能够在 2020 年投入使用，无论谁主持开发这片土地，香港政

① 2013 年 10 月，香港政府任命香港与内地经贸合作咨询委员会（以下简称“咨询委员会”），旨在加强香港与内地在经济贸易及相关范畴合作事宜，向特区政府提供建议，推动香港与内地的合作，融入国家发展。其中就专列探讨河套和香港未来发展的关系、机遇和合作模式。

府都必须配套完成公共基础建设。这块地按程序应该在 1997 年 7 月 1 日之后由深业集团去香港政府登记，其后，因为多种原因，深业集团还没有在香港政府登记业权，但可以想办法按照原来登记的方式，补充完善手续并一揽子租赁给香港政府的机构。这个机构可以由香港政府指定，也可以是个财团，这样就可以以项目的方式由香港政府进行成片规划以及基础设施和公共资源建设。通过租赁的方式将河套交给香港进行依法合理开发，租赁机构就变成香港的机构，由其向香港政府申请开发，相当于开发建设河套地区的经费成了租赁费用，承担租赁的机构就可以把租赁费交给深圳。同时，我们建议深圳不抽回这笔钱，而是设立一个专门基金，把这笔钱投入到河套地区进行开发，滚动使用，并承诺绝不流回深圳。

C 方案是合作建立港深湾区国际创新中心。土地开发后应规划建设双边政府合作项目，探讨片区内土地由香港规划建设管辖，核心项目由深圳、香港或深港双边合作运营。香港政府可以根据项目的比例返回深圳一些土地，比如 1 平方公里中拿出 20 万平方米或 10 万平方米给深圳来做项目，给深圳政府留一个空间。或是在双边政府合作项目里批出一部分项目，比如批出 20% 的项目交给深圳来做。这样也能保证双方合作优势和激发市场匹配内在动力。

这份建议出来之后，方舟征求了香港特首办、经贸合作咨询委员会等有关部门的意见，回复我：如果深圳方面可以认同，香港方面认为方案可行。

2014 年 9 月，我把这份建议报告报给了分管副市长唐杰。唐杰副市长一直没有回复我的信息。在不久后的香港资讯科技界国庆活动上，我见到了梁振英先生，就跟他直接报告："方舟他们咨询委员会，提了一个关于解决河套地区土地问题的建议，我不知道他们给您看了没有？我也问过深圳领导的意见了，深圳领导说要再听听香港方面的想法。"梁先生说"你把这个给我看看"，就把建议拿走了。后来在一个非正式场合遇到唐杰副市长，他主动和我提及此事。我说资料直接给了梁振英先生，看看后续怎么推进，打算等情况明朗后再沟通。

2015 年，深圳市政府领导班子换届，由艾学峰副市长分管深港合作方面的工作，所有这些遗留问题都交给了他。艾学峰副市长听说我熟悉深港合作事务，专门约我去他办公室交流。我觉得这是一个非常好的机会。艾市长在国务院港澳办工作过，对港澳事务应该非常熟悉，应该有共鸣。我带上手边关于香港事务的主要文件资料，如约来到市民中心。当艾市长翻阅到第一手历史档案资料时，立刻起身给秘书交代，将下午后续的几个活动都延后。原计划 1 小时的交谈延续了一个下午。当时艾学峰市长就跟我说，他会向书记和市长直接汇报河套问题，同时也让我把河套问题的整个发展过程和一些比较成熟的建议以书面形式报告，通过深圳市决策咨询委员会的渠道报送市领导研究。艾学峰市长最后说，“你保留的这些资料是非常珍贵的，可否借我看看？”我说，“这些资料早就该归队了。之前先后两次给发改委和办公厅，这次可以移交了”。艾学峰市长笑着说，“你别急，我看完后会完璧归赵，目前还是保留在你手里比较合适”。后来在参加一个活动时遇到艾市长，他马上问秘书，“那些资料都还给老张了吧？”秘书望了我一眼，我心领神会，马上接过话，“拿到了”。后来秘书告诉我，他是让市港澳办帮他归还给我的。第二天，港澳办王泽彬主动将资料悉数还给我，还告诉我，他们也完整地复印了一套。

2016 年 3 月，深圳市领导专程赴港与港方协商“搁置争议、共同开发”及深港科技领域的交流合作，希望加快推进落马洲河套地区的开发建设。时任深圳市委书记的马兴瑞和深圳市市长许勤、市委秘书长郭永航要求决咨委专家就河套合作提供咨询建议。

趁着这一契机，我把自己对于河套地区土地开发的一些想法做了整理，以决咨委建议的形式报上去。1994 年以来，所有河套地区开发建设的建议中都提出要坚持土地主权。特别是有香港律师行的咨询建议和朱镕基总理当年“不要把土地给弄丢了”的要求，所以当时深圳做的各种方案中，土地虽然划到那边，深圳市仍拥有永久产权。我认为土地权属和妥善处理方案是不能回避的基础问题，要依托法律和智慧来解决。虽然管理权在香港，但我们可以通过三种变通的模式去开发。这三种模式与香港方已协调沟通过，基本符合各方的情况，所以我也体现在自己提交的决咨委建议报告中：第一个是土地互换，第二个是租赁，第三个就是联合开发。

思考后，我梳理了加快落实落马洲河套建设的几点建议，以决咨委委员建议的形式（决咨委委员建议总 394 期）于 4 月 13 日上报市领导。这份建议主要包括 5 个方面：

一是确立河套片区为深港合作融合区和 CEPA 示范区。落马洲是深港人流往来的核心连接地段。而深圳福田保税区、河套和落马洲地处香港与深圳的交汇地段，城市地铁和公共交往便利。该地段是深港合作融合发展的最佳区域。可以尝试深港双方划定区域围合发展，包括莲塘口岸开通后现海关使用的将移交出来的皇岗口岸区土地围合连片、打通福田保税区一号跨境通道和皇岗口岸作业区、落马洲河套区的内循环，形成境内关外“你中我有，我中有你”的现实，提前启动深圳方的外围配套空间，打造“深港湾区国际创新中心”，实行 CEPA 落地的全面合作示范，实行国际认同的市场机制和法规，为“一路一带”桥头堡功能提供双向市场的超级平台和窗口。

二是确认土地业权，完善规划立案。尊重历史现状，经过粤港边境勘测工作小组，对河道裁弯取直后，双方划入对方的土地采取等量互换的办法解决。如图 6—6 所示，包括香港划入深圳罗湖富临大酒店后的地块、深圳划入香港的渔民村地块、文锦渡双边互划的地块以及河套区。通过土地互换，确定土地权属。双方政府及主管部门协助办理分别划入对方管理范围的土地登记事宜，完成法律手续。在此基础上，将地块纳入管辖当地的规划范畴。由于划入对方的土地不均衡，该项工作的预期结果是，香港在深圳一方的土地基本可以置换出来，不用管理跨境产权；同时，香港还可以获得在河套范围内的等量土地，为政府建设相关的公共设施提供基础。

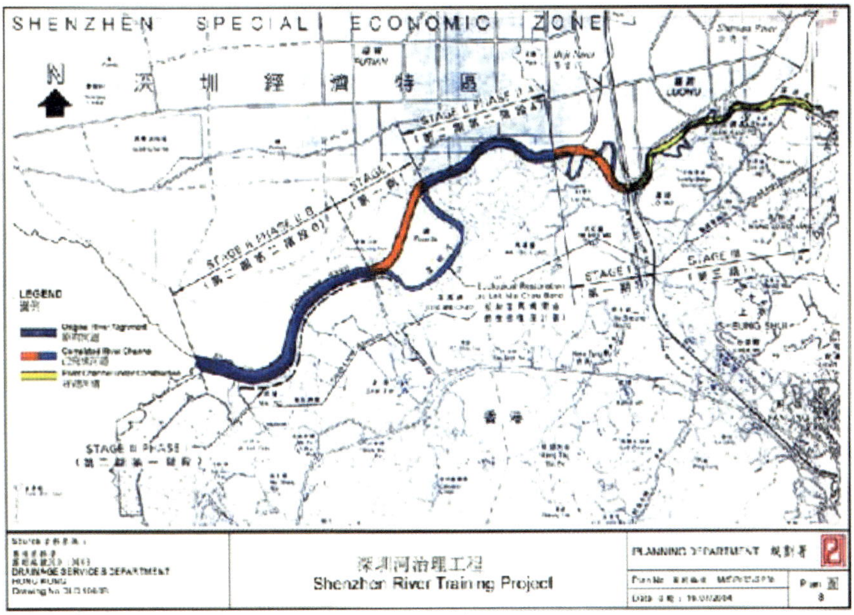

图 6—6　深圳河治理工程规划图

目前，深圳方面一直没有就已经划入香港管辖范围的属于深圳产权的土地在香港进行登记。为使香港政府积极主动加快处理河套项目，关于土地的权属和开发模式是首要解决的问题。根据香港的法律、土地使用规定和深圳香港达成共同开发河套的协议，以及前期咨询规划的基础，循 1998 年香港律师行咨询意见的原则，设想可以按照以下 4 个步骤加快落实和启动协商工作：第一，深圳提出土地申述。深圳向香港政府土地管理部门提出土地产权的登记申述（深圳市政府永久性拥有土地所有权，土地持有方在获得的使用权年限内登记）；第二，香港政府根据有关法律规定提出处置意见（香港政府授权收购土地的使用权，登记为香港政府的土地，并颁发土地使用证）；第三，香港政府批出该块土地的产权使用许可（按照合作开发的模式，深圳一方及协商合作的机构拥有该地块开发权的股权）；第四，香港政府依法管理该地块区域的发展和规划（批地、规划、基础设施建设、建设项目管理、实施香港法律规定的事由）。

依据上述途径，方可启动香港政府向立法会提交议案和专项投资。其他如产业规划、管理模式、投资等，依旧可以按照原协议和双边合作方案磋商协调。

三是采用租赁模式，交由港方建设。为确保双方协商并公开承诺的该项目在要约的时间（曾公布为2020年）投入使用。该地块的基础设施不配套，公共资源未到位，无论由谁主持开发，香港政府都必须配套完成公共基础建设。这也是1998年粤港联席会议第二次会议讨论该地块项目时，香港政府提出来的主要问题之一。

建议深圳方面尽快确定开发主体并决策，将河套地块打包租赁给香港政府。比照政府收地项目方式，由政府进行成片规划和基础设施、公共资源建设。租赁协议应包括一些约定，如建议租金由深圳方设立一个专门基金，原则上用于在该片土地的项目和滚动使用，不抽回深圳；成片开发后的土地按照双方研究确定的规划功能招商。同等市场条件下，优先考虑深圳投资的项目或香港需要深圳配合引进的项目。

四是合作建立深港湾区国际创新中心（深港湾区国际科技园）。土地开发后应规划建设双边政府合作项目。可以按一定比例返回土地（如25%约20万平方米左右，按实际租赁75%支付），注入资金，建立深港湾区国际创新中心（深港湾区国际科技园），可以委托香港科技园和深圳前海、福田区政府等机构合作。探讨片区内土地由香港规划建设管辖，核心项目由深圳、香港或深港双边合作运营。配合深港湾区国际创新中心，可以在深圳福田CBD、福田保税区、福田梅林、香蜜湖等地段建设若干深港湾区国际创新中心深圳园区，全面无缝对接CEPA，借力香港河套片区的优势和深圳福田紧密相连的地缘优势，按照不同的资源市场能量，成为一区多园的格局，营造与香港国际接轨的商业生态环境，放大深港合作融合区的优势和市场匹配内在动力。

五是建议深圳方面设专责小组。吸纳规划、法律、投资、口岸及涉港事务等专业背景人员参与，香港政府与内地合作专责小组配合，启动可行性方案论证，有理、有利、有节地通过不同渠道传递和制定谈判协商策略、公共政策引导等持续落地的实质性工作。遵循尊重历史现状、面向区域发展、优化资源配置、互补互利共赢、持续创新驱动的方向，确定河套区的合作开发模式。在“一国两制”方针和香港管辖制度的前提下，采取一揽子计划，大胆设想、缜密求证、环环紧扣，拟定针对特定范围、适合发展目标、合理配置资源，选择深圳与香港、政府与市场、投资与运营、近期与长远等多利益体共识的基本路径，为香港边境走廊 27 平方公里的未来发展，深圳香港双城合作，国内国际双向市场对接合作和“一带一路”发力，为粤港湾区都会融合、产业提升、人才聚集、文化传播和国际竞争提供大中华区域的新动力平台。

这份建议得到了领导们的重视。决咨委领导在呈报意见中指出：关于落马洲河套地区的开发，我市上一届政府与港方达成了“搁置争议，共同开发”的共识，并通过公共咨询确定了发展方向。这一建议就空间范围、功能定位、土地处置、开发模式等问题，又提出了不少新见解，核心仍是土地权属的法律关系。鉴于这一问题极其重要和敏感，建议市发改委、规土委、法制办、港澳办组织专责小组深入研究，其中关于历史沿革的部分多听取张克科的意见，提出工作思考供市领导决策。这一期建议上报之后，时任书记、市长、分管常委和副市长等 7 位领导都做了圈阅。

（三）业权确定，僵局终被打破

1．河套地区土地业权问题得到解决

2016 年下半年，由深圳市委书记马兴瑞和香港特区行政长官梁振英共同推动，在中央的支持下，以现有管理线为界，互换土地，承认现状。河套地区土地明确交给香港，由香港开发，这才正式开启了河套地区的开发建设。这个转折其实是情理之中，但的确又是意料之外，发生得很突然。

2016年春夏之交，我在进行东莞松山湖的战略发展研究，希望能更深入了解香港方面对大珠江三角洲和湾区经济的思考，就去拜访了香港中央政策组首席顾问邵善波先生。邵善波先生是老朋友了，香港回归前他就在“一国两制”研究中心，我们一直有合作。“关于河套地区，你们深圳两位主官都跟我们谈了，不谋求经济利益。这块地深圳应该不会再提了吧？”他突然半开玩笑半认真地对我说。我觉得怎么突然说起这个题外话，且没有多想，便脱口而出，“不谋求经济利益，并不是不谋求主权吧？”我俩心照不宣地笑起来。我们都知道梁振英先生很难，他最清楚这块地的法律关系，也是最早参与、最积极的推动者之一，现在站到最好的可以把握的位置，但也遇到了最难推进的局面。“这个不急，都等了这么久了。”我说。邵先生也说，“看吧，总是要解决的”。

2016年的秋日，我们再次赴港参加资讯科技界国庆酒会。香港创新及科技局钟伟强副局长知道我会去，就电话约我早一点到湾仔，一起喝点东西聊聊。香港创新及科技局于2015年11月正式成立，是特区政府下属的专门推动科技、资讯及产学研协同发展的第13个决策局。当年在香港数码港和深圳高新区深度合作的两位同仁分别出任该局的一、二把手。一见面，钟伟强就非常认真地对我说，今天是创新及科技局局长杨伟雄委托他来和我沟通，知道我晚上会去酒会，所以提前约我在这里喝茶。

他说：“我们这边收到消息，中央和深圳政府已经决定把河套的土地给香港了。香港政府内部明确了这个项目要创新与科技局负责。为了能快速且顺利地过渡河套地区的开发建设启动，香港方面决定仍然遵循和不改变前期公开咨询和专业论证过的发展定位、土地利用及规划布局，也不改变前期确定的规划方案和预算。同时，将原来规划署落实的若干工作也一并转交给创新及科技局来牵头。科创局计划在法定机构香港科技园现行的体系下，设立一个下属公司来专门负责河套项目的运行，沿用香港完善的管理模式和开发建设体系，减少社会面的折腾。核心产业功能布局对外三项不变，在这里集中力量做好科技与教育。文创先配合香港青年在深圳的前海发展，特首会去专门和深圳商议安排。今天想听听您的建议，了解几项工作：一是因为之前是规划署负责开发建设，我们创新及科技局不太了解河套建设的事，希望你可以给我们一些更加具体的介绍。二是我们想要了解深圳希望我们做什么，我们可以配合一起做些什么。深圳希望做但做不了而香港可以发挥特色的，也可以提出来。比如教育方面，深圳周边有没有教育方面的其他布局，如果希望设立更精准或者‘新’‘特’‘高’‘前’一点的专业，香港有这方面的优势可以发挥。三是想知道深圳相邻周边的土地和建设规划对配合河套是怎么安排的。”我当时又高兴又惊讶：高兴的是，这件事终于重新启动了；惊讶的是，土地怎么说给香港就给了？

为了更好地转达香港方面的考虑，我又将自己的理解重复了一遍，记下了这样几个要点：一是河套发展功能由创新与科技局负责，探讨双赢方案，正式洽谈还是由政制及内地事务局为主对谈；二是河套优先定位为港深科技创新中心；三是香港方面希望谅解备忘录在半个月内确定，能快尽快，在这个新情况下，希望越简单越好，延续以前的框架尽快启动，提请立法局审议；四是希望以科技为核心，辅以教育与科技配合互动，发挥国际化优势和吸引海外人才的优势。科技板块相对于高校而言，更希望是以“科技园＋”的形式开展，委托科技园运营。计划先让文创和科技相关的工业设计等产业进入河套发展，其他产业有时间再协商；五是想知道深圳方面的土地空间及产业建设规划，深圳对福田及河套周边有没有其他布局，对河套配套设施有什么安排等。产业布局除了香港确立的智慧城市、健康老龄、机器人、金融科技外，深圳对香港科技发展有什么思路建议，有没有哪些特别适合或者需要在这个空间做的内容？尽量争取配合深圳功能建设，保持周边大块功能不变，同时每个地块可以灵活，配合出入管理。

回到深圳，我第一时间赶到市港澳办，询问这个动向到底怎么回事。港澳合作处黄志军处长说，现在有个协议正在走审批流程，“这里有一个工作文本，你可以在这里先看看”。我看了一下协议内容，也清楚了香港方面要咨询的情况，并向黄处长做了说明。他建议，“这个情况得向分管市领导报告”。于是，我去找了艾学峰副市长。艾副市长告诉我，“是马兴瑞书记跟香港方面沟通，达成了共识，将土地所有权一揽子解决给香港”。我尽可能不遗漏地将香港方面的意见转达给了艾副市长，并请他指示如何回应香港创新及科技局。艾副市长表示，“希望能在河套地区做两地单独做不了的事情，做在国际上有影响力的事情，等两地资源互相配备以后再做更大的事情”。

在河套地区土地所有权移交给香港的过程中，有这样一件事情引起了我的好奇和猜想。2016 年 10 月，坐落于香港科技园的瑞典卡罗琳医学院刘鸣炜复修医学中心在香港揭幕。瑞典卡罗琳医学院署理校长卡林·达尔曼赖特在致辞中表示，香港作为一个全球性的科研创新中心，可以提供独特的机会促进合作和进行知识转移。香港特区行政长官梁振英出席了开幕仪式。他表示，卡罗琳医学院作为全球顶尖医科大学及研究中心，一直致力于为香港高校在医学研究、学生合作交流方面提供帮助并保持密切合作；刘鸣炜复修医学中心在香港成立，将促进香港在干细胞和再生医学领域的研究，是香港创新科技及医学发展以及中国与瑞典合作的重要里程碑。后来，梁振英在一个小范围的公开活动中提到了这次活动。他说深圳的马兴瑞书记应邀赴香港科技园出席了这个开幕仪式。之后，梁振英先生将在港岛的礼宾府设午宴招待来宾。按照礼仪，会由主人在礼宾府门口迎接分别自行前往的嘉宾。这时，梁振英在科技园就顺便邀请马兴瑞书记坐他的车一起过港岛。他在车上对马兴瑞书记说，“你看到这个地方到你办公室只要 15 分钟，到我办公室要半个多小时，我们要将河套科技园这个地方好好利用起来，我们要把深港合作从这里做起来”。我猜想，这一次非工作会晤一定讨论了关于河套地区土地所有权归属的共识。这一共识且当成两人在“车上智慧”和友好交谈中的主要话题。这一共识解除了困扰两地 30 多年的难题，标志着深港大战略合作正式驶入快车道。

2. 河套地区业权归属香港，深港合作共同开发

2016 年 12 月初，在香港举行的每年一度的深港科技社团联盟年会上，赴港出席活动的深圳港澳办的同志告诉我，关于深港两方共同开发河套地区

的事宜基本商定好了，拟定12月28日签署文件。25日左右，马兴瑞书记突然调离深圳赴广东省候任省长。深圳方面很快调整了签署备忘录的出席人员，签署日期延至2017年新年的第一个工作日，即2017年1月3日。

2017年1月3日，在梁振英特首与许勤市长的见证下，香港政务司司长林郑月娥和深圳市副市长艾学峰代表两地政府签署了《关于港深推进落马洲河套地区共同发展的合作备忘录》(下称“合作备忘录”)，明确了河套地区的开发建设基本原则、土地业权、合作领域和内容、开发机制、联合执行及解决争议机制、共同打造深港科技创新合作区等事项。

合作备忘录回顾了深港共同发展河套地区的背景和历程。根据1997年7月1日颁布实施的《中华人民共和国国务院令第221号》(以下简称“国务院令第221号”)，深圳河治理后，以新河中心线作为区域界线，原位于深圳市行政区域内的河套地区，纳入香港特别行政区的行政区域范围。2011年11月25日，港深双方签署《推进落马洲河套地区共同开发工作的合作协议书》(以下简称《合作协议书》)，港深双方尊重上述历史事实，同意在“一国两制”的大原则下，根据香港特别行政区法律，按“共同开发、共享成果”原则，合作推动河套地区发展。随后，港深双方按照《合作协议书》积极磋商并达成共识，同意合作发展河套地区为“港深创新及科技园”及在园内建设相关高等教育和辅助设施，并制订了合作备忘录。鉴于港深近年在创新及科技方面的迅猛发展，及两地在优势互补下产生的巨大协同效应，双方同意除共同发展港深创新及科技园外，港方亦支持深方在深圳河北侧发展科技创新，共同建立深港科技创新合作区。

基本原则方面，双方遵循适用香港特别行政区的法律和土地行政制度原则、非牟利原则、友好协商原则。港深双方本着共同协商、互利共赢的精神处理河套地区发展的各项事务，努力将河套地区发展为港深创新及科技园。

土地业权方面，明确了20年来一直备受争议的河套地区土地业权归属香港。两地政府确认双方自1997年7月1日起依法拥有治理深圳河裁弯拉直后的“过境”土地的业权。其中，港方拥有原位于深圳市行政区域面积共约 91 公顷的 4 幅地块（A1，即河套地区；A2；A3 及 A4 地块，见图 6—7），深方拥有原位于香港行政区域面积共约 12 公顷的 5 幅地块（即 B1、B2、B3、B4 及 B5 地块）。这就一揽子解决了深圳河裁弯取直后河套地区及其他“过境”土地业权的分歧，让河套地区有了开发建设的基础，打破了僵局。

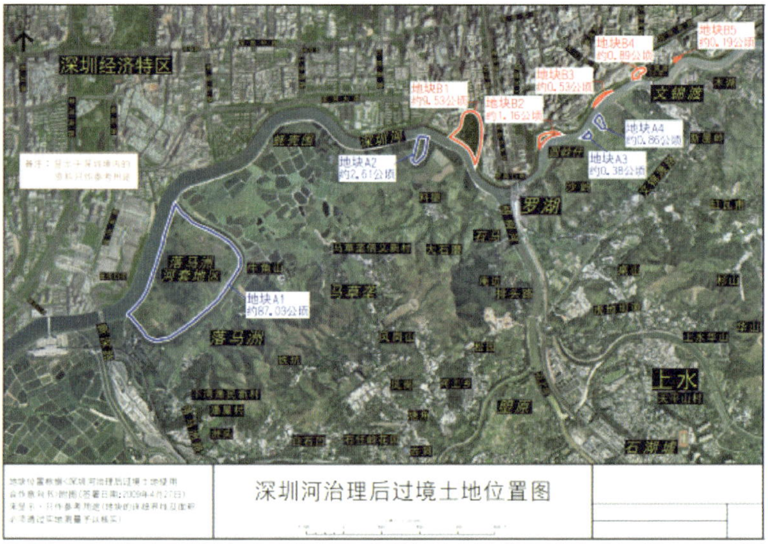

图 6—7　治理深圳河裁弯拉直后的“过境”土地划分

在合作领域和内容方面，一是确定了河套发展定位，即港深创新及科技园，建立重点科研合作基地。二是明确了河套地区的建设内容，在园区内建设相关高等教育及辅助设施，包括建立综合性高端培训平台，在园内开办分校或新的院校，以及相关的文化创意、商业、社区和其他配套设施等。三是港方同意为深方人员提供便利的出入境安排。

开发机制方面，明确由港方负责河套地区的基础设施建设，并以批地方式将已平整土地的河套地区批租予香港科技园公司，由后者成立一家全资附属公司，负责开发建设和管理港深创新及科技园。该附属公司董事局成员由香港科技园公司委任，深圳作为河套地区发展重要持份者，可通过河套区港深创新及科技园发展联合专责小组向香港政府提名该附属公司董事局的董事予香港科技园公司董事局委任，直接参与港深创新及科技园的发展，包括但不限于批租土地或楼房作科研设施、综合性高端培训平台及其他配套设施（图 6—8）。

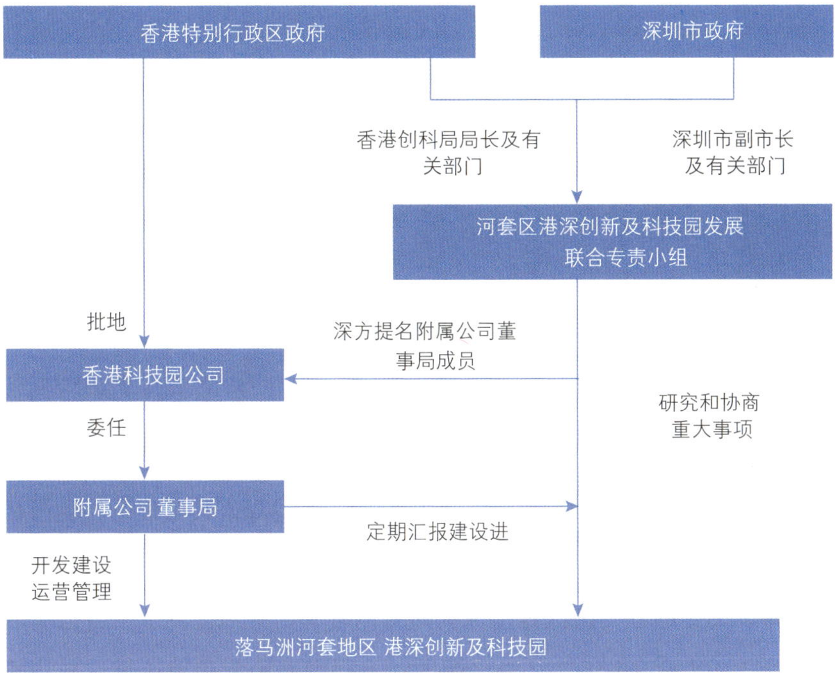

图 6—8　落马洲河套地区港深创新及科技园开发机制

联合执行及解决争议机制方面，明确了深港双方组成河套区港深创新及科技园发展联合专责小组，负责对发展河套地区的重大事项进行研究和协商；由香港科技园公司成立的附属公司需定期向该联合专责小组汇报港深创新及科技园的发展事宜。这为两地研究和协商河套地区发展事项搭建了平台（表 6—1）。

表 6—1　河套区港深创新及科技园发展联合专责小组成员名单

小组组成	香港特别行政区政府	深圳市人民政府
组长	创新及科技局局长	副市长
副组长	创新及科技局常任秘书长	港澳事务办公室主任
成员	1. 发展局 2. 政制及内地事务局 3. 教育局 4. 商务及经济发展局 5. 创新科技署 6. 土木工程拓展署	1. 港澳事务办公室 2. 发展和改革委员会 4. 经济贸易和信息化委员会（后改称工业和信息化局） 4. 规划和国土资源委员会（后改称规划和自然资源局） 5. 科技创新委员会 6. 教育局 7. 法制办公室 8. 福田区政府
办公室	创新及科技局	港澳事务办公室

共同打造深港科技创新合作区方面，一是深港双方共同推广将在河套地区建设的港深创新及科技园，吸引港深两地以及海外企业、研发机构和高等院校进驻。二是港方支持深方把深圳河北侧毗邻河套地区约 3 平方公里区域打造成为“深方科创园区”。三是深港双方同意向国家争取政策，支持此深方科创园区和港深创新及科技园的发展，构建具有对应聚集力和协同效应的深港科技创新合作区。

从这份《合作备忘录》的土地业权划分上来看，深圳看似“失掉”了河套地区的业权和开发建设主权，在合作中处于不对等地位，其实并不尽然。深圳争取到了在毗邻河套地区的土地上布局一个权益空间发展科技创新，以这个空间来对接河套地区的发展。这就是《合作备忘录》中提到的深方留出深圳河北侧毗邻河套地区约 3 平方公里的区域，作为河套港深创新及科技园的深方科创园区。这样一来，深圳就有了 3 平方公里的权益空间。通过这个权益空间，深港双方可以向国家争取政策支持，进一步增强两地创新及科技的协同效应。

这份备忘录明确了河套地区土地业权、管理机制和权益空间三大内容，解决了历史遗留问题，确定了未来发展方向，不仅是河套地区建设发展取得突破性进展的里程碑，也是深港合作史上的里程碑，为深港科技创新合作和粤港澳大湾区的规划构想奠定了基础。

2017 年 2 月 26 日，根据河套新协议新局面新模式，结合自己多年的理解，我在春节期间学习和消化理解，再次以决咨委委员建议的方式递交了“福田—落马洲大河套片区发展建议”，并于 3 月 1 日（决咨委委员建议总 470 期）报出。具体内容节选如下：

福田—落马洲跨境片区以河套区建设“港深创新及科技园”为契机，为深圳市，特别是福田区进一步创新理念、深化改革、扩大开放、协调发展、共享成果提出了新的挑战，也打开了一次极好的高起点国际化创新发展的时间窗口。为更好地稳步有序布局和规划好福田—落马洲河套片区的对接与发展，抓住这一次新的机遇，要特别重视和用好落马洲河套地区共同发展的合作协议提出的几个基本原则和要点：

一是尊重历史、审视现状、面向未来。合作协议中，深方确认香港特别行政区政府拥有占地 87 公顷的落马洲河套的土地业权。这样，港深创新与科技园区将成为香港迄今为止面积最大的创新与科技平台。依照香港的法律管理和组织开发建设，将最大限度地发挥香港全球最佳投资环境的优势，最大限度地植入市场经济的活力，最大限度地吸引包括内地的一流科技创新资源在内的全球创新资源配置，为香港作为“一带一路”的超级联系人，在全球产业回归本土的趋势下，人才、资金、技术和服务的聚焦提供新的空间和平台。

二是务实求新、互补互利、融合发展。在港深创新与科技园区的管理体制、运行机制上，充分利用香港科技园和五大研究机构的经验，充分借鉴深圳发展高新技术产业、建立创新型城市体系和资源配置的经验，做到你中有我、我中有你，紧密无间，融合发展。以珠三角湾区为依托，布局国家重大项目，支持香港创新与科技发展，支撑国际化人才落地，支持建设国际科技、产业创新中心，成为“一国两制”双重优势的示范区。

三是统筹规划、争取政策、搭建平台。福田—落马洲河套片区自2008年开始公开咨询和协同规划，基本确定了除裁弯取直划入香港的河套地块以外的深港双方各自周边的配合发展区。深港双方都表示全力支持对方的开放区域，并共同争取国家对这一区域的支持，争取采取特殊的支持政策，将上述跨界的合作区域打造成深港创新走廊，搭建深港合作新平台。

基于上述原则，争取国家在这一特定区域赋予特殊政策，是推进港深创新与科技园健康发展、推进深港合作新平台发挥作用，支持香港创新科技新引擎发力、支持深圳建设国际科技产业创新中心的重要举措。这一片区是独一无二的土地相连的跨境合作区，循以改革开放以来多次提升的政策体系大格局的框架下，可以赋予更加独特的机制创新和合作模式创新。充分利用按照香港法规制度管理香港境内河套片区和深港推荐委派董事共同设立管理机构和支持对方划入部分土地协同发展的基础，在法律许可的框架下，设计新的发展模式，使这一片区域成为国家所需、香港所求、深圳所长、全球所望的新亮点。

在建议中，对于近期可以开展的事项，提出四点建议：

1. 划定深圳一侧部分地块合围发展。如皇岗口岸将搬迁移交的海关查验区，列为港深创新与科技园的配套服务基地。比照香港的管理体制享受特殊的管理模式发展；

2. 划定深圳一方交叉区域中的福田保税区，作为深港国际创新合作示范区。支持福田区在保税区内建立深港国际合作创新中心，先行先试提供合作创新发展的资源和平台。充分利用现有的保税区基础设施，优化一号通道直通港方皇岗口岸的人、车、物管理模式，邀请香港方在保税区建立港深创新及科技园福田服务中心，实施试验河套区建成后的跨境合作交往模式；

3. 在福田区选择若干核心创新区作为后备发展配套区，为完善和支撑港深创新及科技园在前 5—8 年发展过程中吸纳优质资源，培育创新链，提供技术、人才、资金、服务的全面对接；

4. 委托福田区政府出面建立福田—落马洲大河套片区发展规划专家咨询委员会。吸纳香港、深圳两地及国家有关部门等参与，为深港合作新平台定位把脉，为国家制定这一片区的特殊政策提出研究建议，为福田—落马洲大河套片区发展出谋献策，为深港创新资源对接落地把关。

福田—落马洲深港合作片区是一个独特的新理念。这里是深港创新科技的聚焦点，既有比前海深港高端现代服务业合作区科技服务、专业服务等更直接的内涵；又因在香港境内和与福田保税区连接，赋有前海—蛇口自贸区的改革开放基因；还是深圳创建自主创新示范区，建成国际科技、产业创新中心桥头堡的地位；福田还担负着全面落实 CEPA 和广东协议的示范区重任。这一系列政策和特殊区域的实验叠加，给福田—落马洲大河套片区带来生机，同时也因为政出多门需要优化、简化、提效和注入港深合作面向未来的新动力、新资源、新名片。

建议向国家有关部门提议，将这一区域定位为“福田—落马洲深港创新特别合作区”。请国家有关部门在规划珠三角湾区规划时给以明确的接壤片区的定位，对有关区域范围、基本功能、政策导向、合作模式等给以明确，并争取在香港回归 20 周年之际宣布，开启新的征程。

该份建议得到了决咨委领导的认可，决咨委领导在呈报意见中说明，张克科委员就港深合作开发落马洲河套已曾多次提出建议。此次进一步围绕两地政府新年伊始签署的合作协议，提出将此区域拓展到福田—落马洲大河套地区，并提出若干具体建议。据悉，福田区也做了一个相类似的规划发展方案，建议一并统筹研究。这个建议报送给了市政府主要领导及 6 位市委市政府分管领导，领导又分别批示给了发改、科创、口岸办、港澳办等部门研究办理。

七、粤港澳大湾区战略下的新机遇

深港两地推进河套地区共同发展的备忘录，开启了河套加快建设的步伐。但由于制度、规则差异未能很好地解决，双方合作的深化面临诸多阻碍，一些大型基础设施和项目建设长期暂缓，河套地区开发于2019年才开始动工。同时，科技创新合作领域存在“大门已开，小门未开”的现象，规则不兼容、标准不衔接、资格不互认等构成隐形壁垒。深港合作要冲破这些壁垒，就必须根据国际形势和国家战略的变化，结合深港各自的发展现状和发展需求，适时调整合作模式。而国家对粤港澳大湾区发展战略布局，给深港冲破合作壁垒带来了新机遇。

（一）粤港澳大湾区战略为深港合作保驾护航

1．香港回归20周年，粤港澳大湾区从构想走入现实

香港回归20周年，见证了粤港澳合作愈加频密，粤港澳大湾区也从构想走入了现实。

2016年底，梁振英先生宣布退出下一届香港特区行政长官选举，香港社会各方面也出现了较大的震动。中央根据香港局势做出判断，提出需进一步深化粤港澳合作，谋划港澳融入国家发展大局。2017年政府工作报告中明确提出，要推动内地与港澳深化合作，研究制定粤港澳大湾区城市群发展规划，发挥港澳独特优势，提升在国家经济发展和对外开放中的地位与功能。“粤港澳大湾区”正式被写入政府工作报告，上升为国家战略，引发了全国

及全球对粤港澳大湾区的高度关注。“粤港澳大湾区”的概念开始慢慢清晰，由理论讨论阶段进入了实践与发展时期。

为进一步深化内地和港澳交流合作，提升粤港澳地区在国家经济发展和全方位开放中的引领作用，香港回归20周年之际，在习近平主席的见证下，香港特别行政区行政长官林郑月娥、澳门特别行政区行政长官崔世安、国家发展和改革委员会主任何立峰、广东省省长马兴瑞在香港共同签署了《深化粤港澳合作推进大湾区建设框架协议》(以下简称《框架协议》)。《框架协议》确定了粤港澳大湾区协调发展的总体布局，标志着粤港澳大湾区建设正式启动，也是香港回归20周年的新起点。

《框架协议》在三地合作重点领域中，提到了“打造国际科技创新中心”，这是广东省一直争取的发展定位。这一定位获得国家认可并授予，离不开中国工程院和香港工程科学院在2016—2017年的一次课题研究。

2016年，中国科协代表团和中国工程院周济院长访问香港时，都提出内地与香港要进行科技合作。当时香港工程科学院也提出，香港的发展重点不只是金融和房地产，更多的是工程科学，而且香港与内地的工程科学合作需求和市场都在珠江三角洲。同年5月，中国工程院与香港工程科学院确定共同研究课题，就是“怎样支持香港和珠江三角洲的工程合作，提升区域竞争力”，并成立了中国工程院和香港工程科学院“香港及珠江三角洲协同创新发展战略研究”联合课题组。课题组以中国工程院院士为主，包括香港工程科学院等在内的20多位院士专家。20世纪90年代，我曾参与过中国工程院深圳院士基地的筹建，他们知道我了解香港情况，也邀请我参加课题组。

2016年7月14日，中国工程院副院长干勇牵头在北京组织了一场内地与香港院士的专题座谈会，当时课题组中的中国工程院刘韵洁院士、香港工程科学院前院长李行伟教授、香港的陈清泉院士和部分成员参加了这个座谈会。座谈会上，香港方面提交了他们调研的背景资料和香港资源的摸底素材。中国工程院介绍了国家重点领域的布局与国际发展动态。来自科技部和其他专业机构的专家也介绍了内地和香港合作的一些经验和思考。座谈会由干勇副院长和李行伟教授双主席主持。我本着学习的心态去参会。李行伟教授曾担任过香港科技大学副校长，也是深港产学研基地的副理事长，彼此都比较熟悉。陈清泉院士是中国工程院和香港工程科学院的双边院士，1998 年开始，我就和陈清泉院士有联络，经常请教一些能源方面的专业问题。自由发言环节，他们都不约而同地点名，请来自深圳的我发言。恭敬不如从命，我以香港及珠江三角洲协同发展的机遇这一角度打开了话匣子。

中国工程院 1998 年到深圳就是我们高新区出面跟宋健院长汇报，我参与了前期的沟通和组建工作，中国工程院的深圳院士有了一个活动基地。广东省也有院士联谊会和院士工作站，由广东省科协牵头提供全程服务。但我觉得就推进中国工程院和香港合作中的服务平台建设而言，深圳更接地气，是否可以有个名称，比如挂个诸如“中国工程院粤港澳区域创新支援中心”的名头，以支援中心的方式在前沿对接，和中国工程院深圳院士活动基地合署一起，邀请香港工程科学院参与，调动中国工程院两地院士的积极性，发挥工程院在工程科学、技术支持、人才服务和管理咨询等方面“高水平国家队”的作用，融入“十三五”国家在深圳建设国际科技产业创新中心的战略布局，争取深圳政府层面持续稳定的支持，配合香港各高校和服务机构在深圳设立的科技教育资源，全方位发力。

我在座谈会上回顾了深港科技合作的交互历程。香港科技发展的里程碑事件当属 1998 年的特首特许创新科技策略发展委员会 18 个月工作的成果。当时聘请了田长霖教授出任主席，香港中文大学的高锟校长、香港科技大学的张立纲校长都参加了，还有一些行业代表和企业家代表。深圳把握到这个机会，时任书记张高丽、市长李子彬等亲自出面做工作，力争深港互动、资源互补、机会共享。咨询报告的核心成果是安排了 50 亿创新基金，整合了创新资源，明确了政府、大学和科研机构、公营服务机构的责任，并且落地了一些内容，比如原来只有贸发局、生产力促进局，这之后整合了工业中心、5 个工业村，统筹空间资源建立了新的香港科技园，并在科技园内设立了包括无线通信、集成电路、生物等核心实验设备，有了应用研究院、科技园、数码港。之后，在对 50 亿基金做第二轮安排时，经过 10 个月的两轮咨询，2006 年建立了 5 个研发中心，包括纳米技术、汽车零部件、纺织成衣、物流和通信通讯，而且采取了跨机构的合作模式。深圳自 2005 年底提出共建深港创新圈，经过上下内外多次推动、磋商，深港两地政府经内地与香港科技合作联席会议同意，于 2007 年 5 月正式签署协议。之后，两地又安排了若干合作项目和对口联系渠道。在这个内地和香港科技合作平台的基础上，香港和内地的大学建立了 16 个联合实验室（或教育部重点实验室），陆续批准了 6 个国家工程中心的伙伴关系，包括国家贵金属材料（香港城市大学）、轨道交通电气化与自动化、国家钢结构（香港理工大学）、国家重金属污染防治、人体组织功能重建（香港科技大学），专用集成电路系统工程（香港应研院）等 6 个国家工程中心的香港分中心。深港创新圈的范围内我们做了 3 年的行动计划，也有 24 个项目在进行。深港、粤港两地政府还设立了专项合作资助平台。

2006 年初，我们向香港中央政策组提出希望香港方面合作一起启动"深港创新圈"计划。他们表示，政府层面从来没有研究过创新这个事情，根本没有办法得到官方的呼应。香港政府的下属部门自然不愿意出来参加我们的活动，即便出来也因为没有政策很多东西讲不清楚。香港一直实行积极不干预政策，不会主动支持某个产业，而是让经济自由发展，所以这项计划就开始滞后了。深港创新圈几经磨难，从 2005 年提出到 2006 年科技大会前深圳正式列入发展项目，至 2007 年获得批准，应该是第一个深港两地在国家层面获得认可的项目。香港认为这是跟内地合作的项目，后来尽管有各种变化，但香港政府一直坚持和认同深港创新圈，倒是深圳因为人事变动，似乎在做法和提法上都没怎么坚持。在策划深港创新圈的项目时，香港科大创校校长、全国政协委员吴家玮教授给我们提出了建议，强调科技、创新、人才都要被放在文化和创意的大背景下。为此，他还在全国政协专门做了提案。香港政府和内地政府不一样，内地政府把技术和经济当作抓手，香港政府则把社会利益放在首位。比如我们提出环保、公共安全、食品卫生、食品安全等，当时深圳科技局说“这个不归我们管，不是科技的不提”。但我们政协提案和香港委员建议保留。草稿送过去后，香港方面认为这是他们政府要做的，在未来的三年计划中，对公共卫生、防疫、食品安全等方面的事物提供了积极的支持，反而在科技政策和企业合作等方面踩了空。可见，两地政府的思维方式大有不同。

我建议，在内地和香港合作的整个过程中，我们要做好几个方面设计：

第一，体制机制的重构。建议建立中国工程院粤港澳区域创新支援中心。第二，应该有平台和抓手。围绕制造强国创新链，做强做实做大珠三角创新走廊。第三，重点将科技服务业作为助推器，建立协同创新的合作机制。第四，根据香港和内地合作的实际需要，建立专业服务和专门政策。

在建立协同创新支撑平台方面，香港有 7 万多家企业在珠三角，我以香港在珠三角服务得比较好的两个机构为例进行说明。一个是香港工业总会，属于社团机构；另一个是公营机构香港生产力促进局，他们在广州、东莞、深圳建了 3 个服务中心。这两个机构经营得不是很好，主要原因是体制方面的差异，对此内地政府没有重视，他们自己的服务也有局限性。怎么让香港的先进资源在服务珠江三角洲的香港企业的同时，也能服务于当地企业的提升转型，做大做强新型行业呢？现在香港的资源集中在 3D 打印、汽车零部件、集成制造方面，是我们推进香港和珠江三角洲合作的好资源，我们的抓手和平台要有效选择而不能废弃或重来，要把香港原来的资源整合起来一起做，可以把原有的力量扶植起来，建议在粤港澳区域创新支援中心的平台上将珠江东岸创新走廊串起来。

珠江东岸的创新走廊是 2010 年珠三角规划提出来的，但一直因为行政体制的约束没有真正建立起好的机制。我曾经建议如果将广州天河、东莞松山湖、深圳南山三个节点进行统筹，再加上香港工程科学院和香港科学院、香港科技园、香港生产力促进局及大学资源一起，未来可以和深港边境的河套地区对接，一起做大、做强、做实珠三角创新走廊。这个走廊就是支持中国制造，以协同合作的方式把科技资源向经济资源和产业资源转移，建立制造强国的创新链。这样的话，中国工程院的抓手、平台和影响力就可以形成。仅仅一个园区的话，放在哪儿大家都是零散的，我们可以采取高举高打的方式把这个创新链做起来。

会上，我特别将两地资金都难“过河”，需要有突破的案例提了出来。对此，深圳和香港都在做尝试。2010 年，香港创新署开始对香港的研发机构和资金的使用有所松动，在思考具体的办法。前提是希望北京可以允许香港的机构或团队申请做国家项目，如果和内地科研团队联合做重大项目的话，可以将香港政府支持的科研经费中可以“过河”的人头费提高到 50% 以上。但香港创新与科技局的设立和预算报告在立法会上存在争议，这两年基本没有任何进展，政府间的科技合作基本停顿，2016—2017 年 45 亿的钱都没办法到位。这里包括三笔钱：一笔是 20 亿用于配合大学资助中下游科技成果；一笔 20 亿变成基金，有点像引导基金，投资中小企业；还有 5 亿是支持民间创意设计项目，现在没法用。如果我们要把大学资源调出来的话，瞄着 20 亿的使用方式来做一些设计。加大技术转移服务和项目、团队、人才对接，针对性的设计服务渠道和政策配套。

会上，一些来自北京的研究人员不清楚这些背景，也不了解相关政策，甚至认为这些疑难已经解决，不是问题了。香港来的院士也积极参与讨论。我说，香港几个大学在深圳都设有研究院，城市大学、理工大学、中文大学、科技大学，都有自己独立的楼。香港应科研究院和香港大学也都租了楼之后做的相关研究院。香港生产力促进局也有深圳合资的机构，香港数码港有合作项目及活动，香港科技园在 IC 基地集成电路设计领域有 IP 共享的平台，这些东西都起来了。来来往往、前前后后我都经历了，的确存在几个问题是影响两地资源互配联动的：一是税收问题，二是培养学生问题，三是工作平台设在哪边，还有实验室条件、通信资讯便利、签证类别等。我们曾经想过建立共同基金，以基金的方式“过河”，而不是以政府资助的方式，共同基金就是 AA 制，共同施策。

总之，香港和内地合作，特别是在科技和产业方面的合作，我认为要按照5个有效的方式来做，即有效资源、有效投入、有效服务、有效落地、有效产出。此外，还要注重源头、路径、依托和方向4个方面：

一是抓源头。团队、成果、领域、人才是源头，很多事情是团队做出来的。团队有成果，有些成果是涉及跨领域应用的，单独引进个别人才一般没多大效能，应该聚焦团队成果和领域。香港要瞄准两类人才：一是“海归”。各高校精尖的教授研发能力很强，但大学哪些项目可以成果转移，成果转移的项目大多事在人为，要看这个团队和教授有没有转移的能力和心愿。香港科大固高团队，李泽湘教授的案例是可以借鉴和分析的。我们从1999年开始就参与和服务香港各大学到深圳来的项目和团队，知道他们的需求和困难。我们这边的服务平台和专业素质还是不太匹配的。二是在校研究生。现在每年约有5300个政府资助指标给到各高校招收研究生，按照硕士生一到两年、博士生四到五年的培养周期，在校生人数差不多能达到15000，70%来自内地，生源是最好的学校里最好的学生，其中40%以上是学理工科的，这批人是后备人才。我们当时也出了些主意，看能不能在这中间建立一个机制，通过支持项目的方式资助一些教授，让他们可以申请多培养几位研究生，并让这些研究生进入团队，为成果产业化、市场化和合作提升开辟新路。当时，香港中文大学做一个科技部项目，可以带动和培养一个庞大的团队，但政府给的指标有限。如果我们有一笔钱作为香港青年人才的创业基金，不要只考虑香港人到内地就业，要让香港人才在粤港澳区域创新中发挥更大的能量，这样就可以用支持项目的方式支持人才，对于真正有技术转移点的项目，给100万就可以多招4个人。

二是选路径。以产业链和产业集群形成新的动能为目标，在技术转移过程中研究与应用是互为供应侧，不光是香港研究成果哪些可以成果化，还有这边的企业和产业需求有什么，委托请你研究。我们可以在配置资源中把协同创新和研发的注意力引过来。

三是有依托。依托项目，依托任务，我觉得还应该依托市场，依托企业，依托产品，最后出来的东西是产品，评价体系不一样。评价体系不能光有学校和做科技评奖的有科技评奖，对于市场做技术转移，做促进支援服务，做推动研发和产业的融合，依托的是市场技术和产品，也要有精准的评价体系。发挥企业和市场的作用，通过项目招标的方式来做，广东省和深圳市的配套基金也要做相应的调整。

四是定方向。方向应该是区域协同，为此而建立持续发力的平台和创新的业态，评价是国家的贡献率和国际竞争力。深圳以前不怎么考虑国家问题，当时是以市场为主，政府引导顺势而为。深圳的许市长是从国家发改委来的，所以 2008 年之后的重大布局基本上有差不多三分之一跟国家重大项目相衔接，包括未来产业、海洋航空航天等。除了本土以外，在港的中资机构有很多，他们再回头到内地，也有不少落地深圳的。央企在香港有钱，香港的学校有技术，要把这个资源带动起来，这样就可以形成基本框架。促进粤港澳区域创新，目标是不是可以确定为建立中国工程院的支援体系？陈清泉院士反复强调要纲举目张和有影响力。是不是可以将提高对国家的贡献和国际的竞争力作为我们的方向？香港一直强调的就是具备国际竞争力，要是再提到国家贡献率，香港还有“一国”的感觉，对提高国际竞争力就是一致的要求、一个目标的方向。

我对香港回归 20 年前后，从支持珠三角工程技术产业发展这个角度来做这个组合的研究非常有信心。我提出，要对缺失的环境和短板做分析，发挥工程科技优势的领域，不可能样样都在这里做，培养人才有培养人才的方式，创新和投资都有自己的方式。中国工程院牵头形成的这个平台上要有独特的竞争动能，大家愿意在这个平台上跑马、参赛，甚至采取竞争和竞标的方式把重大项目拉出来建立合作平台，让两地政府有可作为的空间。

通过大量的调研工作，2017 年 1 月，课题组形成了《香港及珠三角地区协同创新发展战略研究报告》，其中香港、深圳、北京等内地和香港两地联合形成了共计 4 份研究成果。报告对香港科技创新的基础与优势、珠三角地区产业发展基础与技术创新需求、对两地如何将创新需求和优势整合起来提了建议。其中重点提到，“建议在‘一国两制’的框架下，在河套地区对内地与香港之间的人才、资金等创新要素的跨境流动做出特殊安排，先行先试，推动两地创新要素无缝对接和自由流动。在河套及周边地区优化科技资源与金融资源有效对接机制，建立覆盖科技创新与产业发展全过程的科技金融综合体系”。

课题组在研究香港及珠三角地区在科技创新方面协同发展的同时，也对粤港澳地区的科技政策进行了研究。2017 年 5 月，课题组在去香港之前，我们特别邀请北京来的客人在深圳实地考察，我还特别向市领导做了汇报。时任深圳市副市长张虎专门会见了干勇副院长一行，并当面交代我要将院士们在深圳香港调研提出的建议，及时报告市政府，深圳将尽最大努力提供支持（图 7—1）。

2017 年 5 月 24 日，在香港中央政策组的支持下，香港工程科学院与香港科技大学公共政策研究院联合举办了政策研究论坛。论坛上，课题代表李行伟教授和干勇副院长首次发布了有关香港创新及科技生态系统优势和不足的研究成果——《粤港澳大湾区创新与科技发展政策研究》，并针对将创新及科技作为经济发展新引擎提出了政策建议。

当时，参加论坛的院士们看完这些报告，都认为发展河套地区将对两地的创新及科技发展产生很好的效益，应该将发展河套地区上升到国家战略层面。对此，干勇副院长提出，课题组要在近期尽快完成总报告，分别给中央政府、香港特别行政区政府和广东省及深圳市政府提出若干政策建议。同时，希望深圳市及福田区配合，就福田—落马洲大河套片区的定位及时提供明确的建议，进一步推进深港紧密合作和科技创新资源的落地。

图 7—1　2017 年 5 月 24 日晚上，香港工程科学院举行招待晚宴，干勇副院长向到场的代表介绍了他这一行的收获与感受。专程去香港科大与史维校长交流，向香港公众宣讲中国科技与工程发展历程及未来方向，特别是在深圳实地考察了位于皇岗—落马洲的河套创新与科技园项目，干院长还特别提议张克科向与会的院士介绍深圳对河套发展的构想和该地的发展机会。

回到深圳后，我立即向张虎副市长、艾学峰副市长汇报了院士们的意见，并和福田区领导一起交流沟通，争取把握最佳机会，创造条件，推动深港更紧密地合作。

艾学峰副市长表示，要讲清楚河套的定位，就一定要将它的战略地位、重大作用讲清楚，只局限于深港合作是不够的，建议聚焦在三个方面——“国家开展国际创新合作的重要平台”“粤港澳大湾区建设的新的重要引擎”“香港培植新的发展动力，香港青年拓展新的发展空间的重要抓手”。

第一，我国的科研创新往高端发展就必须延揽全世界最优秀的人才，就需要把我们国家市场的优势和香港国际化的优势结合起来，河套就是最好的平台，可以结合内地与香港的优势，发挥出巨大的作用，以达成真正促进科技创新的国际合作，使我们国家科学技术的水平上一个新台阶。

第二，香港建设世界级的大湾区需要抓手，而河套片区就是一个比较实、比较大的抓手。推进大湾区建设，是广东贯彻落实习近平总书记对广东提出的“四个坚持、三个支撑、两个走在前列”[①]的要求的一个重大举措、重大布局，实际也是保持香港繁荣稳定的一个重大抓手。过去，香港发展的经济增长重心就是港岛和九龙，现在已经高强度开发饱和了。香港必须有新的增长极，而这个新的增长极就是河套及新界东边界区域的开发。一方面是发挥香港的优势，为深圳乃至广东的创新合作；反过来，香港也受广东和深圳的反向辐射。这将构成香港繁荣稳定的新的支撑。在新界、港岛、九龙之外，又有一个新的增长极，带动新的就业和经济发展，这对于实现香港的长治久安有重要意义。

第三，河套是内地和香港进行创新合作，促进人、财、物、信息更便利有序地流动的一个很好的试验场。

艾学峰副市长还强调，这次工程院课题组汇集了香港方面的共识和建议，建议将课题成果通过中国工程院往上报，往国家战略上发力，希望可以争取在香港回归20年的中央领导讲话中能写上一句：“积极推进香港落马洲河套与深圳毗邻区域的合作开发建设，打造世界级科技创新平台。”

2017年6月，赶在香港回归20周年前，中国工程院和香港工程科学院24名在港院士联名，通过内参《中国工程院院士建议》向中央提交了《将深港福田—落马洲大河套片区确定为国家战略，创建世界级产业技术创新中心》建议（见专栏7—1），并将《香港及珠三角地区协同创新发展战略研究报告摘要》作为附件报送。

---

① 2017年4月4日，习近平总书记对广东工作作出重要批示，希望做到“四个坚持、三个支撑、两个走在前列”。“四个坚持”指坚持党的领导、坚持中国特色社会主义、坚持新发展理念、坚持改革开放；“三个支撑”指为全国推进供给侧结构性改革、实施创新驱动发展战略、构建开放型经济新体制提供支撑；“两个走在前列”指努力在全面建成小康社会、加快建设社会主义现代化新征程上走在前列。

在港两院院士们建议中央将深港福田—落马洲大河套片区确定为国家战略，列入香港回归20周年中央支持香港未来发展的重大战略；将福田—落马洲大河套片区作为一盘棋通盘考虑，继上海、北京之后，在南方建设一个全新的深港国际科技创新中心；将福田—落马洲大河套片区作为粤港澳大湾区发展新动能、深港合作新平台、国际化创新型城市建设新窗口、国际科技产业创新中心新高地的抓手；将河套地区定位为“深港福田—落马洲科技产业创新特别合作区”，请国家有关部门在规划粤港澳大湾区时给以明确定位，对有关区域范围、基本功能、政策导向、合作模式等给予指导。

专栏7—1：24名两院院士联名建议内容（节选）

中国工程院院士建议

第32期（总第432期）

中国工程院咨询工作办公室　　2017年6月22日

将深港福田-落马洲大河套片区确定为国家战略，创建世界级产业技术创新中心

干　勇　李行伟　陈嘉正　高赞明　陈繁昌　陈清泉　徐扬生
程伯中　赵雅各　蔡宇略　李安国　林垂宙　吕　坚　潘乐陶
滕锦光　唐韦章　韦志成　黄永成　张统一　李培根　邬贺铨
刘韵洁　钱清泉　刘人怀

为进一步推动香港及珠三角地区的协同创新发展，促进两地经济的转型升级，提出如下建议：

建议中央将深港福田—落马洲大河套片区确定为国家战略，充分发挥“一国两制”优势资源，提升香港在国家战略中的地位，并作为启动粤港澳大湾区规划的核心引擎。将此列入香港回归20周年中央支持香港未来发展的重大战略，提出对深港跨境合作协同建设创新与科技合作区的愿景。

续表

在国家的层面给予更大的关注和定位，将福田—落马洲大河套片区作为一盘棋通盘考虑，将这一跨境片区作为一个整体，继上海、北京之后，在南方建设一个全新的国际创新中心——“深港国际科技创新中心”，有序布局国家重大项目，支持珠江三角洲产业升级，对接香港的基础研究、源头研究、人才聚集和新技术成果境内外联合创新创业，在科研体制上实现新突破。以“一体两翼一盘棋”的思路，配合香港发展，支持深港合作共同打造世界级科技、产业创新中心。 国家给予该片区特别的先行先试政策，对深港联合建设国际科技、产业创新中心进行顶层设计。这将最大限度地发挥香港全球最佳投资环境的优势，最大限度地植入市场经济的活力，最大限度地吸引包括内地的一流科技创新资源在内的全球创新资源配置。在全球产业回归本土的趋势下，为人才、资金、技术和服务的聚焦提供新的空间和平台。把握最佳机遇，将福田—落马洲大河套片区作为粤港澳大湾区发展新动能、深港合作新平台、国际化创新型城市建设新窗口、国际科技产业创新中心新高地的抓手。 基于上述背景，建议中央决策将这一区域定位为“深港福田—落马洲科技产业创新特别合作区”。请国家有关部门在规划粤港澳大湾区时给予明确定位，对有关区域范围、基本功能、政策导向、合作模式等给予指导，并争取在香港回归20周年之际宣布，开启新的征程。

这份院士建议给香港，乃至粤港澳大湾区发展带来了新机会。国家有关部门对这份院士建议高度重视。在香港回归20周年之际，中央给粤港澳大湾区的合作部署中，《深化粤港澳合作 推进大湾区建设框架协议》就提到了院士们建议打造国际科技创新中心的相关内容。2017年10月11日，香港特区行政长官林郑月娥在特区立法会发表上任后首份施政报告，提到国家“一带一路”倡议和“粤港澳大湾区”规划将为香港经济发展带来重大机遇，香港绝对具备条件成为国际创新科技中心。这说明香港对于建设国际创新科技中心给予了高度的重视和期待，这对于深港科技合作的进一步紧密协同是一个很好的契机。

回深圳后，按照市领导的要求，我还将自己在课题调研中的记录和思考进行了梳理，向市委市政府领导提交了《推进福田—落马洲大河套片区建设的几点建议》，对深港合作实践中人才、资金、物资、信息等跨境流通制度安排和双方定期磋商的机制提出了一些思考，分享如下：

最近有幸参加中国工程院和香港工程科学院“香港及珠江三角洲协同创新发展战略研究”联合课题组调研活动，并陪同中国工程院原副院长干勇院士赴香港调研。在调研过程中，最核心的话题是关于落马洲河套片区的合作。香港各界一致认为深圳和香港新年伊始签署的合作备忘录，确定将河套87万平方米交由香港，并设立联合管理机构，在落马洲河套香港一侧建立“港深创新科技园”和在深圳一侧福田片区建设“深港科技创新合作区”是一次难得的机遇，是启动粤港澳大湾区规划的核心引擎。但大家也无不担心：一是管理规划层面缺乏更高的视野和更长远的谋略；二是香港一侧的时间太慢会延误发展时机；三是在国际和国家层面要给予更大的关注和定位。

在深圳调研期间，干院长一行还特别登上福田保税区的CFC大厦，听取了福田区政府关于配合河套合作所做的筹划；前往口岸实地考察了皇岗口岸的货检广场，登上皇岗桥头调研福田—落马洲大河套片区的空间、交通和环境。本人也结合前期的研究，介绍了河套片区发展的背景情况。这次调研进一步清晰了基本思路：把握机遇，明确定位，发挥“一国两制”优势资源，促进河套片区成为国家战略，实现深港国际合作创新融合发展，提升香港在国家战略中的地位，将香港与珠江三角洲协同创新发展推进落实。

结合本人在2016年4月和2017年2月两次给决咨委的建议，再提几点建议：

1. 精心做好深圳一方的合作片区规划。特别是皇岗口岸货检大部分迁移到莲塘后，将深圳福田皇岗一侧围合发展成为深港相连的河套特别合作区，与香港方面配合发展。以“一体两翼一盘棋”的思路，做好深圳福田区一侧的空间、交通、基础设施和主体项目的规划设计。

2. 关注国际人才的落地和工作生活环境两地优势叠加的机制和政策措

施；关注福田—落马洲大河套片区的人员、资金、信息三个要素市场的通达便利。探讨借鉴“过境耕作证”的模式，设立大河套区“特别工作证”，单边验放进区。以国际合作、人才优先、国家所需的重大项目和改革试验融入合作区，深圳一侧可以参照香港一侧的管理模式，建立新的机制和模式，为人流、信息流、资金流和创新资源融合提供高标准的空间和载体，成为独一无二的国际化创新中心。

3. 在福田保税区内（CFC 大厦）建立深港国际创新中心。提前运行试验磨合大河套发展过程中的双边资源整合机制。在 CFC 建立旅检站，开通皇岗—落马洲穿梭巴士支线直达。探讨深圳高新区—香港科技园穿梭巴士的长效机制，开通香港科技园到福田保税区 CFC 专线，为往来两地园区和大河套片区工作的科研人员提供便利。

4. 争取国家给予该片区特别的先行先试政策，以深港联合建设国际创新中心的核心价值和理念进行顶层设计。在现有双方确认的协商管理机制下，组建高层次的咨询顾问团。依托国家级智囊团和香港民间专业组织的深度持续参与，为该项目的科学决策和国际化模式提供及时有效的支撑。

5. 将大河套片区作为深港合作新平台、粤港澳大湾区发展新动能、国际化现代化创新型城市建设新窗口、国际科技产业创新中心新高地的抓手，在重大项目布局中给予优先安排和设计，做好 3 年、5 年、8 年三个不同阶段的资源配置效率模型，一幅蓝图一支笔，确立可持续发展的长效机制。

6. 近期要做好几件事：一是抓住香港回归 20 周年机会，及时向中央高层汇报，争取作为回归 20 周年国家支持香港未来发展的重大战略提出愿景；二是遴选推荐参与香港科技园附属运行机构的董事会代表。建立深圳方各部门的协同工作机制，市委市政府领导要亲自挂帅，协调好中央责权和省有关部门的关系，为后续工作建立畅通有序的工作平台；三是配合香港创新与科技局的前期工作，及时向深圳政协的香港政协委员和其他与香港有密切关系的民间科技专业和地方团体通报情况。同时加强和香港专业组织和科技社团的合作，例如香港工程科学院就明确表示，他们在香港方提出一些建议是有社会影响力的。维护香港良好的社会环境和舆情导向，及时通过不同声音表达共同合作发展共赢的理念；四是有序组织重大项目落地该片区和与香港开展国际合作推广活动。在“一带一路”平台、国际科技合作平台、国家重要活动中，不失时机地将深港跨境合作区作为国家策略推广。

后来，大家都知道的是，陈清泉院士牵头与香港其他23位中国科学院院士、中国工程院院士一起，给习近平主席写了一封信，表达了香港科技工作者报效祖国的迫切愿望和促进科技创新的巨大热情，同时也期待国家能够帮助解决一些影响科研发展的问题。习近平主席高度重视香港院士来信反映的问题，表示支持香港爱国爱港的科研人员深入参与国家科技计划，提出要抓紧研究制定加强内地与香港科技合作的相关举措。2018年5月14日，媒体公开报道了这件事（图7—2）。

深圳特區報
SHENZHEN SPECIAL ZONE DAILY
今日24版（第12658期）
统一刊号：CN44-0027
邮发代号：45-20
24小时报料热线0755-83511111
2018年5月 15 星期二
中共深圳市委主管、主办 深圳特区报社出版

年内完成涉

据新华社北京5月14日电 日前，国务院办公厅印发《关于开展涉及产权保护的规章、规范性文件清理工作的通知》（以下简称《通知》）。

《通知》指出，为全面贯彻习近平新时代中国特色社会主义思想和党的十九大精神，落实党中央、国务院关于完善产权保护制度依法保护产权的部署，营造平等保护各种所有制经济产权和合法权益的法治环境，国务院决定开展涉及产权保护的规章、规范性文件清理工作。

《通知》明确，此次清理的范围是国务院部门和各地人民政府及其所属

习近平对在港两院院士来信作出重要指示强调

促进香港同内地加强科技合作
支持香港为建设科技强国贡献力量

有关部门迅速做好贯彻落实工作，有序推进内地与香港科技合作

新华社北京5月14日电 2017年6月，24名在港中国科学院院士、中国工程院院士给中共中央总书记、国家主席、中央军委主席习近平写信，表达了报效祖国的迫切愿望和发展创新科技的巨大热情。习近平对此高度重视，作出重要指示并迅速部署相关工作。他强调，促进香港同内地加强科技合作，支持香港成为国际创新科技中心，支持香港科技界为建设科技强国、为实现中华民族伟大复兴贡献力量。

习近平指出，香港拥有较雄厚的科技基础，拥有众多爱国爱港的高素质科技人才，这是我国实施创新驱动发展战略、建设创新型国家的一支重要力量。长期以来，香港科技界为香港和国家发展作出了重要贡献。

习近平强调，促进香港同内地加强科技合作，支持香港成为国际创新科技中心，发挥内地和香港各自的科技优势，为香港和内地经济发展、民生改善作出贡献，是在香港实行“一国两制”的题中应有之义。要重视香港院士来信反映的问题，抓紧研究制定具体政策，合理予以解决，以支持香港科技界为我们建设科技强国、为实现中华民族伟大复兴贡献力量。

根据习近平总书记重要指示精神，科技部、财政部高度重视，多次召开专门会议，将香港科技创新力量作为国家创新体系和创新实力的重要组成部分，从国家整体科研布局和支撑香港自身发展两个层面，研究加强内地与香港科技合作的相关举措，并会同中央政府驻港联络办充分听取香港特区政府和科技界的意见建议，先行试点，特事特办，坚决迅速做好贯彻落实工作。

（下转A3版）

图7—2 习近平总书记对在港两院院士来信作出重要指示

根据习近平总书记重要指示精神，国家有关部门系统落实。2018 年，科技部、财政部联合发布《关于鼓励香港特别行政区、澳门特别行政区高等院校和科研机构参与中央财政科技计划（专项、基金等）组织实施的若干规定（试行）》，对国家科技计划直接资助港澳科研活动做出了总体制度安排，基本解决了在港两院院士建议中反映的国家科研项目经费过境香港使用、科研仪器设备入境关税优惠等问题。

2．粤港澳大湾区战略出台，深港双核引擎携手发力

2019 年 2 月 18 日，《粤港澳大湾区发展规划纲要》（以下简称《规划纲要》）正式发布。香港回归 20 周年之际，习近平主席见证了《框架协议》的签署。之后一年多的时间里，在内地与香港共同关注下，特别是香港院士们的积极参与谏言下，许多固有思维与行为定式被打破，一些不敢触碰的篱笆被拆除，一些创新的模式被吸纳。实际上，整个讨论过程在 2018 年就开始了。2018 年 7 月中旬，中央内部下发了《粤港澳大湾区发展规划纲要》。2018 年 8 月召开的第一次粤港澳大湾区领导小组会议，部署了《规划纲要》的落实和推进。文件的起草和发布过程充分体现了国家最高层的布局和谋划。

我当时看到这些，顿感耳目一新。

《规划纲要》指出，粤港澳大湾区具有五大战略定位：一是充满活力的世界级城市群，二是具有全球影响力的国际科技创新中心，三是“一带一路”建设的重要支撑，四是内地与港澳深度合作示范区，五是宜居宜业宜游的优质生活圈。这个定位为今后粤港澳大湾区的发展指出了更明确的方向。这五大定位其实是相辅相成的。要打造“具有全球影响力的国际科技创新中心”和成为“‘一带一路’建设的重要支撑”则必须要加强广东与港澳的深度合作，打造好港澳深度合作示范区；只有形成宜居宜业宜游的优质生活圈，才能吸引更多国际化的顶尖人才，从而使粤港澳大湾区真正成为“充满活力的世界级城市群”和“具有全球影响力的国际科技创新中心”。

中央对粤港澳大湾区的首要定位就是“充满活力的世界级城市群”，也是对整个片区未来发展的机制、理念、生态的全面定位，也说明中央希望粤港澳大湾区以一个国际化形象出现在世界舞台，从而对标其他世界湾区。相对于2017年的《框架协议》，《规划纲要》对空间布局进行了更加合理和完善的安排，对大湾区“9＋2”[①]各城市的发展定位进行了更清晰明确的梳理，明确提出“构建极点带动、轴带支撑”的网络化湾区空间格局，特别是“发挥香港—深圳、广州—佛山、澳门—珠海强强联合的引领带动作用，深化港深、澳珠合作”“引领粤港澳大湾区深度参与国际合作”，进一步为深圳和香港在粤港澳大湾区背景下的深度融合指明了方向。作为珠三角主要的城市发展极点，香港在全球金融、专业服务、资金人才等方面的优势巨大，深圳则在科技创新和经济引领层面拥有独一无二的竞争力。在粤港澳大湾区战略下，深港合作必将步入新阶段，成为湾区乃至全国创新驱动高质量发展的重要增长极和强大的可持续发展的引擎。

在区域发展中，科技创新是关键。《规划纲要》将建成“具有全球影响力的国际科技创新中心”的战略定位作为建设“充满活力的世界级城市群”的核心抓手，总目标是构建开放型区域协同创新共同体，要有序搭建载体和平台，促进科技体制改革，推动科技创新。规划还布局了“广州—深圳—香港—澳门”科技创新走廊建设，探索有利于人才、资本、信息、技术等创新要素跨境流动和区域融通的政策举措。

国际科技创新中心建设不是简单的科技项目、科技企业或产品，而是一个生态。深港等城市应该从构建区域协同创新共同体的高度，从科技创新的全供应链、产业链、价值链来布局载体、平台，营造国际化、专业化、市场化的科技创新发展生态。国际科技创新中心的建设必须有高端服务业的支撑，需要知识产权、技术服务等。深圳和香港在这方面有很好的协同空间可

① 粤港澳大湾区“9＋2”城市：“9”指广州、佛山、肇庆、深圳、东莞、惠州、珠海、中山、江门，“2”指香港、澳门两个特别行政区。

以发展和共同进步，当务之急最需要在交通、人才、服务、城市配套上加大互通力度。

持续推进建设广深港澳创新走廊，建成国际科创中心，最重要的就是创新要素能否充分自由流动。《规划纲要》也给出了具体指引。人才方面，研究实施促进大湾区出入境、工作、居住、物流等更加便利化的政策措施，鼓励科技和学术人才交往交流。资金跨境使用方面，支持设立联合创新专项资金，就重大科研项目允许跨境使用，这就是要打破行政性垄断、消除地区、部门分割，最大限度开放人员、资本、实验室器材和信息资源的流通互动平台，以此提高创新成果的质量和效率。有了平台经济、共享经济和合作机制，才能使与科技创新相关的生产要素充分自由流动、优化配置。因此，深港需结合自身优势和特色，研究人才、科研资金、科研项目等要素流通的政策，深化区域创新体制机制改革，优化区域创新环境。

《规划纲要》还对河套地区发展建设提出了指引：一是支持港深创新及科技园等重大创新载体建设，打造高水平科技创新载体和平台；二是支持落马洲河套港深创新及科技园和毗邻的深方科创园区建设，共同打造科技创新合作区，建立有利于科技产业创新的国际化营商环境，实现创新要素便捷有效流动。

我认为，建设粤港澳大湾区是针对香港出现的重大变局和迎接未来国际挑战而提出来的国家战略，是具有外向性、开放性、持续性、学习性、互补性的，也为区域国际化发展和可持续发展，铺下了一条新路。说到融合方面，我们知道水火是不相容的，但为什么火能把水煮开呢？因为中间有一把壶。大湾区也要建立一把壶，把整个载体环境建立起来。载体之上，需要有人员、共同研发、资金配载、共同合作的空间等各个方面的支持。大家在一起，不必分清是香港还是深圳。这个载体平台应该有特有的产业链和服务链，这就需要深港双方进一步在河套地区的开发建设中下功夫。粤港澳大湾区承接着关乎国家整体发展的战略任务，同时在全球化视野下，进一步强化自身作为中国对外开放的重要窗口的功能。深圳可以利用作为先行示范区的优势，进行政策先行先试、加强与香港对接等，巩固自身作为科技创新龙头和改革开放试验田的地位。

（二）将河套打造创新共同体，创造更辉煌的双城故事

1. 创新体制机制，开拓合作区建设新视野

1991—2021 年，河套深港科技创新合作区[①]（以下简称“河套合作区”）实现从无到有，并上升到国家战略层面，内涵不断丰富，成为推进粤港澳大湾区建设国际科技创新中心的重要引擎和载体平台（图 7—3、图 7—4）。自 2017 年深港两地政府签署《合作备忘录》后，国家领导人多次提出支持和加快河套合作区的建设，“深港河套合作区的发展”也成为两地的高频词。不过，香港一侧仍以“港深创新与科技园”为主体，在立法会、政府规划和行为媒体中使用，而深圳则用“深港科技创新合作区（深圳园区）界定。

图 7—3　深港协同创新中心是成为河套片区第一个创新资源集聚地

① 2020 年 10 月，习近平总书记在庆祝深圳经济特区建立 40 周年大会的讲话中提道，要“规划建设好河套深港科技创新合作区”。根据习近平总书记的重要讲话精神，合作区正式更名为“河套深港科技创新合作区”。

图 7—4　深圳福田保税区已经换上了全新的路标“河套深港科技创新合作区”

2020 年 10 月，习近平总书记在深圳经济特区成立 40 周年庆祝大会上，高瞻远瞩地提出“要规划建设好河套深港科技创新合作区”，为河套合作区注入了强大的新动力，也为跨越时空追寻了 30 年之久，期盼在深港之交界福田—落马洲合作梦的深港人，带来极大的鼓舞（图 7—5）。在此之后，大家都以“河套深港科技创新合作区”这个统一的名称开展统筹规划和建设。

图 7—5　河套深港科技创新合作区香港一侧

河套合作区作为粤港澳大湾区唯一以科技创新为主题的重大平台，具有“跨境、跨制度、跨关税区”的独特优势，也是唯一的在同一园区内拥有两大口岸（福田口岸、皇岗口岸）、三大通道（口岸、保税区一号通道、广深港高铁三大跨境通道）的深港协同创新平台，是连接港澳资源最便利的平台。有一次深港合作的会上，我提出，凡是在其他地区可以发展的，原则上不要安排进河套地区；凡是需要善用深港两地特色资源或两地需要借力对方优势的、要尽快突破的，可有序引入河套地区。河套合作区不仅仅是福田—落马洲的区位空间概念，更是大湾区在国际视野、国家战略和区域合作中的新高地、动力源和锚地结合部。我们要抢抓历史机遇，把握融合发展、相互促进的大局，加快规划编制、政策研究、基础设施改造等工作，加强深圳与香港优势互补、携手共进，研究体制机制的创新结合部，努力在粤港澳大湾区国际科技创新中心建设中发挥核心引擎作用。这一观点得到了与会的香港、深圳和北京的专家的认同。

要将河套合作区作为大湾区区域创新共同体核心引擎的站位谋划发展，在“一国两制”和共建大湾区国际科技创新中心的框架下，实现高品质融合、高效率配置、高水平导出。特别要注重在合作过程中的差异性、特殊性和示范性，同时，有序有效选择重点领域、重点项目和突出的阻滞通道设计好实践路径，创新体制机制，创造新的区域合作共同体的最大化价值。

而实现这一切的前提，是要通过立法确认这一区域的管理制度。事实上，河套合作区的立法研究深圳在2019年就启动了。当时，我有幸和武汉大学深圳研究院的研究团队一起，参加了福田区的前期调研，并重点调研了组织体系的建设和创新。当时的固定思维就是将现在运行的体制规范化、法定化。但我们从香港的体制和两地合作的机制层次分析，从推动区域可持续发展的长远角度看，现在的框架应该借这次立法过程做更深层次的变革和设计。

将河套合作区作为深圳全局改革开放的龙头和政策突破、创新、辐射的引擎，需要遵循以下三个原则：

一是协同创新原则。该原则包含了协调原则和创新原则，河套合作区深圳园区及其管理机构参与合作区的建设和管理过程中，纵向层级将涉及中央、省、市、区等多级政府，横向职能更是涉及方方面面的工作和任务，同时还面临深港两地政府间、企业间的分工合作，协调好各部门、各级政府之间的关系十分重要。平台创新原则主要是基于河套合作区一区两园的特色，打造一套不同于以往任何高新产业园区、特别合作区、自贸区、经济发展特区等各种形式园区的制度设计。当时，河套合作区的深、港园区实际上还是深港各自管理、两种模式“平行发展”。河套合作区的港深“两园”绝对不能割裂来设计，而是要作为“一区”来整体探讨发展方向，必须融合发展、相互促进，特别要借鉴香港经验，要勇于探索、先行先试，以积极创新的姿态改革发展。

二是共治共建原则。共治共建原则主要包括河套合作区深圳园区内的社会治理模式的设计，要注重社会力量参与，河套合作区深圳园区现实存在的深港两地合作建设、共同建设、合作管理、协同管理问题，在“一国两制”的基本前提下，处置好事权的安排与规范。在遵循机构设置的基础性原则条件下，决定事权分配及其机构设置。

三是视同境外原则。河套合作区深圳园区机构设置要最大限度促进深港两地科技创新发展，最大限度对接国际科技创新规则，在深圳园区内参照实行现有的香港及国际通行规则，如招商模式、管理模式，体制机制上可以完全参照香港模式来做，从统一管理体制机制、打破制度鸿沟出发，将河套合作区的“两园”打造成实实在在的“一区”共同体。

河套合作区作为共同体协同推进深港科技创新合作，必然要求深港双方统筹整体的规划、建设和管理，摒弃单方管理思维，在河套合作区构建具有创新性价值、基于深港两地发展实际的管理和规制衔接与融合。

在具体对接思路上，双方应本着“就高不就低”的原则来确立共同遵守的制度。不可否认的是，香港在园区的组织和运营上有着与国际更为接轨的、更科学有效的管理规则。因此，深港合作的园区管理体制对接要主要借鉴香港制度，摒弃当时深圳园区“市级统筹的领导小组＋区级挂牌的领导小组办公室＋国有发展有限公司”[①] 的惯性思路。深圳这一园区运营组织模式存在诸多问题：一是政出多门，无法统筹；二是授权有限，执行不畅；三是责权不清，交叉失序；四是目标不明，保障不足；五是专业水平不足，战略规划与政策研究水平欠缺。为此，深圳园区管理机构需要突破体制局限，从临时机构向常设机构和专责服务过渡。主要表现在两个方面：其一，善用法治模式进行园区管理。香港对于辖区内的政府所有机构和园区，采取具有法律效应的条例进行园区管理。港深创新及科技园现行的法律条例主要是《香港科技园公司条例》，该条例赋予了香港科技园公司对于该园区的法定管理权。其二，运用市场化机制进行园区运营。成立港深创新及科技园有限公司，作为香港科技园公司的附属公司，负责港深创新及科技园的上盖建设、营运、维护和管理。

当时在课题研讨时，大家都有共识，一旦落到纸上，就受到既有利益和现状的惰性牵扯，一种看不见的力量将应该开放的、科学的、市场的原则磨得有气无力。最后只能按照委托单位的要求，突出符合委托单位利益的模式为首选模式。但课题坚持将我们探讨的“立法机构＋服务署”（图 7—6）作为多选模式留下，并构建了合作区深圳园区事权分配与机构设置模型，让研究报告的精髓得以保留（见专栏 7—2）。事情的结果很有意思。

① 深圳市建设深港科技创新特别合作区领导小组，由深圳市委书记、市长任正、副组长，常务副市长任执行副组长，领导小组成员包括市委常委、副市长。领导小组全面统筹领导合作区深圳区域开发建设工作，研究解决合作区深圳区域规划建设中的重大问题。领导小组下设政策规划和对港协调、空间规划、创新科技以及交通口岸 4 个专责小组。领导小组办公室设在福田区，常务副市长兼任主任，福田区主要负责同志任副主任，承担领导小组日常工作，负责研究合作区深圳区域的发展定位、规划建设等。深圳深港科技创新合作区发展有限公司（以下称“深港科创”公司）。“深港科创”公司是以深圳市投资控股公司为牵头，包括深业集团有限公司、深圳市福田投资控股有限公司等深圳市属及福田区属国有企业联合组建的新公司。“深港科创”公司成立的重要目标是具体推进深港科技创新合作区深圳园区的综合开发、建设、销售、租赁、运营管理，实施合作区深圳园区内的城市单元开发、城市重大基础设施建设，物业管理，科技企业孵化、产业投资及其他投资。

2021年8月，香港直接提出深港联合出台政策包，携手为合作区招才引智。深圳高层也大胆地再次釜底抽薪、高屋建瓴地调整了多层服务框架，将管理机制调整为“市统筹的领导小组及办公室＋属地的合作区建设发展事务署”模式，直接在福田区设立了合作区建设发展事务署①，这一布局与我们提出的管理模式很一致。在进行体制机制建设研究中，我提出要非常准确地把握创新协同的方向，要把合作服务平台的权利来源和实施目标分析清楚。为此，我提出要科学合理设置决策权、管理权、执行权、协调权和监督权五大事权，非常清晰地表达了方向与需求的内在本质。部分内容节录见专栏7—2。

专栏7—2：河套深港科技创新合作区管理模式创新研究（节选）

（2021年2月）

一、合作区先期管理体制与对接

2017年1月以前。两地工作小组工作模式：深圳主要由发改、国土、科技、港澳办等部门按照分工协调、专业对口，分管领导负责。主要领导把关的模式。重要问题在粤港联席合作会议和深港专责协调小组联络机制下展开。香港历任特首亲自过问。林郑月娥在担任香港发展局局长期间牵头参与了2011年以后的各项协同合作事务。

2017年1月以后。有新的框架协议和组织机构。深圳市成立了市委市政府主要领导挂帅，相关分管市领导和职能部门领导参加的领导小组，根据市领导的意见，福田区承担了领导小组的日常工作。总的来讲，深港科技创新合作区深圳园区此前机构设置的延脉主要表现为：非常设领导机构—临时协调办公会议机制—专责办事机构。

二、深港科技创新合作区深圳园区的规划

深圳市发改委牵头编制了合作区深圳园区总体规划和先行先试的政策，基本完成了合作区深方区域“1＋N”规划体系的衔接。深圳市科创委牵头编制了合作区

① 2021年10月13日，深圳市建设河套深港科技创新合作区领导小组办公室印发的《关于调整市建设河套深港科技创新合作区领导小组架构及运行机制的通知》（深河套办〔2021〕1号），对合作区组织架构及运行机制进行了部分调整，领导小组办公室由原福田区改设在市发展改革委，福田区负责牵头建设推进组有关工作。

续表

深圳园区的科技产业规划，明确以微电子、人工智能、生物医药、新材料为重点产业发展方向，布局相关的科研项目。深圳市规土委牵头编制了合作区深圳园区的空间规划，提出了“一心两翼”的总体空间布局，“一心”是在福田口岸建设综合服务枢纽。深圳市交委会同口岸办编制了口岸区的交通规划，在皇岗口岸引入三条城际轨道和两条地铁线路，以及开展皇岗口岸改造和广深改造等重点工程。 三、合作区深圳园区管理事权分配 （一）厘清管理创新的核心功能，科学调整事权设置 在遵循机构设置的基础性原则条件下，事权分配及其高效运行决定机构设置。深港科技创新合作区深圳园区的事权可以分为决策权、管理权、执行权、协调权和监督权五类。 1. 决策权：主要是涉及合作区深圳园区发展的重大事项决策权限，大致包括：深港科技创新合作区深圳园区的经济社会发展规划、产业发展、重大改革举措；深港科技创新合作区深圳园区的重大政府投资项目以及与港方合作开发项目；管理机构提请的需与省、市人民政府及其职能部门协调的事项。决策的科学合理性需要一定层级的决策支撑，主要包括决策机构的利益代表性，决策能力和决策知识的完备性，决策程序的公开透明性等。 2. 管理权（服务权）：合作区深圳园区法定管理机构的具体管理服务权限，主要包括：部分市级行政管理权限、合作区深圳园区人事管理权限、合作区深圳园区财政管理权限、合作区深圳园区土地管理权限、合作区深圳园区发展规划管理权限、合作区深圳园区公共服务供给权限、合作区深圳园区投资建设管理权限等。 3. 执行权：执行权是管理权的延伸，是各类具体管理工作的实际执行机构依法依规执行具体管理和服务的权利。通过授权和限制性约束规范执行机构的执行权。要重点关注投资开发公司和公共服务供给机构的执行权限。 4. 协调权：市政府应当完善协调机制，协调与国家有关部门、香港相关的合作区深圳园区事务。辖区政府或者市政府有关部门依法在合作区深圳园区承担的行政管理权限，由法定管理机构负责协调。法定管理机构应当加强与中央驻深机构、香港机构和其他相关单位的信息交流与共享，建立联动协调机制，协调处理合作区深圳园区内税务、金融、海关等领域重大事项。 5. 监督权：包括静态监督和动态监督，静态监督主要是对于固定下来的规范性制度进行合理性监督。动态监督则是对于合作区深圳园区建设发展全过程全维

续表

度的控制、纠偏和监察，防范和规避包括廉政风险、政治风险、社会治理风险、产业发展风险等在内的各类风险。监督机构应得到较高层级的直接授权，应构建切实可行的监督网络，应掌握触碰各类底线红线行为的信息汇总。

（二）合作区深圳园区事权分配与机构设置模型

表 7—1 深港科技创新合作区深圳园区事权分配表

		决策权	协调权	监督权	管理权	执行权
市级机构	市委市政府	A1：对合作区深圳园区重大事项进行战略发展决策	B1：协调对港事务、市级以上权限事务	C1：监督市直机构、区委区政府		
	市直机构			C2：市级国资委监督市属国企	D1：不可授权的对口事务管理	E1：不可授权的对口行政执法与公共服务
区级机构	区委区政府（法定管理机构）	A2：对合作区深圳园区内主要以区为主导的事项进行管理决策	B2：协调区直机构、属地部门	C3：监督区直机构、属地机构（街道）、合作区深圳园区内非国有控股企业	D2：市委市政府授权的市级权限综合管理、进行区级权限综合管理	
	区直机构			C4：区级国资委监督区属国企	D3：市级授权的对口管理、区级权限对口管理	E2：对口行政执法与公共服务（含市级授权部分）
	政务服务中心					E3：提供一门式政务服务、建设数字政务
属地机构（街道）			B3：协调属地基层力量	C5：监督属地内第三方机构		E4：执行区委区政府授权的行政执法与公共服务

续表

		决策权	协调权	监督权	管理权	执行权
市场化机构	国有企业					E5：合作区深圳园区投资开发建设与运营管理
	其他企业					E6：提供专业化服务（含知识产权保护、成果转化、技术研发、法律、金融等）
社会性机构	事业单位					
	第三方机构		B4：协调社会力量			E7：参与社会治理

注：①针对A1、B1、C1建议分别设置决策辅助机构（如咨议团）、协调办公室、监察机构，挂靠于最高决策领导机构之下；②建议可将E2、E3、E5、E6进行合并设置合作区服务署；③区委区政府与合作区法定管理机构合署办公；④市委市政府层面，建议分别设置最高决策领导机构、日常管理机构。

四、深圳园区管理体制的设计方案

经综合比较，结合深圳的实际，深圳园区管理体制架构建议设计“过渡方案+目标方案”。过渡方案主要是衔接现行管理机制与目标管理机制，主要包括“领导小组+管委会+三大执行体系（投建运营、综合服务、科创发展）”，而目标方案则是“立法机构+服务署”模式。主要包括以下内容：

1. 设立深圳园区立法机构

由市人大、市委、市政协、市政府外加部分香港方面立法人士组成。

常设机构设在市人大，统筹市委市政府各类立法资源，对国家有关部门、广东省有请示、汇报、协调和决策的功能。

设立深港合作协同委员会，是立法机构领导下的对港合作协调机构，全面统筹深方园区和港方园区的合作协调，在立法机构授权下连接深圳和香港政府。

续表

立法机构根据工作需要，设立咨询决策与指导委员会，对立法机构提供立法咨询，对服务署提供国际化指导咨询，委员会成员采取以事定费原则，以工作任务选聘社会人士和港籍人士参与。

2. 设立深港科技创新合作区服务署

服务署为立法机构的派出机构，负责深港科技创新合作区深圳园区的规划建设和管理服务。

园区服务署下主要有 4 个板块的机构，分别是法制处、服务处、廉政处、执法处。开发运营公司主要是改组和整合现有的深港科技园投资公司、深港合作区深圳园区服务公司，加上新建的深港合作区深圳园区建设发展公司，来承担合作区深圳园区的开发建设与管理运营功能。综合执法部门主要承担合作区深圳园区内的各类相关对口的社会管理和行政管理职能，重在管理，机构性质为行政编制。政务服务中心是合作区深圳园区内开展政务服务的一门式服务窗口，负责合作区深圳园区各类自然人、企业单位和其他机构组织的政务服务。科创服务中心则立足科技创新领域的全方面服务，根据科技创新要素承担不同的职能。

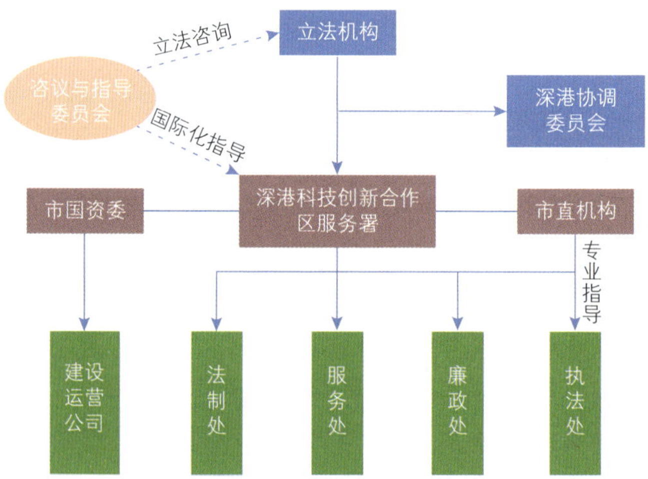

图 7—6 “立法机构+服务署”目标方案设计

2．两地合作步伐加快，续写深港协同新篇章

在《关于港深推进落马洲河套地区共同发展的合作备忘录》签订后，深港两地高层会晤频繁，两地通过常态化沟通机制推动河套合作区发展。自2017年2月以来，河套区港深创新及科技园发展联合专责小组多次召开会议，研究了皇岗口岸及“一号通道”跨境基础设施改造、跨境货运调整组织、科创合作及便利创新要素流动举措等系列重大问题。随着深港合作共识的加深，两地合作领域不断拓宽，合作成果也在不断涌现。尤其2021年国家“十四五”规划的开局之年，深港合作的步伐不断加快。

2020年8月26日，借莲塘口岸开通之际，河套联合专责小组举行了第四次工作会议。双方对协同发展、共同施策表达了积极的意向，深圳市副市长艾学峰和香港创新及科技局局长薛永恒共同商量，双方将合作在全球招商引智，合作建立战略咨询委员会。两地合作制定政策包，同时更进一步务实地布局两地合作运营园区和空间，将一号通道改造成一地两检，深圳派员到香港共同工作学习，双方协同向中央汇报争取政策支持等，为河套深港科技创新合作区提交了近期的工作思路和努力方向。

2021年9月6日，在国家公布《横琴粤澳深度合作区建设总体方案》《全面深化前海深港现代服务业合作区改革开放方案》的同时，两地首次以深圳市委书记和特区行政长官参与的高层会晤暨合作会议形式进行，双方签订《深圳市人民政府 香港特别行政区政府关于推进河套深港科技创新合作区“一区两园”建设的合作安排》《深圳市人民政府 香港大学关于在深合作办学备忘录》《深圳深港科技创新合作区发展有限公司与香港科技园公司 发展“香港科学园深圳分园”框架协议》《深圳国际仲裁院与一邦国际网上仲调中心有限公司合作备忘录》4份协议，定下“一区两园”合作方向，并发布了深港首个“联合政策包”——《河套深港科技创新合作区联合政策包》，为“一区两园”建设解绑。同时，集中启动了河套深港科技创新合作区联合办公室、前海港澳e站通、香港中文大学（深圳）医学院、粤港澳大湾区国际仲裁中心交流合作平台4个新合作项目。其中，河套深港科技创新合作区联合办公室是内地首个深港双方联合办公场所，是合作区指挥部着力打造的深港两地深度融合空间与平台，为香港科学园深圳园区筹备组及导入的科创机构提供过渡性办公场地，该办公场所由深港科创公司运营管理，将为入驻机构提供全链条科创孵化服务。

如今，内地首个深港联合办公室投入使用（图7—7），香港科学园深圳分园亦即将开园，河套合作区建设稳步推进的同时，深圳园区科创资源逐步从“零的突破”到“集聚发展”。深圳园区已引进香港大学、香港科技大学、香港中文大学、香港城市大学、香港理工大学等五所高校的10个优质科研项目，15名港校教授专家领衔，取得首台我国自有知识产权的桌面型电子显微镜等重大科研成果；园区内高端科创资源聚焦高精尖和“卡脖子”项目，实质推进和落地高端科研项目逾140个，取得了重大突破。

图7—7　深港联合办公室实景

一是“湾区芯谷”重磅落地，汇集4个集成电路重大平台、17家领军研发企业，涵盖人才培养、芯片设计、封装测试、交流平台等全产业生态要素，集成电路产业发展新格局加速成型。二是“生物医药”高端汇聚，国家药品监督管理局药品审评检查、医疗器械技术审评检查大湾区分中心业务全面开展，9万平方米专业化园区集聚联影医疗、晶泰科技等7家研发机构及企业，生物医药实现集群协同发展。三是“大数据及人工智能”深度融合，粤港澳大湾区数字经济研究院成立一年就发布“BIOS医疗知识图谱”等六大AI领域全球首创性和先进性的科研成果；深圳数据交易有限公司推动首批数据交易落地；商汤科技、元戎启行、未来机器人等人工智能独角兽企业纷纷入驻。四是“能源科技”着眼未来，西门子能源在合作区设立除欧美之外的全球第三个创新研发中心，锂电池行业领军企业中航锂电国际研究院实现快速发展，全球新能源赛道领跑者华为数字能源实验室已入驻，推动科技创新力量赋能大湾区绿色发展。

与此同时，深圳园区创新机制“租、购、改、建”四措并举，将作为先行启动区的福田保税区的老旧仓库、厂房快速转化为批量释放的科研空间。短短三年时间，筹集了60万平方米高品质科研空间，建设10个专业园区陆续投入使用；深港开放创新中心、深港科创综合服务中心近30万平方米科研及配套空间建设快速推进，将于未来两年相继投入使用。皇岗口岸片区开发得如火如荼。口岸改造仅用一年时间即实现临时旅检厅建设、旧口岸拆除、口岸综合楼及新口岸联检楼动建；预计到2035年，新增科研及配套空间超过300万平方米。

近年来，深港建立高效运行的“合作专班工作机制”，推动双方在重大平台“促联通”、基础设施“硬联通”、体制机制“软联通”、深港人民“心联通”等方面取得重大进展，深港亲如兄弟般关系更加稳固。如今，深港双方不断推动更大范畴的高水平合作，在创新及科技、金融服务、专业服务、前海发展、教育、医疗、青年发展、投资推广等重点范畴的合作均有进展，同时稳步推进环境保护、文化、养老等方面交流。双方以优势互补、互惠共赢的精神，全方位推进港深合作。

3. 搭建创新孵化载体，支持湾区青年协同创业

湾区青年对创新创业有着极大的热情和动力。我在科协工作期间，就开

始关注深港青年创业和科普教育STEM与香港的合作，在深港创新圈项目下的深港青年创业计划始于2011年。在万众创新、大众创业的大势下，我们借力深港科技合作促进会、深港产学研基地和香港数码港、香港资讯科技联会的持续合作与实践，于2014年又开辟了深港青年创业大赛和高校校友大赛的新平台。

2015年6月，福田区有关部门邀请我作为专家参加位于福田保税区内的长富金茂大厦功能定位的研讨论证会。当时提议的主导方向是军民融合重大专项平台。我看到这个区位优势，向福田区政府领导提议可以考虑以长富中心A座的福田区政府回购物业为基础，组建运营深圳、香港落马洲河套—福田保税区片区先导项目——深港福田国际创新中心（暂定名）。时任常务副区长约我专门沟通过一次，之后，因工作关系，他调到市委工作。我赶紧将报告写出，请他作为工作交接下来。我在报告中写道：福田毗邻香港，先天的地缘优势、人缘优势，使福田区成为深港合作条件最为优越的区域之一。以科技为重点的深港合作，将逐渐成为我国区域合作成果、进展最为明显的一个重要领域。在深港合作创新的历史新阶段，福田区更需大胆布局，筹划引进新的资源，为下一步深港合作的深化发挥引领作用。深圳有前海蛇口自贸区，而香港也有河套地区，香港新一届政府对河套地区的开发寄予厚望，河套开发方案正在紧张制订中，深圳市政府也给予了积极关注和大力支持，而早在前海深港现代服务业合作区设立之前，河套就是一直以来香港推进深港合作的焦点所在，河套开发必将是下一步深港合作的重点区域。福田保税区随着功能定位的变化，提前在福田保税区布局，为今后河套开发积蓄力量、发挥作用。

依据我对深港双方前期咨询和规划的了解，特别建议在围绕河套片区未来创新科技、教育、文化创意三个主题发展方向上选择，以深圳实现现代化、国际化创新型城市和香港发展创新科技优势资源有效配置，通过政府、社会、专业、市场的多元结合，继前海合作区、蛇口—前海自贸区之后，在深港融合最佳城区结合部发力，全面落实CEPA和深港创新圈的示范辐射带动效应。

长富金茂大厦是福田区政府回购物业，由1栋68层办公主楼及1栋17

层附楼组成，产权期限从2004年8月31日至2054年8月30日止，市区两级政府分得长富金茂大厦1号楼第2层至23层、第24层2410号房以及2号楼1层至17层，共分得63283.41平方米。

建议拿出福田区政府可以把控的一号楼资源的四层出来，以香港资讯科技联会和深港科技合作促进会核心资源，组建深圳香港合作团队，带动和引进国际化资源进入，为福田区转型升级提供增量资源和可持续发展动力。为深港合作建立融合国际要素的新型组合平台，为河套规划实现预期示范，为福田CBD和一批新建的创新型用房和产业园区提供增量优质资源。具体设计是在长富中心一号楼21、22、23楼及2410，其中21楼为科技金融及创投广场、22楼为科技教育及智慧摇篮、23楼为创意科技及创客平台、24楼2410为创新科技驿站。通过创办国际创业学院、创赛训练营、构建名校校友生态系统、引入社会资本对接、开放技术平台支持，争取成为深港区域最具影响力的青年创新创业机构、具有国际影响和活力的创新创业基地、自主创新城市建设的重要一环；同时，在深港接壤的园区建设国际创新创业交流平台、培训基地、国际创新创业项目育成基地，为福田区发展及深港河套开发储备创新创业力量。

这个相当前卫的计划受当时的条件所限，而被搁浅。但2017年1月后，再现曙光。当我们再次向福田区政府提出这个建议后，得到的答复是，河套发展的大局带来的机会可以进入执行层。我们也联系了香港资讯科技联会的邱达根会长等拜访区领导，联络香港生产力促进局高层参与合作，推荐香港有关大学在深创业团队考察周边环境。与此同时，我知道河套的预算工程和香港的计划应该是2027年才可以负载运行，为不错失最佳协同发展时机，我还分别向深圳市方面和香港科技园方面建议，将市政府留给经贸局的B座整栋以1元的价格租赁给香港科技园，让他们可以真正融进来。香港科技园主席做过努力，但没有得到呼应；深圳这边表示看看香港的需要，也就搁浅。尽管香港加大了预算投入，最后也只能预期2024年出来8栋楼。直到2020年，香港方面才想明白，下定决心在深圳一侧租房，进入运转实操。安心在深圳一方进入运转实操，但已错过最好的空间和机会。

2018 年，“深港协同创新中心”的牌子挂在了 CFC 的大门上。福田区领导找到我说，“可以给你们深港科技合作促进会进入创办新型孵化创业空间，名称你们再取一个吧，原来建议的名字我们征用了”。区政府先后协调，将 CFC 的 19、21 楼给我们，18 楼独立给了香港生产力促进局。我们取了一个新名字——粤港澳青年创新创业工场（福田）（以下简称“双创工场”）。纸上谈兵的河套，终于有了实战的空间。

历经一年之久的筹备，2018 年 8 月 30 日，深港科技创新合作区首个为港澳青年提供创业孵化服务的孵化器——粤港澳青年创新创业工场（福田）正式启用（图 7—8）。双创工场所在的深港科技创新合作区处于深圳和香港跨境边界的独特地理位置，是独一无二的土地相连的跨境合作区域，交通便利，紧邻福田、皇岗两大口岸和即将向香港通车的高铁，特别是可以 24 小时通关的皇岗口岸，便于香港创业青年每日往返两地通勤。选择在深港科技创新合作区建设粤港澳青年创新创业工场，有利于深港开展实体经济，特别是科技创新领域的深度合作，既可发挥深圳转化科研成果的优势，也可充分利用香港基础研究优势和国际交往的便利性，将合作区打造为粤港澳大湾区国际科技创新核心区的新引擎，为粤港澳大湾区加速建成国际科技产业创新中心提供坚实支撑。

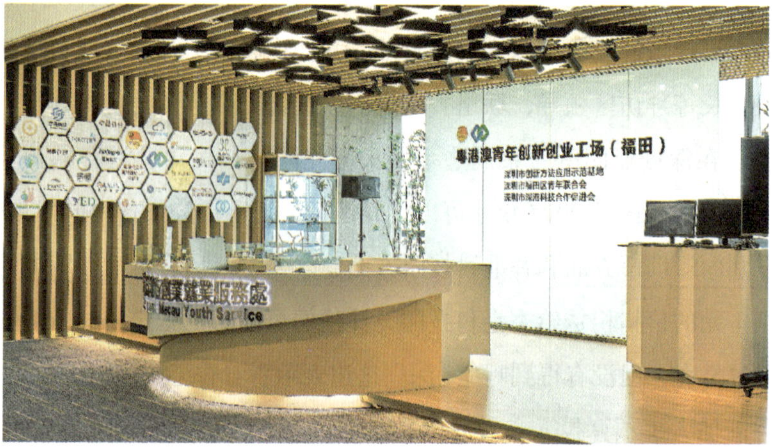

图 7—8　粤港澳青年创新创业工场（福田）实景

双创工场首期在福田保税区市花路 5 号长富金茂大厦 19 楼、21 楼，建有孵化加速中心，硬件设施完善，资源信息畅通，供需对接合理，服务便捷有效，力求打造成为粤港澳三地青年的创新乐园、创业乐土、交流平台、发展舞台，成为粤港澳大湾区乃至全国最具影响力和活力的青年创新创业基地，孵化培育一批优秀创新企业，使之成为粤港澳三地融合发展的新标杆，推动三地的经济协同发展。

双创工场采用“1 + N”互动合作运营模式：“1”是指深圳市深港科技合作促进会作为运营管理机构，“N”是指福田区科技创新局、福田区青年联合会牵头协调党政相关部门为入驻三地青年团队提供各类支撑服务。其中，福田区青年联合会负责对接运营团队，指导运营管理，设立 CBD 青年学院港青分院，升级完善青年驿站服务体系，开设港青服务专门通道，为香港创业青年提供短期住宿、城市融入、技能培训等服务，同时整合省、市青年联合会服务项目进驻；区科创局按政策规定提供产业扶持和组织相关交流活动。区司法局依托辖区公益法律咨询机构为入驻创业团队或企业提供法律咨询及相关服务；区住建局为已进驻创业工场符合条件的香港青年配套提供人才公寓；区产业引导基金针对不同阶段、不同领域的香港青年创业团队或企业进行扶持。

双创工场作为助推粤港澳青年的创新创业的孵化载体，为香港青年提供了政策支持与热情帮助，为其在深创业提供了一个广阔空间（见专栏 7—3）。截至 2022 年 7 月，双创工场累计孵化项目 50 余个，在孵项目近 30 个，均为来自粤港澳三地及海外优秀创业团队，其中 91% 为深港合作项目。目前，在孵企业发展良好，所有企业均为科技创新型企业。运营三年半来，在孵项目总人数从 69 人增至 466 人，其中港澳籍青年代表 79 人；新增知识产权超过 400 项，其中，EDA（电子设计自动化工具）软件开发、新型稀土复合材料、瞬态感应物联网应用技术、大型 PLC（可编程逻辑控制器）产品开发、超宽带技术（UWB）芯片、早期癌症筛查及艾尔茨海默症检测治疗等创新能力已达国际先进水平。在孵企业获得融资近 4 亿元，其中 3 家企业获得国家高新认证，5家初创企业在工场孵化培育下年产值进入数千万元级。双创工场先后获得国家级众创空间、广东省众创空间、深圳市科技企业孵化器及福田创业孵化基地认定，获得广东省优秀（A级）科技企业孵化载体评价，在打造粤港澳青年创新创业高地的道路上迈上了一个新台阶。双创工场的成功建设充分证明河套是粤港澳协同创新最佳的合作空间，青年创业具有广阔空间。

全国政协副主席梁振英，中央政治局委员、广东省委书记李希，香港特首林郑月娥，国家科技部部长王志刚、副部长黄卫，共青团中央书记贺军科，中国科协书记处书记、副主席孟庆海等多位领导先后莅临指导并对工场建设给予肯定（图7—9）；深圳市委书记王伟中更是于一年之内先后五次到此考察。香港特区行政长官林郑月娥表示，河套深圳园区的香港青年创新创业环境是她见过最优质的，要求港府有关部门将工场作为香港青年在大湾区创新创业基地在港府官网上进行推广。

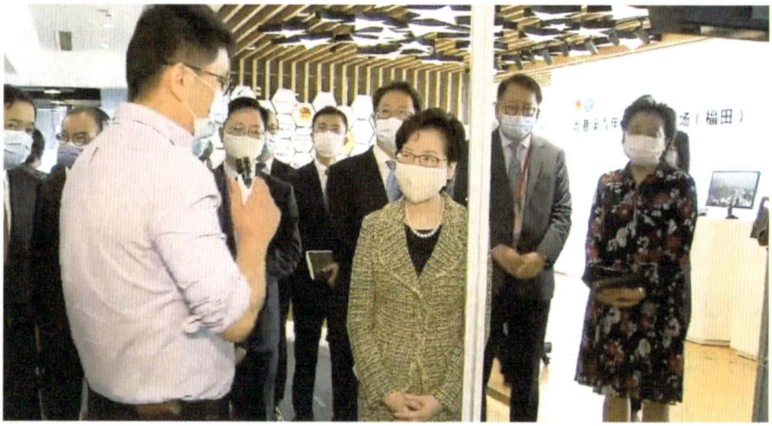

图7—9　2020年8月26日，香港特别行政区行政长官林郑月娥考察粤港澳青年创新创业工场（福田），听取工场企业介绍

专栏 7—3：粤港澳青年创新创业工场（福田）在孵港籍企业创始人案例

1. 舒糖讯息科技（深圳）有限公司创始人　何耀威

何耀威今年 49 岁，来自香港，以前一直在香港、广东两地做电子产品生产和出口。2012 年，何耀威的企业实现了转型，依托高科技，进行智能化生活用品的开发和生产。

近年来，何耀威研发了一款血糖测试仪。何耀威有家人患糖尿病，每次做血糖检测时都需要刺破手指，这让病人很痛苦，何耀威便决定开发一款可以测血糖的无创产品。

他聘请了专业研发团队，耗时一年有了初步的成果。下一步便是将成果转化为产品并投放市场。经过考察，他决定把公司落户在深圳。

何耀威说："深圳这么多年已经积累了很多科技人才，创业气氛浓厚。这边供应链、产业链，还有技术资源都有，在这边可以最快地把研究从实验变为商业化的产品。"

除了产业链条比较完善，深圳特区良好的营商环境和政府服务也让何耀威印象深刻。

2018 年，何耀威带领 11 名香港高校教授和学生来到位于福田区的粤港澳青年创新创业工场，创办了舒糖讯息科技（深圳）有限公司，研发血糖测试智能穿戴设备。

在粤港澳青年创新创业工场（福田），何耀威享受到低租金、人才住房、政策解读、市场资源对接等一系列优惠政策。目前，舒糖讯息科技已经进行了 4 轮融资，拥有发明专利 4 项，研发的智能手表已经能实现无创伤、无耗材长时间收集患者的个人数据，提供频密的指标让患者检测血糖。

2. 奇捷科技（深圳）有限公司创始人　魏星

奇捷科技于 2020 年 1 月以团队形式入驻粤港澳青年创新创业工场，技术团队来自香港中文大学计算机系，在芯片设计逻辑层的算术逻辑方面有多年的技术积累，打破了美国公司在数字电路设计逻辑功能更正工具方面的垄断，实现了 EDA 国产化的单点突破。刚来深圳的时候，团队只有 2 人，在港澳青年创新创业工场和福田区团委的支持和帮助下，奇捷科技在 2021 年 1 月正式落地深圳，成立了奇捷科技（深圳）有限公司。目前，深圳奇捷已经吸引到了多名国内外优秀人才，团队人数增至 6 人。

续表

“刚来深圳的时候，因为突如其来的疫情，我们的现金流比较紧张，感谢粤港澳青年创新创业工场给予我们最大力度的支持和租金方面的优惠，让我们能够在深圳有个落脚点。”奇捷科技的CEO魏星感慨道，“初来乍到，对于只有技术研发背景的我们来说，办理企业落户比写程序难多了。创新工场的伙伴们在第一时间伸出援手，帮我们对接了代理注册公司和开户银行，并且邀请我们参加免息贷款宣讲会和人才政策宣讲会等，让我们更快地融入了国内的营商环境”。 魏星还表示，奇捷科技刚来深圳的时候在大陆没有正式付费客户，但通过团队一年的努力，并在福田区团委积极地宣传下，目前已有三家大陆正式付费客户，还有十多家正在测试，预计也会在今年达成正式采购。魏星强调：“港澳青年创新创业工场是一座沟通的桥梁，连接了深圳河两岸的技术经济交流，为港企来深圳落地提供了便利。”

（三）风好正扬帆，奋楫深港合作新征程

1. 香港提出北部都会区构想，开启深港合作新局面

近年来，香港先后遭受修例风波、新冠疫情等多重风险夹击，社会和经济遭受了巨大的打击。随着粤港澳大湾区建设、《中华人民共和国香港特别行政区维护国家安全法》出台、选举制度改革、国家“十四五”布局，香港紧抓发展机遇，主动对接国家战略，积极融入国家发展大局。

2021年10月6日，香港特区行政长官林郑月娥在特区立法会发表本届特区政府最后一份《施政报告》，提出建设“香港北部都会区”，深化深港合作形成“双城三圈”格局。这份在空间观念及策略思维上跨越港深两地行政界限的策略和纲领，充分考虑了国家“十四五”规划中对香港的支持、粤港澳大湾区建设对香港的期盼，以及“前海方案”为香港带来的新机遇，提出特区政府将建设香港北部（包括元朗区、北区两个地方行政区）约300平方公里宜居宜业宜游的都会区，额外开拓约600公顷用地作为住宅和产业用途，届时这一地区覆盖由西至东的深港口岸经济带及更纵深的腹地，将尽享

港深优势互补、融合发展的红利，帮助香港更好融入国家发展大局。同时，北部都会区还将与深圳形成“双城三圈”格局。“双城”指的是香港和深圳，“三圈”由西至东分别为深圳湾优质发展圈、港深紧密互动圈和大鹏湾 / 印洲塘生态康乐旅游圈（图 7—10、图 7—11）。这对未来香港与深圳携手推进大湾区建设将带来重大改变。

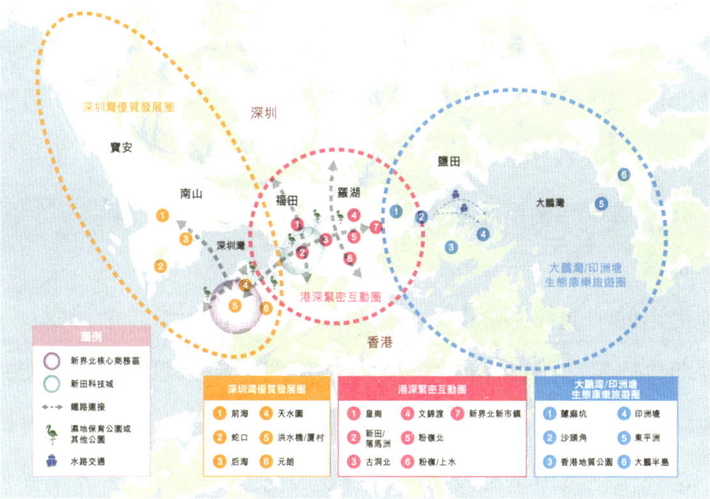

图 7—10　香港“北部都会区”和“双城三圈”规划范围

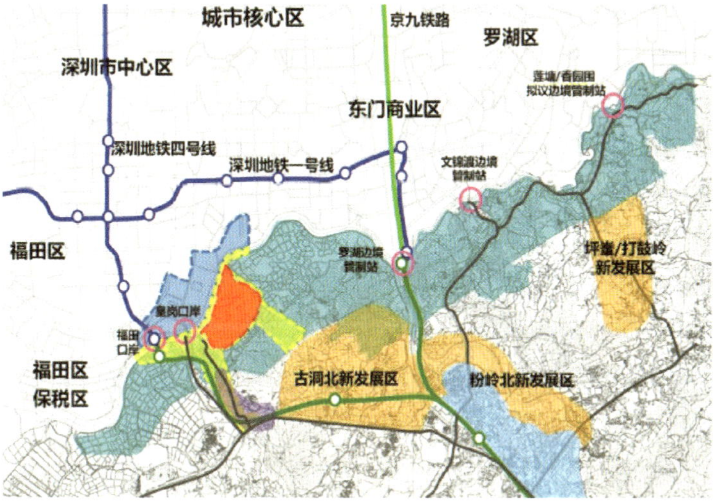

图 7—11　河套双边结合部暨“双城三圈”紧密合作区空间布局

深圳河两岸地区是深港社会经济衔接的枢纽地带，具有特殊的地缘关系。两地如能很好地配合发展，将成为互利、互惠、互补共同促进的新经济增长带。我认为香港将这一概念孕育了30年：出生期（1991年），提出深圳河沿河经济带；童年期（1997年），列入两地跨境科技园项目，却夭折；成年期（2008年），河套纳入公众咨询，新议题曙光再现；婚嫁期（2017年），河套深港科技创新合作区签约；三十而立（2021年），“双城三圈”、新田科技城、北部都会区构想提出。回顾一路的发展发现，文伙泰先生是极有远见的，他从30年前就开始思考香港、深圳“一河两岸”的合作与发展，早在2008年就提出深港合作的最佳空间就是深圳河“一河两岸”，提出沿河两岸规划相关的产业带和新城市带，这一设想与如今的“北部都会区”“双城三圈”不谋而合。

香港提出的“北部都会区”和“双城三圈”体现了4个转变：一是深港合作由深圳单边单向阶段性推进转变为香港主动提出双边协同对接共进；二是开发区域由河套形成的特定空间启动到沿边境纵深全方位规划可持续共商并进；三是合作领域由基础设施、创科发展向公共服务、人才集聚、社会协同、居住就业和生态文化、商旅等全面规划共谋未来新都市建设；四是合作理念由单向推进的招商融资政策导向，向规划对接、服务对接、标准对接、智慧平台对接的共赢新机制、新理念递进。这表明具有人缘地缘机缘特色的深港合作迎来了天时地利人和新局面。

我认为，香港政府提出建设“北部都会区”，构建“双城三圈”，延续了历史，顺应了潮流，圆了香港原居民的梦，也给深港两地居民一个美好未来的新起点。对此，深圳应该关注什么？“北部都会区”和“双城三圈”是涉及香港内部发展和毗邻发展的完整概念，两者相辅相成。“北部都会区”对应的是香港港岛、九龙半岛和新界等三个城市发展层级的安排，是香港2030年规划中东、南、西三个轴带中的一方面，此区域涉及香港的民生民意，中央和国家各部门都会予以支持和关注，很多项目也都在做。而“双城三圈”是通过深圳和内地关系更好地带动，“三圈”涉及北部都会区的一部分，而香港布局“双城三圈”也是为了带动北部都会区的发展。我们构建“双城三圈”是从深圳配合香港发展北部都会区，从而在国家层面给深圳一个站位。而深港合作中，科技合作是最为重要的。深圳更应该抓住“双城三圈”这个概念。

我认为要以河套合作区的建设发展，带动辐射推进“双城三圈”。对此，我有六点建议：

一是尽快启动一号通道，同时可以增开皇巴一号交通，连接新田到福田保税区深港产业基地，提供便利的“一区两园”跨境公共交通服务。

二是对河套合作区里的深港高科技企业、服务业企业和创新企业给予特别的认证通行证，实行人流、信息流、物流（含基本设施、实验设备等）予以海关备案放行，确保畅通。同时，在深港“双城三圈”设立跨城工作通道和通行证。

三是支持港企通过香港科技园在这里的服务驿站做到“港人港税”，在合作区真正融为一体。深港联手在河套合作区建立“湾区驿站”，通过社会和民间需求拉动，打破行政性垄断，消除地区、部门分割，打破妨碍统一市场和公平竞争的各种规定和做法，让在河套合作区注册的深企可以享受香港服务业的服务。优化各种生产要素的配置，建立新的平台经济、共享经济和合作机制，使生产要素能够充分自由流动，优化配置，关键是建设大湾区没有“篱笆”的协同共享空间。譬如，争取在深港两地的驿站间建立大湾区跨境、跨区合作的市场要素自由流动规则。最大限度地开放人员、资本、实验室器材和信息资源的流通互动，支持湾区驿站平台的跨地区创新合作。尝试由湾区驿站作为担保和中介服务载体，让湾区公共资本提供的支持和配套资金，以及“9 + 2”城市之间有合作协议的科研经费，可以在驿站范围内自由流动，并争取政府对湾区驿站给予集中采购，提供公共产品服务。通过政府的资源配置杠杆、专业的资源优化能量、市场的资源组合增量，为全区域创新提供新动能、新机制、新希望。

四是根据双区融合和跨境融通的思路，启动规划福田保税区片区和新田科技城的基础设施对接方案，建议考虑将海关保税区联检场下沉为地下专用设施，地面建立一站式跨境科技服务大楼；在新田科技城与福田保税区之间，比照现有的过境耕作信道的管理模式，拟定双通服务规则，开辟跨境工作通道。

五是针对河套区的重点产业，如生物医药、集成电路、大数据云服务、新学科特色实验室、公共服务载体平台、知识产权交易、法律仲裁和人力资源服务以及配套的金融服务、物流服务等，布局按照共同施策、优势优先的模式创新机制，服务要过河、政策不出园，建立合作区试行机制。

六是设立河套合作区高级别的策略协调委员会或策略协商委员会，以及策略专家咨询委员会，为两地的新政策、新机制、新理念和新服务提供实证论证、科学决策和法律支持。

2. 新时期下的深港合作需要更多的试、闯、创、干

近年来，随着河套合作区上升为国家战略，粤港澳大湾区战略出台、前海深港现代服务业合作区扩容，深港合作不断深化。《粤港澳大湾区发展规划纲要》对大湾区规划近期至 2022 年，提出到 2022 年，粤港澳大湾区综合实力显著增强，粤港澳合作更加深入广泛，区域内生发展动力进一步提升，发展活力充沛、创新能力突出、产业结构优化、要素流动顺畅、生态环境优美的国际一流湾区和世界级城市群框架基本形成。今年到了检验粤港澳大湾区近期发展成效的时间节点。但深港合作依旧面临着要素流通不畅、产业结构有待优化等问题。

在深港合作的新时期，深圳在高质量发展和深化合作方面，仍需更多的试、闯、创、干，需突破因种种因素没有完成的闯关之路，提升对深港合作在构建双循环新格局中的特殊价值的认识，积极探索策略、路径和模式的创新。我认为，应从以下四个关键词出发：

一是“区域协同”。大湾区建设目标之一是建设世界级城市群。这个城市群的范畴就是区域合作，是“一国两制”下国际视野的合作。其内涵有别

于长三角的国际化、京津冀的城市化，也有别于西部成渝的创新集聚。大湾区这里是三个不同关税区、三个法域体系、三种货币的交集区域，是践行双循环最前沿的试验区。深圳的核心引擎和先行示范更是践行双循环的开路先锋。大湾区五大任务中有两个最大的抓手，那就是国际科技创新中心建设和“一带一路”支撑区的发力。《规划纲要》提出：“构建开放型融合发展的区域协同创新共同体，集聚国际创新资源，优化创新制度和政策环境，着力提升科技成果转化能力，建设全球科技创新高地和新兴产业重要策源地；提升大湾区市场一体化水平，全面对接国际高标准市场规则体系，加快构建开放型经济新体制，形成全方位开放格局，共创国际经济贸易合作新优势，为‘一带一路’建设提供有力支撑。”“十四五”期间，深圳布局“双循环”策略的核心价值就是：构建协同创新共同体和提高市场一体化水平，实践中国特色社会主义和进入全球格局伙伴关系的探索和突破，继续践行习近平总书记在深圳经济特区成立40周年的讲话中总结的深圳改革开放40年的十大经验之九——“融合发展，相互促进”。

二是“要素流通”。要围绕构建区域创新共同体和促进市场一体化的全流程，建立市场要素配置和有序流通的“双循环”生态。深圳应该更多关注跨境要素流通。信息、资金、人员、设备、服务等创新生态的基本要素是大家谈论的焦点。怎么可以在一个“双循环”业态下的共同体中，获得资源要素便捷畅通，满足最大化的交互获取？除了操作层面的硬畅通外，更要有观念、制度和模式上的软畅通。目前，一些政策设计有突破、想突破，但难落地、难见效，关键在于缺乏对真实需求的针对性施策，缺乏实事求是的差异化专业思维。以最常见的便利通关来说，从20世纪90年代起，我们呼吁倡导在深港之间建立跨境工作证，开辟双城机制下的过境工作通道。通过提供有别于国家口岸功能的差异化服务，将双城日常交往需要进行有序分流。挖掘CEPA系列协议，特别是第七至十轮及广东协议中提供的香港与内地交往中优先向广东省开放的各项内容，在扩大“双循环”的模式下细化和对接落地。通过河套深港科技创新合作区、前海—蛇口自贸区以及位于坪山的国家进出口加工区内做一些突破和尝试，获得双城跨境协同互惠的经验，培育高品质的市场化、国际化营商环境，大胆尝试为“双循环”服务中的新模式。

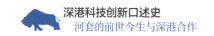

三是“制度对接”。融合发展要有共同的舞台和平台。水火不兼容，但让火可以烧开水，中间要有水壶这样的载体。深圳要做驶向彼岸的“冲锋舟”，要有试水码头和下水的船坞；开辟新路让千军万马过河，还有搭桥筑路。新规则的协商机制、制度对接的原则，都要勇于摸石头，勇于趟深水、闯险滩、破激流，站在岸边观看是到不了对岸的。现在出台了不少政策，但一厢情愿的多、恩许特例的多、临时动议的多，还仅停留在一事一议的非规范和会议纪要上，缺乏法治框架和持续发展的动力。可以尝试借鉴欧盟、上合组织和 APEC 等国际组织在区域协同发展中的协商机制，研究以深港双城关系为顶层设计的一揽子制度建设。在“一国两制”的原则下，求异寻同，化异为利。两地可以以互换谅解备忘录的准规则模式，实实在在从要素流通开始，共商、共享互惠的双城双向一体化政策包。香港的法治优势是在法理之下，根据案例和共识规则，拟定出可以共同遵循的法规和准则。深圳和香港可以在深港双都市的态势下，以国际大循环的视野，在大湾区框架下，率先开放内外两个市场，为千军万马通达彼岸铺路，建立“双循环”转换桥，当好桥头堡、配置提升动能，筑建大湾区、泛珠和“一带一路”、国际市场连接的跨越之桥，构建贯通的桥头堡和畅通上桥的引桥支桥体系。

四是“专业服务”。市场化、法治化、国际化、专业化和可持续发展是“湾区通”的基础，也是湾区协同发展的价值共识。要打通专业人员内外市场的执业渠道，建立与国际化接轨的资质互认和培训生态，在特定区域、指定领域开展培育湾区统一认证的服务业规范。深港联手培育生产性服务业和生活型服务业，开放国内市场，开辟国际市场，深度融合数字经济与消费经济、都市经济、绿色实体，夯实实体经济，引领城市高品质发展，构建高水平惠及民生的宜居宜业宜游的湾区优质生活都市圈；拓展国际市场，在不同地区、国家或新兴市场领域，建立深圳海外产业集聚的锚地，组织深港现代产业集群支撑圈，让国内企业组团搭载深圳—香港联合专列，进入国际大市场。倡导设立“湾区驿站”，引入专业服务业集聚执业的管理模式，破除行政体制障碍，搭建推动区域协同发展和市场一体化的专业服务载体，营造CEPA系列协议的落实和开放空间，在比较成熟的领域实现更大的开放，为两个循环的互相助力和“走出去”策略谋划新格局，实现大湾区的国际化价值，展现深圳的桥头堡作为，在国际大舞台演绎深港双城记。

目前看来，如果将深港合作作为大湾区的核心引擎和动力源，还应该进一步放开思路，做到“湾区通”的格局。深圳一直通过“试”和“闯”来推动与香港的合作。“试”就是有路，但不知道路在哪里，也许是有路可走，也许是要自己架桥。二就是“闯”，制度是模糊的，融入国际化的过程，闯的时候要找出一条路来，也许就能走出去，雾里看花也许能看到花，即便看不到闻到花香也不错。在“试”和“闯”中间给了我们更大的空间。目前，深圳还需要从通关体制创新、科研管理制度等方面去“试”、去“闯”。深港两地需持续沟通协调、深度对接，打造“双城经济”的先导区。

粤港澳大湾区建设正迎来全面实施、加快推进的新阶段，希望创新中心能充分用好河套深港科技创新合作区跨境、跨制度、跨关税区的突出优势，整合深港澳及国际优质科技创新资源，努力探索建立科技创新服务新模式，积极服务粤港澳大湾区高质量发展，助力香港建设国际创新科技中心。

深圳从“一国两制”“三个关税区 / 法域 / 三种货币”“四个中心城市”“五个建设目标”新格局下再出发的路径选择，我觉得可以对应这五个要点，做一个“五指握拳”的布局。

一是建设国际科技创新中心，这是关系到大湾区发展品质的重要支柱和动力轴。目前，在粤港澳大湾区中最大公约数、取得共识最强烈的就是建设世界级科技创新中心和宜居宜业宜游的优质生活圈。基于这一点，树立大目标，共创全球有影响力的科创中心，形成湾区发展的共同点、支柱和动力轴。这是一个重要的支撑点，也是融合协调发展的动能，是湾区面向未来的大方向。

二是充分发挥两个互为供给侧的大市场：一个国内市场、一个国际市场。

香港可以吸引很多国际市场资源进入中国，香港也是国内资源进入国际市场的桥梁。国内、国际两个市场是互通的，通过信息、资源、物流、资金、人才，达成优势资源配置，就像一个大机器的传动轴，通过不同的力量分享、传送和放大以及设计的传动体系，将一个个多元的咬合面带动起来，形成巨大的能量，迎接各种挑战，带动面向全球化新格局、新体系的运转。

三是做好人才、合作、利益三个重大制度的设计。要有现代制度的衔接和保证，优先建立三个协调、协同和同享机制，重视差异性，求异存同，通过协商、接轨、创新、融合，形成适合“湾区一二三”（一个国家、两种制度、三个关税区）环境下的新机制、新模式：第一，着力通过人才机制，构筑所有人能在一起共事的团队、梯队和核心价值链，各就各位，各得其所；第二，着力搭建合作机制，官、产、学、研、资、介、商推动区域重大项目合作，建立跨地区的知识产权保护和交易、电子商务平台和安全保障等法规的衔接，为深度产学研合作和面向未来进行超前布局；第三，着力会商利益机制，在不同的税收、各地政府的资助模式，投入支撑渠道和资金链来源匹配上，包容不同的概念，探索切实可行的新路径。

四是做好四个叠加示范平台，巧用示范，先行闯关。坚持以科技为主干，形成“科技＋产业”“科技＋人才”“科技＋金融”“科技＋社会”四个叠加，面向未来可持续发展。作为“中国特色社会主义先行示范区”的试点，深圳可以先行先试，要把过去 40 年做的东西再做 40 年，具体如下：

“科技＋产业”有机整合。形成环环相扣的创新驱动产业链，有技术支撑的产业链和有市场导向的技术需求，提高产业链供应链稳定性和竞争力，更加注重补短板和锻长板。

“科技＋人才”有效匹配。很多单一的人才，因没有团队，而不能形成交互共享，人才匹配就会出现架空。有时，团队里都是博士，但也有许多岗位需要工匠，博士不一定能做好技术这块；制造中没有工业设计、没有 IP、没有创意，做出来的产品卖不出去，亦无市场，更没有物流的供应、成本的管理，无法创造效益等，这一系列的流程都需要产业人才团队的有效匹配。

“科技＋金融”有力支撑。通过科技金融有力支撑保障投入的方式，这里的科技金融可以通过区块链等各种不同的金融投资方式，将科技金融和金融科技两块进行组合，金融科技是通过技术的方式给金融提供保障平台；科技金融是通过资本的方式鼓励在科技创新不同环节、不同需求、不同载体方面的投入。

“科技＋社会”有序保障。核心是优质生活圈、可持续发展和全面高品质地发展。包括智慧、生态和数字经济应用及消费经济、城市信息化等。

五是加强前瞻性思考、全局性谋划、战略性布局、整体性推进，实现发展规模、速度、质量、结构、效益、安全相统一，2035 年全面建成宜居宜业宜游的国际一流湾区。

3. 深港合作未来畅想：构建深圳五环三支点，无缝对接香港北部都会区“双城三圈”

纵观香港回归以来 25 年的发展思路以及深圳改革开放 40 年的发展历程，香港建设北部都会区和“双城三圈”的构想遵循了历史的脉络，也是时代的必然。在这个时间节点上，这样的提议的确有其特别的意义。深圳的发展和香港息息相关。深圳很早就提议“管好二线，放开一线”，先后通过“深圳河沿河经济带”“深港跨境科技园”“深港创新圈”“共建两制双城新都会”等探索融合发展的机会。同时，从国家层面来讲，布局海南、横琴的开放和融合试点，把握前海高端服务业的突破，包括一些自贸区试验区的试点，以及从 CEPA 到最近的 RCEP，都在打破旧约束、探索新路径、建立新格局。新界的发展及其与深圳的融合，是未来深港合作最大的趋势和持续的走向，是一个全新的概念。

近期，从北京、广州到深圳、香港，再到新界团体，各界都在积极思考关于香港北部都会区和“双城三圈”的话题。有研究深圳方面需要多大的空间去对接香港的 300 公里的；有智库提出规划 600 公里深圳临港都市带的配方；有关注科技创新合作方式的，可否做个科技特区及新型科创载体平台；

还有关注深港口岸优势下促进经济带的发展，深圳河两岸及珠江口海域、东部海域都在布局新的发展项目的，等等。2022 年 1 月 12 日，香港特区行政长官林郑月娥提出要与深圳市领导交换意见，讨论落实三条跨境铁路项目，同步研究连接香港与前海的跨境铁路在香港方面的完善及加设车站位置（图 7—12）的问题。还有许多社团提出民间合作，涉及教育、医疗、城市、公共设施和智慧物流的合作机会等。大家都在畅想未来北部都会区会是怎样一个发展愿景，深港合作应该是什么样的生态，是像旧金山硅谷模式那样，还是东京圈那样的契合模式？要达到预期愿景，需要做哪些方面的突破？在“一国两制”的理念下，如制度、基础设施都需要创新和构建，哪个是最有握力的动能和支点？我认为，有三个方面是一定要牢牢把握的：

图 7—12　北部都会区与铁路概念简介图

一是要把握“双城三圈”的核心价值，构建“一国两制”下双子城的协同发展新机制。

前面说过，对于北部都会区和“双城三圈”，深圳应把关注点放在后者上。对毗邻的两个城市而言，北部都会区着力在香港，持续影响到河对岸；而“双城三圈”的跨越边界、贯通双城、涉及两制，是一个具有挑战性的全新话题。深圳抓住“双城三圈”这个概念，必有更大的空间、更大的作为和更灵活的市场机会。

尤为重要的是，这次是由香港主导提出，也是香港首次提出跨境和跨区域的设想。此前，深圳一直在高唱深港合作的交响曲，但回响寥寥。2008—2009 年，在国际金融风暴倒逼珠江三角洲规划的背景下，香港方面主动提出港深共建国际大都会的命题。当时，更多的是从城市要素上协同，包括金融、物流、服务业等，一方面期待增强区域合作的国际竞争力，另一方面确立国家布局的要塞卡位。与此同时，广东省高层也向北京提出建设“粤港澳特别合作区”的动议。广东的提议换成 CEPA 第七到第十轮的服务业先行先试的机会，也为前海破土而生的高端服务业的创新开启了帷幕。香港的“双城计”在评估“一国两制”的舆情动态下，也改唱了一曲“大珠江三角洲优质生活圈”的咏叹调。深圳以“两制双城”的旋律附和，于 2012 年组织 60 多位港澳界深圳政协委员提出了全面合作的“1 + 6”系列研究报告，将河套发展和深港跨境口岸交通服务等作为十大基础设施建设项目连年递进，持续关注。“北部都会区”的概念是基于香港港岛、九龙、新界三大区域，经过了 30 年甚至百年的发展，还没什么起色这一情况提出的。北部都会区优先发展策略应该就在“双城三圈”这一部分，香港布局“双城三圈”，就是期待协同深圳和内地的资源，更好地带动香港北部都会区的发展。因此，深圳应该主动配合香港发展北部都会区，在高举高打参与布局、构建“双城三圈”发展新机制等方面，争取在国家层面给予深圳一个站位。在这样的深港双城合作中，制度创新、科技发力、人才支撑、服务提升、社会融合、基建便利是最为重要，也是最应该被关注的方面。

二是要研判香港的“三圈”布局，摸清双城家底，最大限度地深化、扩展和衍生跨双城的新城市带功能。

香港对“双城三圈”的布局，由西至东分别为深圳湾优质发展圈、港深紧密互动圈和大鹏湾 / 印洲塘生态康乐旅游圈（图 7—13）。香港在布局“双城三圈”的时候，要对每个圈要做什么有个预判。这里有两个维度：一是北部都会区和“双城三圈”之间的关系，应如何起步；另一个是“双城三圈”要怎样建立、怎么利用深圳的资源，以及进一步该怎么做。

图 7—13　深港“双城三圈”示意图

深圳湾优质发展圈，在深圳一方是最早开放且有香港要素的蛇口半岛和海上航线，有链接双城一地两检便利通达的深圳湾大桥和口岸，以及前海—蛇口自贸区和扩容 120 平方公里的前海高端服务业特别合作区。香港和前海的关系一直不太密切，深圳湾大桥建立以后，又有了莲塘—香围园东部通道、港珠澳大桥。香港这次设想在这个圈除了打通双城轨道交通以及在香港建设新社区，提供 15000—17500 个住宅单位及 6000—8000 个高端科创就业机会外，更要规划在香港一侧的流浮山建一栋标志性科创产业大楼，并明确由香港数码港来运营。我认为该建筑相当于香港北部的“中环生态”。这样一来，深圳和香港的业务都可以通过深圳湾大桥，开展便利的跨城业务。不仅香港的企业在深圳湾优质发展圈可以直接利用内地资源开展工作，也方便内地企业到香港一侧拓展业务。

港深紧密互动圈，从深圳湾深圳河入口沿南山、福田、罗湖一直到莲塘口岸、沙头角中英街这一带，是陆地相连、交通相接、口岸相通、居民交往最密切、最频繁、最多元的地带。皇岗—落马洲口岸深圳一侧在拆除重建，新口岸一地两检的设计将为紧密融合发展提供具有丰富想象力的空间和模式。河套深港科技创新合作区、罗湖口岸小河套、文锦渡口岸功能升级、莲塘口岸 24 小时通关、沙头角口岸改造等，都为“双城三圈”的咬合运转提供了广阔的空间和机会。香港正在布局连接深圳罗湖的北环线，拓展河套的周边资源，规划建设新田科技城（图 7—14、图 7—15）。在香港一侧的若干新市镇布局，把河套、新田、古洞紧密合作起来（图 7—16），把教育、医疗、住宅、商务服务、中低端人群就业、社区来往、商务对接等在这里进行统筹建设，深圳的城市发展和新一轮更新也配合在圈内完善提升，做到港中有深、深中有港，以人为本、相得益彰。

大鹏湾—印洲塘生态康乐旅游圈，是基于深圳、新界发展形成的 27 平方公里边境土地，中间在沙头角还有尚未开放的 4 平方公里土地。按照海岸线最远的岛来划分海域，大鹏湾也不全是深圳的海域，有 80% 是属于香港的。我们盐田港附近 10 万吨的大船要在此转弯的话，全都要知会香港海警监督。所以现在大鹏方面很警惕，北部都会区把大鹏湾东边打开，以后大家都直接去香港了，谁还会来大鹏？

图 7—14　北环线及其支线和东延部分规划图

图 7—15　新田—落马洲发展枢纽土地用途初步规划图

图 7—16　截至 2022 年 7 月，还是一片水田的香港新田科技城一带

香港现在提出的“双城三圈”也是老问题了。两地大型跨境基础设施建设已有 30 年的布局了。深圳湾大桥建设初期，香港就不同意我们那么早开通此桥，因为元朗的交通配套设施还没做好，包括十号公路的问题。香港也一直不赞同过早开发河套地区，因为新田这边还有一个被列入《拉姆萨尔湿地

公约》的米埔湿地。现在利用皇岗和深圳湾两个口岸交互通关布局的物流转运场，文锦渡生鲜货物检验设施都来不及应对往莲塘的东迁，因为新界的基础设施还没有通达，一些地产商圈地的股东没有做好准备。香港一直在等莲塘口岸建设好后，深港陆路跨境货运形成“东进东出、西进西出”的新格局。因此，香港布局了面向 2030 年的北部都会区，对接香港的东部知识及科技走廊和西部经济走廊（图 7—17）。深港接壤片区是未来必然要发展的城圈。

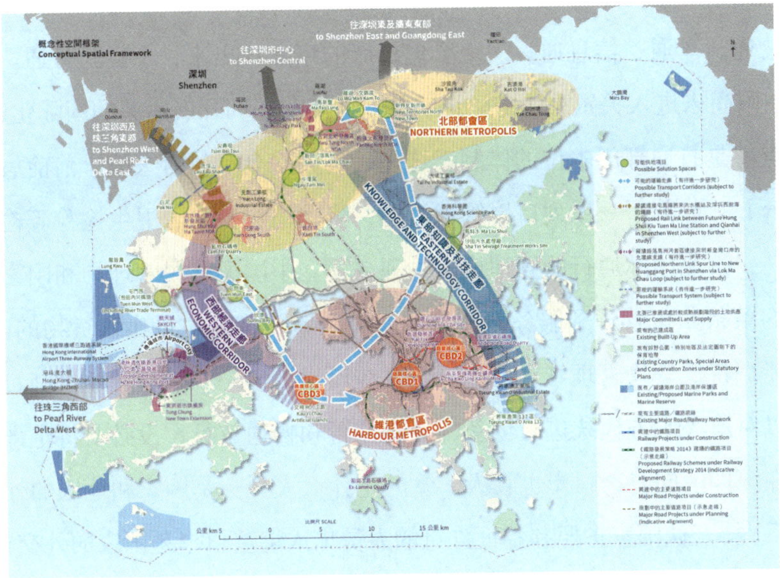

图 7—17 《香港 2030 +》跨越 2030 年的规划愿景与策略概念性空间框架

在构建“双城三圈”过程中，最关键的问题是，深圳怎么配合和共进。现在，香港衔接“双城三圈”的区域基本上是一片未经城市化配套的空地，香港希望从新田开始建设北环线支线，跨境到皇岗，延伸到香围园，带动天水围。深圳是沿边界线建设发展的新城区，深圳一侧基本没有再开发的空间了。要达到共建、共享、共管、共赢的新局面，深圳只有三个策略可行：一是控制部分空间作为功能区来调整未来的布局，如原莲塘工业区罗芳路以南、沙头角保税区围网内的几个空间；二是过去香港那边参与投资建设，这对于投资主体来说是有意义的，但对政府来说，特别是深圳市政府来说操作比较难；三是整合、撬动、盘活，将存量资源变为增量资源。现在，深圳沿线各区和各主管部门都在委托研究如何对接北部都会区，共建“双城三圈”，包括罗湖、盐田、福田等区级政府，口岸、交通等相关部门，但都不是整体性的研究，颇有盲人摸象的感觉。所以，我们需要考虑深圳身在其中要做什么，怎样才能把资源、空间撬动起来，以及各部门的职权协作如何更好地调动起来。

我一直在思考口岸经济带问题。其最核心的价值是口岸要“通”，即人通、物通、车通、信息通。一定要把口岸的痛点找出来，下猛药打通。1995年，中国尚未进入关贸总协定，北京集中力量在深圳开展通关的国际化试点，着力点就是打通部门本位的体制。这是一场关乎全局的持久战。前前后后撤销、合并、改革了一系列口岸管理机构，将动植物检验、卫生检验等检疫部门调并，按照国际通行的管理模式管理，建立了国家移民管理局和国家海关总署的条条归口管理和服务新体制。海关是履行国家对进出入货物的监督。只要能把特定货物管理好，就不一定要在口岸设卡一一查验，通过高科技手段可以对海关服务模式进行创新，全线监管和畅通放行，没必要将全部业务集中在深圳。同时，口岸也管人。管的是什么人呢？是国家和地区的外事协同关系，持互认国家护照和签证许可的人员出入境。口岸是国家的外交渠道。深港跨境工作者一天要往返两三次，跟一年来一两次的外国工作访问、旅游探亲人员不同。根据深港跨境工作者的需求，我们管理当天往返深港两地工作人员的模式就不应该冠以“口岸”二字，特别是“一国两制”框架下，更应该设置边境工作通道。深圳的口岸办是地方政府服务协调部门，权力在海关、移民局所在的那一块。深圳、香港现在都没有关注两毗邻城市的关系，国际上边境地方人士跨境出入有许多可以借鉴的模式。我国与陆路相邻国家和地区设立的边境出入管理、边贸交往都有现成的可以借鉴的成功检验。深港之间应该坐下来，好好研究一下。要把两个城市之间的关系定位明确，为设立新的工作通道提供全新的方案思路。

所以，“双城三圈”首先要打通的就是两个城市的便利通道，这不是基建问题，而是机制问题，是理念问题。理念改变带动管理模式改变，自然就有解决这个问题的新办法出台。

三是要依“双城三圈”从西到东，构建“五环三支点”对接落地工程。

深圳可以在全市域和湾区通的策略中，呼应香港的“双城三圈”，精心设计，在由西到东“五个环”的空间内开展区域合作对接，在每个环片区布局可以马上落地的“三个支点”功能配套（图 7—18）。第一个是蛇口—前海—宝安沿线的三个功能区；第二个是由香港西九龙高铁站延伸到福田、龙华、光明的三条城市快线；第三个是河套深港科技创新合作区的三个特色片区的设计；第四个是沿罗湖—文锦渡—莲塘三个口岸地段建三栋标志性大楼；第五个是在深港东部沿海拓展大鹏湾、大亚湾、红海湾，建立大湾区东部海洋圈。这五个方向都具备长期性和可操作性，可以马上着手开始做。其中，我们需要关注的一个问题就是所有这些可能涉及国家和广东省层面，要考虑在香港层面和深圳层面怎么协同唱戏。

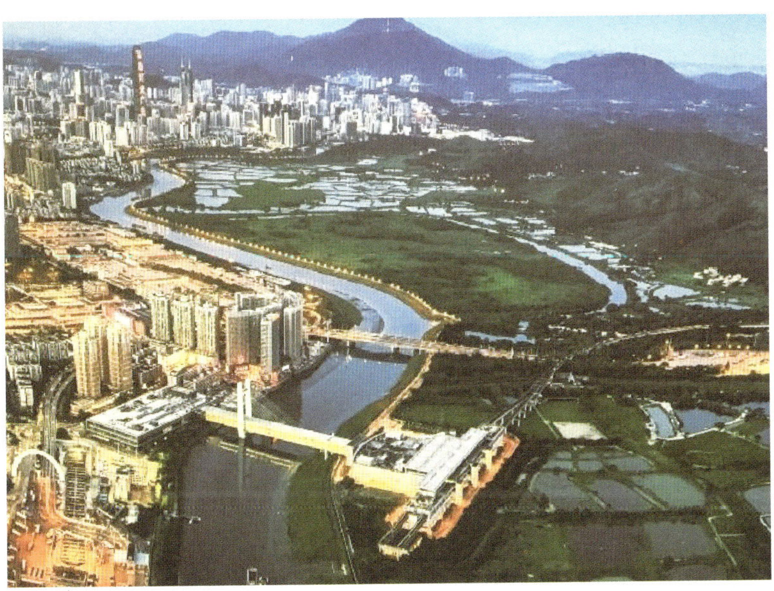

图 7—18　香港落马洲有通往皇岗和福田保税区的陆路口岸和连接深圳地铁 4 号线、10 号线的港铁交通，可为河套深港科技创新合作区和香港新田科技城提供便利的基础设施。

第一环：打造特色功能区。由南向北沿珠江口布局在蛇口前海、宝安深中通道接驳片区及燕罗公明光明片区规划三个支点。

第一个功能区是选址建设一个国际专家村。依托蛇口前海自贸区试验区和成熟的城区体系，建议从前海往南山蛇口这个区域，甚至把青青世界的地都拿回来，以服务深港高端人才及家庭为主。这个国际专家村要引入从香港进入深圳的新轨道城际交通，将专家村的教育、医疗、公共服务等参考香港国际化标准建设。也可以参考国际奥运村模式进行管理，吸引香港人或者国际人才，让海外人才愿意回来，同时兼顾人才的家庭子女，让人才可以引进来，并且留下来。

第二个功能区是规划大湾区金三角都会区。随着未来深中通道开通，翠亨新区跟宝安轴心相连，区域经济联系紧密；东莞也调整了临深片区的布局，审时度势地将支点转移到滨海湾新区，展现了经济最活跃的地方。随着前海扩区延伸到宝安的大空港、大会展和海洋新城一线，宝安、翠亨马鞍岛、东莞滨海湾新区这个三角区就是未来大湾区最大的动力源，也是千载难逢的“金三角”。口岸经济带的思路要拓展，不断完善大口岸建设重点核的科学布局，以宝安前海扩区新片区和金三角顶层设计为引导，设计海陆空轨交通枢纽与大湾区外通内达的便利模式，建设新宝安驿站，使其成为大湾区超大型集散中心。在深中通道接驳附近选择一个片区，将机场片区与香港澳门的海陆空交通打通，以前海宝安新片区高端服务业政策优势为核心竞争力，带动东莞滨海湾新区、中山翠亨新区、深圳新会展中心和海岸新城等临空、临海资源融合，成为具有强劲动能的珠江口枢纽。

第三个功能区是建设深港高新科技工业村。构建新兴产业链价值链平台，将香港支持的 InnoHK、再工业化项目与深圳前海宝安片区配合香港发展的 30 平方公里空间，光明松山湖科学中心的产学研资源，东莞宝安制造业基础有机、有序、有效地融合。在深圳宝安、光明和东莞长安之间，选择穗莞深城际和深圳 11 号线、6 号线交汇空间，如燕罗片区，茅洲河入口处等选址，营造“三生融合”（生产生活生态）和“三宜相生”（宜居宜业宜游）

业态，开放合作建设一个可以承接香港高端研发和产业化的湾区工业新镇。

第二环：配置城际通勤快线。充分利用西九龙高铁“一地两检”模式，尽快开通香港与深圳及大湾区服务日常通勤需求的三条城际快线。

首选开通香港—福田的城际直达交通 A、B 线。深港都市直达交通 A 线，在西九龙—福田高铁站之间开通高铁城市通勤快线。香港与深圳之间持跨境通行证来的人员不需要中转，减免过境人头税。深港都市直达交通 B 线是从落马洲直接到福田保税区一号通道的通勤线，满足河套两地跨境工作往来的需要。第二条是香港—湾区都会接驳快线。从西九龙直接开到深圳北站，接驳去湾区其他城市及广东省周边城市的专线。第三条是争取开通香港—大湾区科教专线。香港西九龙—深圳光明—广州庆盛的科教专线，链接大湾区主要科技创新资源，对接光明科学城，满足香港科技大学广州校区在庆盛，并通过庆盛接驳广州市 4 号地铁快捷进入广州大学城，服务于三地科教人员通勤，也为促进大湾区国际科技创新中心资源对接，提供三地科教交流便捷交通的方案。

以上三条线的最大优势是“一地两检”的超前布局，一站式服务解决了通关技术问题。开通线路的补贴和费用，包括香港一侧的免过境税，总开支比建设新线路省得多、快得多，马上就可以落地。

第三环：共谋河套合作区配方施策。拓展共建河套合作区视野，因地施策，谋求融合最大化，合作多元化。将规划中的河套合作区的深圳园区空间设计为三个不同的功能区。

河套深港科技创新合作区可尝试遵循“协同创新、共治共建、视同境外”三个原则的管理模式，实现一体化发展，发挥河套的带动辐射能力和先行示范影响力。第一个功能区是福田保税区。因为有封闭监管围网，可进、可退、可试验、可放开，不求“特”，但求“新”。福田保税区尽量比照国家自由贸易试验区的开放政策，借鉴海南和横澳粤澳深度合作区的模式，戴着保税区的“帽子”潜心改革，探索新路。在国家认定的保税区里做最先锋的示范和突破，也为深圳全域其他几个保税区和进出口加工区提供经验和示范，为深港探索在不同关税区制度下和 CEPA 框架下融合发展摸索可行的经验。第二个功能区是新皇岗口岸片区。目前，深圳湾口岸、西九龙口岸、新皇岗口岸三个地方实行“一地两检”政策。新建的联检大楼综合体设计很可能会采取“你中有我，我中有你”的方式。相较不全开放的福田保税区，新皇岗口岸片区可采取全放开模式。新皇岗口岸建成后的查验模式建议改为在深圳一侧“一地两检”，即在深圳完成两地的出入境检查、检疫手续，到香港一侧直接通行。如此一来，皇岗市中心就如同香港西九龙那般，因高铁站而成为新的城市文化商务中心。这个片区有望通过智慧城市新技术，成为深港大融合的都会热点。凡是可融合的放开、能变通的放开、能够采取新办法管的，包括围网、电网等都可以放开，令其变成一个最畅通的试验区，通过电子智慧、电子管理、电子商务的方式来管理；凡是能够采用电子管理，能够不设围、不设网的全部放开，变成一个智慧都会的综合试验区。第三个功能区就是深圳一侧皇岗口岸海关围网监管约 16 万平方米的临检场，可直接打造成与香港河套匹配的科技园特区。海关在皇岗口岸租用的 16 万平方米临检场即将整体搬到莲塘之后，该区域建议可以收回交由或依托香港河套方面管理，参照香港的管理方式来建设，使这里的活动都跟香港一样。我们把自己这片地区放开，修条通道连接河套。这样的话，河套深港合作区就变成三个试验区：一是为国内自贸区做最大的开放，通过优化管理的方式在内地的自贸区管理形成经验的保税区；二是运用智能化的手段在城市空间没有分离，形成“你中有我，我中有你”的融合格局；三是将深圳海关 16 万平方米的空间交给香港河套管理方来管理，也就是招商和管理全部按照香港的政策来，可以参考横琴的管理和运作模式，直接围个网，就把这片地区建成“小特区”。

第四环：建立三座标志性跨境服务大楼。在罗湖境内是深港沿河经济带和跨境融合发展的最佳空间，也是利用罗湖、文锦渡和莲塘三个口岸布局，特别是规划好毗邻罗湖口岸 9 万平方米小河套口岸沿边界深港结合部的最好机遇。罗湖和香港有着人缘地缘的历史渊源，在罗芳村还有持过境耕作证往来的通行口。罗湖马上能做的就是在三个支点上建三栋楼：一是在罗湖口岸建一个跨境双通的国际商贸大厦，也可以叫“国际跨境电商与商贸大厦”。选址就在罗湖口岸9万平方米的小河套上。可以在口岸城中间做一个设计，实现一楼两制。出入境各自负责之外，之间成为“关内境外”的同享空间。可以设计这栋楼分别从深圳香港进去，有一个空间是楼宇在深圳，但没有入境。同时楼上做一个跨桥，上个楼去，跨个桥，香港出关过来以后，中间有个隔断。我们可以把楼上的空间给香港方使用，但不是香港管，同时也没有把它放到境外，视同境内。类似中央电视台“大裤衩”设计一样，一脚站在我们这边，中间搭一个“横叉”，从罗湖口岸上桥进来，但我们把关口往后移一点。从香港进来以后有个罗湖桥，从罗湖桥进来以后你不进关，还在境外，这也视同关内境外，这样就很方便出入。所以，这是一个制度设计。深圳楼下一侧可以建立保税免税国际电商实体店，向深圳开放。大厦在空中链接两地出入境通道，香港一侧出境不出关，深圳一侧出关不出境，两边可以合体。可以设计为“一带一路”商务办事处、国际商贸服务驿站和跨境电商集群。发挥双边的优势，成为举世瞩目独一无二的“一国两制”新平台。二是在文锦渡口岸到新秀罗芳沿线选择合适的空间与香港老鼠岭片区的规划对接，规划建设一栋国际青年创新创业大厦（图7—19）。文锦渡包括香港后面到粉岭一带，交通服务都比较完善。可以在这里建深港两地第一座深港国际创新大厦，第一座楼以商务为主，第二座楼以国际创新为主，让深港两地的青年人在这里把事业做起来。现阶段启动的话，可以利用最临近文锦渡口岸的粤运大厦及旅游服务中心的空间，争取谋划与香港北部都会区优先启动的创智荟世界青年科创基地对接，构建新兴产学研国际国内交互通道，支撑“双城三圈”深入持久合作的跨境联合创新示范区，集聚两地优势优质资源优先发展。这个线上的点可以拓展成协同面，最有可能成为北部都会区老罗湖和新界东的新引擎。三是在莲塘口岸，打造一个跨境智慧物流大厦，主要用以数字化物流报关。因为这里有海关驻扎，可以集合莲塘口岸的双边资源，通过数字化技术，在这里集中做多通路的国际转运商务，在地方做信息交换，和东部通道一起来做，使之成为通过香港进出内地及大湾区和世界各地的物流中心，从港口转水运转陆运，陆运转航运，航运转内地。

图 7—19　图为与深圳莲塘口岸一路之隔的香港老鼠岭片区，为规划中的国际青年创智荟大本营

第五环：打通东部沿海三湾。香港规划“大鹏湾—印洲塘”生态康乐旅游圈，最远到了东平洲，“圈”住了看似很大的一片海域，但包括印洲塘和东平洲中间这片都是香港的海域，这个“生态康乐旅游圈”90% 都在香港，这对大湾区市场来说是很被动的。我们一直关注着粤东的发展。中央也支持广东省“一核一带一区”的区域协同持续发展策略。2010 年，香港首次提出建设大珠江三角洲宜居宜业宜游的优质生活圈，这一目标也被写入大湾区发展规划纲要，成为“五大目标”中最具期待的社会共识。香港、深圳应该在推进大湾区协同发展的同时，承担起建设大湾区粤东片区沿海经济带的重任，将深港共有的大鹏湾作为支点，把这个“圈”扩展至三个海湾，将深港的大鹏湾、惠州的大亚湾、汕尾的红海湾统筹规划，成为中国发展南中国海的海域和推动中国海洋经济新视角。

具体做法可参考如下：

一是在大鹏半岛最狭窄地段开建人工运河，周边建成海洋生态公园和世界级会议中心，开辟贯通香港—深圳—大鹏湾与大亚湾的国际游艇专线；二是在惠州的铁涌镇小屯村地段增开一条人工运河，一方面可以打通大亚湾到红海湾的内湖通道，同时可以将巽寮半岛规划成为大亚湾上的明珠，未来可以建设成大亚湾香港新城，面向国际开放，像迈阿密半岛和夏威夷那样，成为国际游艇居家生态旅游胜地。三是开通大鹏湾经大亚湾直达汕尾小漠、鲘门的海上生态旅游航线，带动深圳直辖的深汕特别合作区的资源整合，将香港、深圳、惠州、汕尾 4 个沿海城市资源聚焦联动，多方受益，共同发展。还有最重要的一点，深圳湾实际上是珠江口的入海口，发展起来有诸多的局限。香港也管理着粤东南海沿线那一边很大面积的海域，已经在北部都会区和“双城三圈”中考虑到了印洲塘和东平岛一带的海洋价值。在深港衔接中大家普遍都是讲的陆路，香港怎么过来，深圳怎么对接，但实际上我们还可以利用海洋资源，包括海洋生物资源、海洋生态环境、海洋安全、海洋石油、海岛利用等，这些都影响着未来的发展，以后的发展绝对不是在陆路打圈圈，要往海洋走，这中间要有更大的布局和规划。目前，深圳在海洋方面的建设一直都很薄弱，无论是基础建设抑或人才储备方面都挺薄弱的。在国家战略中，海洋其实可以大做文章。因此，我们接下来要大力发展海洋经济。

1879 年，清政府签订了中英条约，世代相连的土地被租界割裂。港英当局长期以来推行隔离政策，划定禁区，新界北片区得不到应有的发展与建设。改革开放以来，深圳的发展促进了双城效益的互动，包括深圳河治理、已建成的口岸通关互动结点、口岸的布局以及跨境公路、铁路、桥梁的对接，特别是等到了香港回归以来到“十四五”规划带来的机遇。在这个节点上，香港提出了“北部都会区”和“双城三圈”。对此，香港特区行政长官林郑月娥以“四新”“四通”做了非常务实的阐述。我觉得深圳应该有所呼应，设计好融合发展、相互促进的新路径，做到政策机制理念先行、规划基建民心开路、双城跨境共进共赢。

面向 2035 年及 2047—2050 年的新蓝图，深圳河沿线一河两岸布局由点连线，辐射到了深港两地纵深周边的发展。深圳河两岸地区是最靠近“一国两制”的地方。“双城三圈”跨越这个地区的衔接，是深港衔接的重要组成部分，是大湾区与国际市场的交汇区。这里是两地社会经济衔接的枢纽地带，具有特殊的地缘关系，新项目的布局和策略可以为北部都会区的发展奠定基础，两地如能很好地配合发展，将成为互利、互惠、互补共同促进的新经济增长带。

全球竞争看科技，科技竞争看湾区。珠三角和香港一起打造国际科创中心，最重要的是建立开放型的共同体。香港拥有国际化平台和视野，人才储备和国际网络都非常强。深圳从全球视野到区域需求，再到市场和企业的对接方面，与香港的合作就像齿轮般紧密咬合。构建科创共同体的核心是要解决产业路径的体系问题——更多的不是做今天的事情，而是做明天的事情。深港合作是一个永恒的话题，今天我们迎来了 500 年一遇的最好时代，应该精心地组织价值链的融合和选择，形成新的科研产业和金融的新路径、新导向。

未结束的话

我是 1988 年离开长沙来到深圳。之后有机会接触到深港科技合作和河套发展的研究，一直到退休十年都放不下。2010 年，香港安排跨境十大基建项目。我和叶刘淑仪交流提到，莲塘口岸西部通道将在 2018 年开通，河套预计要 2020 年可以启动。是不是太晚了啊。我们讨论这个过程的大环境，我认为硬联通只要启动，总可以看到预期，软联通就要看天时地利人和，隐形的因素太多不定性。2020 能水落石出看到眉目就值得期待。

一路坎坎坷坷，但坚持不放弃，深港两地有志之士一直在努力。2017 年香港回归 20 周年，粤港澳大湾区启动，河套被列入七大重点领域之一，曙光初现。我再一次投入了研究和探讨之中。但是港深创新与科技园迟迟不见下楼，深港科技创新合作区（深圳园区）也一直不能上路。两地把握“一国两制”的特别优势，却在融合发展的对接中弥路漫漫。

看似寻常最奇崛，成如容易却艰辛。2020 年 10 月 14 日，在深圳建市 40 周年之际，国家领导人为这个重大项目指明了方向：规划建设好河套深港科技创新合作区。赋予统一的名称意味着描绘了一张壮丽的蓝图。协同融合发展、相互促进共享，持续关注了差不多三十年的深港跨境科技创新合作模式开启了历史性的新篇章。

2020 年底清华大学港澳研究中心举办了几次的香港专题论坛，我有机会参加，并在不同的场合从不同的角度引述了河套发展历程和深港合作的实践。中心的几位老师都希望我能把这些经历记录出来、流传下来。2021 年春节后，中心组织了以刘宇濠副秘书长牵头的专责编辑组，和我一起开始了口述历史的深入访谈和文献史料的系统整理及收集分析工作。

前前后后我们在一起做了多次形式多样的交流，梳理了思路、提出了框架、收集了资料、讲述了重点、拟出了大纲、列明了焦点……这个工作量远超预想。疫情也起起伏伏，工作不能正常展开，我也没有催促。只是后来遇到好几个机构和媒体约稿，希望深入研究和挖掘深港河套的故事。我给他们说明这个大事件我已经在和清华大学港澳研究中心在合作和进行中，最后的成果没有出来一些资料怎么用，要有信任，也不可以一女二嫁，都婉言谢绝了。快到中秋了，编辑工作进行得怎么样了，也没有动静。我就去问中心的杨老师，才知道刘宇濠家里遇到了……

2021 年过完国庆节，我拿到了口述史的完整稿，开始了爬格子的审校工作。为核对事情的原委、查实一些规程细节、明确时间先后，翻箱倒柜找出来十几本当年的笔记。这样，一直到 2022 年春节后，我们所在的小区因为新冠封闭了差不多四五十天。也就在这些日子里，安安静静地完成了全部的文稿。非常感谢老领导张鸿义副市长欣然应允写下序言。非常感谢老校长吴家玮教授隔洋错时差写来邮件，亲自修改审定涉及他本人参与的一些情节、文字，还答应要为该书的出版亲自推荐。全书抢在香港回归二十五周年前夕终于完稿，我将电子版发给几位亲历者老朋友，请他们提提意见。香港大学老教授陈清泉院士非常热情的打来电话，赶在参加回归活动集中之前完成了另外一篇序。我们一起回忆起前前后后我们的交往，讲述了他 2017 年牵头约请 24 位香港院士们联名给习近平主席写信的情景，并从第一现场发来了 6 月 30 日下午在香港科技园给习近平主席汇报的场景，发来了林郑月娥在河套深港科技创新合作区模型前向习近平总书记报告的场景。这一时刻，我感觉到坚持三十年的价值和意义！香港回归二十五年，“一国两制”是一个坚定的座右铭！河套地处深港跨境的结合部，更是践行中国特色创新发展之路的先锋阵地。

新任特首李家超上班的第一件事就是给邻居深圳书记市长打电话，传递出非常积极的信息。深港两地酝酿成熟的河套共同施策的大礼包也在这启航时节发布。共同施策包支撑深港协同支持科研项目、深港联合支持科研人才、深港联合完善配套支持措施和支持创新要素在深港两地便利流动四个方面内容，在人、财、物及配套方面实现深港对于科研项目、人才和创新全链条的协同支持，助推了香港科学园落户深圳园区，促进了合作区“一区两园”的协同发展。

我到深圳 35 年，从 1990 年开始关注深港合作，目睹了香港回归前后演绎的双城故事，也一直在不同层面参与实践并坚持学习和研究，经历了从香港回归前的落马洲河套研究到回归后第一任特首提出的创新科技发展策略；从第三任特首提出建设港深大都会到布局深港跨境十大基建，推进大珠三角优质生活圈；从第四任特首推进深港社会经济深度合作到融入国家大局，做一带一路超级联系人；从第五任特首落实河套深港科技创新合作区到北部都会区和双城三圈的战略构想。再到现在第六任特首就任，深港之间的合作不断推进不断突破。

今天，构建具有国际竞争力的现代产业体系是粤港澳大湾区规划纲要中最重要的抓手和发力点，建设国际科技创新中心已成为大湾区最大的公约数和最强劲的新动能，国家已将支持香港建设国际创新科技中心纳入“十四五”规划，对香港有很高的期望。大湾区规划纲要中要求建立的高质量区域协同创新共同体，被肢解在单一城市、单一产业、单一环节的断层框架中，旧的体制机制和惯性思维还有很大的市场。目前深港合作存在着竞争因素是客观的存在。新一轮科技革命和产业变革深入发展，国内外的局势面临诸多挑战、调整和大变局。创新能力不适应高质量发展要求，发展不平衡不充分问题仍然突出。创新共同体的建设需要深港双方深度对接，深港合作要实现的目标便是区域协同、要素流通、制度对接和专业服务。借助河套的区位优势，做好共同体，做好平台和载体，使河套成为制度设计的重地，是新阶段合作与发展的最佳选择。只有建立区域型协同创新共同体，方能从制度上解决科技创新的问题。

面向湾区、面向全球、面向未来，我特别建议要谋划打造“河套湾区驿站”。通过“河套湾区驿站”的方式来解决上述问题。集聚各种要素，创新大湾区没有篱笆的协同共享空间的运行机制建设。通过需求拉动，打破行政性垄断，消除地区、部门分割，打破妨碍统一市场和公平竞争的各种规定和做法，将“河套湾区驿站”打造成为创业路上的加油站、补给点和朋友圈，共建共享共创共成长的新家园。一是以市场主导、需求驱动、资源嫁接、城市依托为手段，瞄准产业变革，加大文化创意、商业模式创新，依托“湾区驿站”建设一批符合国际标准的大科学合作链的研发基地、行业检测检验服务平台、面向新制造技术的中试中心，实施产学研深度融合的引领项目库计划，培育新兴产业创业团队成长。二是联合加盟粤港澳大湾区大学的有序合作，培育新产业研发团队，建立国际科技创新合作网，在建设驿站研究生实习基地、技术转移中试、企业参与共同研发、产业化落地等方面面向全球开放合作资源。三是争取在深港两地的驿站间建立大湾区跨境跨区合作的市场要素自由流动规则。最大限度开放人员、资本、实验室器材和信息资源的流通互动平台。尝试由“湾区驿站”作为担保和中介服务，对于湾区公共资金支持和配套资金，以及“9 + 2”城市之间有合作协议的科研经费，可以在驿站范围内自由流动，争取政府对“湾区驿站”给予集中采购，提供公共产品服务。

通过建设“河套湾区驿站”来解决构建集聚各种要素、没有篱笆的协同共享空间。大家谈得最多的是产业链、创新连、供应链、教育链、人才链，在河套驿站应该更突出这样三个链：第一是服务链，没有高端服务业，产业不可能变成一条龙；第二是市场链，没有市场链的话，产业只能半途而废；第三是价值链，没有价值链的话，没有共同的利益、没有共同的方向。不管你从哪里来，到这里你就是加油站；不管你到哪里去，到这里你能够增量各类资源，在这里单一的个体和成果项目可以变成“专利池”或是“合作链”中的价值链。如将深圳“20 + 8”产业集群与InnoHK，深圳“专精特新”和香港再工业化，以及深港双方的载体平台和人才团队对接起来，将两地的这三组资源在河套及深圳河沿线做硬、软、实的要素对接，以河套新驿站的模式，打破盲区、误区和禁区的旧思维方式，建立新阶段新理念新格局下的协同创新共同体新模式，1 + 1 大于 N 的局部经验。我们需要有人来做成果转化、需要把有专利的国际人才带进来，这需要什么？需要驿站，这个人才不需要去注册公司，在河套驿站里面就能够很好地分享到深圳香港和国际平台、内地市场的发展生存和赋能资源，推动企业的成长。

我们要把握新阶段、新理念、新格局下的新一轮发展机遇，演绎好深圳与香港的双城故事，共同建设一个更宜居、更开放、更有活力、更团结的双子城。